聚焦三农：农业与农村经济发展系列研究（六）

国家自然科学基金（70903027）和教育部人文社会科学研究项目
（09YJC790105）资助研究

转型视角下的中国农业生产率研究

李谷成　著

科学出版社

北　京

内 容 简 介

本书基于转型的视角，以全要素生产率理论为理论框架，以生产前沿面方法为实证框架，注重从公认的经济学范式出发，借助较先进的分析工具，由表及里，探讨转型期中国农业生产率特征的形成机理和未来政策取向。研究内容包括农业的资源要素利用特征、生产率增长的时空演变模式、行业基础和增长因素分析等。全书从微观家庭禀赋、宏观制度变迁、人力资本及可行能力方法的角度深入探讨促进农业发展、增加农民福祉的具体政策选择，为深入理解转型期中国是如何改造传统农业提供依据。

本书可供政府相关管理部门、农业经济管理科研人员、高等院校相关专业师生参考。

图书在版编目（CIP）数据

转型视角下的中国农业生产率研究 / 李谷成著. —北京：科学出版社，2010（2017.3 重印）

（聚焦三农：农业与农村经济发展系列研究：典藏版）

ISBN 978-7-03-027258-4

Ⅰ. ①转⋯　Ⅱ. ①李⋯Ⅲ. ①农业生产 – 劳动生产率 – 研究 – 中国
Ⅳ. ①F323.5

中国版本图书馆 CIP 数据核字（2010）第 070379 号

责任编辑：林　剑 / 责任校对：张　琪
责任印制：钱玉芬 / 封面设计：王　浩

科学出版社 出版
北京东黄城根北街 16 号
邮政编码：100717
http://www.sciencep.com

北京京华虎彩印刷有限公司 印刷
科学出版社发行　各地新华书店经销

*

2010 年 4 月第　一　版　开本：B5（720×1000）
2010 年 4 月第一次印刷　印张：14
2017 年 3 月印　　刷　字数：257 000

定价：88.00 元
（如有印装质量问题，我社负责调换）

总　序

农业是国民经济中最重要的产业部门，其经济管理问题错综复杂。农业经济管理学科肩负着研究农业经济管理发展规律并寻求解决方略的责任和使命，在众多的学科中具有相对独立而特殊的作用和地位。

华中农业大学农业经济管理学科是国家重点学科，挂靠在华中农业大学经济管理学院和土地管理学院。长期以来，学科点坚持以学科建设为龙头，以人才培养为根本，以科学研究和服务于农业经济发展为己任，紧紧围绕农民、农业和农村发展中出现的重点、热点和难点问题开展理论与实践研究，21世纪以来，先后承担完成国家自然科学基金项目23项，国家哲学社会科学基金项目23项，产出了一大批优秀的研究成果，获得省部级以上优秀科研成果奖励35项，丰富了我国农业经济理论，并为农业和农村经济发展作出了贡献。

近年来，学科点加大了资源整合力度，进一步凝练了学科方向，集中围绕"农业经济理论与政策"、"农产品贸易与营销"、"土地资源与经济"和"农业产业与农村发展"等研究领域开展了系统和深入的研究，尤其是将农业经济理论与农民、农业和农村实际紧密联系，开展跨学科交叉研究。依托挂靠在经济管理学院和土地管理学院的国家现代农业柑橘产业技术体系产业经济功能研究室、国家现代农业油菜产业技术体系产业经济功能研究室、国家现代农业大宗蔬菜产业技术体系产业经济功能研究室和国家现代农业食用菌产业技术体系产业经济功能研究室等四个国家现代农业产业技术体系产业经济功能研究室，形成了较为稳定的产业经济研究团队和研究特色。

为了更好地总结和展示我们在农业经济管理领域的研究成果，出版了这套农业经济管理国家重点学科《农业与农村经济发展系列研究》丛书。丛书当中既包含宏观经济政策分析的研究，也包含产业、企业、市场和区域等微观层面的研究。其中，一部分是国家自然科学基金和国家哲学社会科学基金项目的结题成果，一部分是区域经济或产业经济发展的研究报告，还有一部分是青年学者的理论探索，每一本著作都倾注了作者的心血。

本丛书的出版，一是希望能为本学科的发展奉献一份绵薄之力；二是希望求教于农业经济管理学科同行，以使本学科的研究更加规范；三是对作者辛勤工作的肯定，同时也是对关心和支持本学科发展的各级领导和同行的感谢。

李崇光

2010 年 4 月

序

加快转变农业发展方式，是我国建设现代农业过程中的一项重要战略任务，但是对这一问题的认识，无论是在理论、实证上，还是在政策性研究上，都远远不够。其中，全要素生产率在经济增长中的贡献大小是区别集约型和粗放型经济增长方式的重要指标。加快转变农业发展方式，尤其是转变农业增长方式，在很大程度上就是要尽量扩大全要素生产率在农业增长中的贡献份额。在理论上，关于全要素生产率的研究也是当前宏观经济学经济增长问题研究的重点之一。因此，李谷成博士《转型视角下的中国农业生产率研究》一书专门针对中国农业全要素生产率问题进行研究，无论是在理论上，还是在实践上，都具有重要意义，尤其对加快转变农业发展方式具有重要政策性参考价值。

该书对农业全要素生产率问题进行了从理论到实证、从微观到宏观的综合性研究，在研究思路和框架设计上具有独到性。作为农业经济学、发展经济学和新制度经济学等多学科的交叉综合，本书研究内容涉及范围较广。这一方面说明作者的文献阅读量较大，研究基础好；另一方面说明作者对所涉猎文献的良好驾驭能力。作为理论研究与实证分析的良好结合，本书的最大亮点仍然是全书的实证基调和科学的研究方法，庞大的实证工作量反映了作者能够耐得住寂寞、扎扎实实做学问的刻苦钻研精神。具体而言，该书在以下三个方面为研究农业发展与转型问题做出有益探索。

首先是在研究视角上有创新之处。该书虽然从转型视角来研究中国农业全要素生产率问题，但是从实际工作来看，作者在很大程度上是从全要素生产率的视角来研究中国农业发展与转型问题，立意和起点较高。从转型来看，作者的研究内容不仅包括农业自身从传统农业向现代农业的转型，而且包括市场化、工业化和国际化等多重经济与制度转型对农业发展产生的影响以及农业在实现自身顺利转型的同时如何应对这种经济与制度转型带来的冲击，视野宽阔。从全要素生产率来看，作者的研究内容不仅包括农业全要素生产率增长的时间和空间变化模式、微观和宏观因素分析，而且包括全要素生产率增长的行业基础、与人力资本投资的关系等多个方面，内容丰富。通读全书，作者实现了转型与全要素生产率的良好结合，在一个较宽阔的宏观视野内对中国农业与农民发展问题进行研究，从而突破了传统的研究窠臼，提供了一个较新的研究视角。

其次是在研究方法运用上有创新之处。对全要素生产率的研究，传统方法一般包括指数法、增长核算法等，应用都较为广泛，但是这些方法往往都是基于新古典经济学的生产最优化假设，忽视了生产过程中的各种效率损失，这对尚未建立完善市场经济体制的发展中国家或转型国家尤其不适宜。该书从中国正经历着经济与制度双重转型以及农业自身转型的时代背景出发，采用考虑了各种非效率因素的生产前沿面研究方法对中国农业全要素生产率进行研究。这是一种较为前沿的科学研究方法，所得结论更加可信。另外，全书大量采用了面板数据结构模型等现代计量经济学分析工具，相对于传统数据结构，包含了更丰富的信息，结论更可靠。总体来看，全书从典型事实到理论模型建立研究方法论，再到实证分析，层层深入，论证规范。这些都是本书在研究方法上的独到之处。

最后是在研究结论上有新意。与同类研究相比，全书所得出的研究结论具有诸多新意，并体现在以下新发现上：一是全要素生产率增长是转型期中国农业持续增长的重要原因，这一生产率增长主要由前沿技术进步贡献，技术效率改善的作用相对有限。二是小农户是否享有相对于大农户的效率比较优势取决于政策导向上优先考虑的政策目标。三是农村经济制度变迁和人力资本投资是农业全要素生产率增长的重要决定因素，尤其是人力资本投资对于农村和农民发展具有根本性的构造价值（constructive value）。这些发现都具有十分深刻的政策含义。基于这些发现，全书进一步从微观家庭禀赋、宏观制度变迁、人力资本和可行能力方法的角度深入探讨促进中国农业发展、增加农民福祉的政策实现路径，为我们进一步深入理解如何加快转变农业发展方式、改造传统农业提供理论和实证依据。

总之，该书以作者特有的敏锐视角系统分析了转型期中国农业全要素生产率的增长问题，对农业发展与转型过程中的诸多问题在全要素生产率理论框架内做出深入探讨，提供一个考察农业可持续发展的新分析框架。这些分析和探讨使全要素生产率理论进一步创造性地得到验证、扩充和发展，在实证上拓展了生产前沿面研究方法的应用领域。而且，该书系统配备大量转型期中国农业投入产出、转型与发展的第一手数据资料，包括已经发表的大量相关文献。这些文献资料本身能够为广大同行提供有益的帮助。

尽管如此，近年来，随着全要素生产率理论的研究与应用越来越广泛，相关批评的声音一直不断。例如，如何确定技术进步与全要素生产率增长的准确内涵，如何体现资本体现型（capital embodied）技术进步，等等。这些问题自 Paul Krugman（1994）挑起关于"'东亚奇迹'的存在性与可持续性"的争论以来受到高度关注。从方法来看，生产前沿面方法本身隐含着非常严格的先验假设条件，包括生产技术与投入要素同质性假设等。这些理论假设高度抽象。因此，我们不能仅仅因为测算出来的全要素生产率不高，就简单判断经济增长的质量不高，也不能就此否认全要素生产率增长的客观存在性。这些问题都需要全要素生产率理论与实证在不断发展过程中加以解决和完善。

幸好，作者在研究过程中已经注意到这些问题，并做出自己的有益工作和探索。更加令人欣慰的是，作者的相关研究和后续工作已经获得国家自然科学基金（编号：70903027）和教育部人文社会科学研究项目（编号：09YJC790105）的相关资助。这既是对作者相关研究工作的肯定和支持，也是一种鼓励和鞭策。希望作者能够在相关问题的后续研究中进一步作出自己的贡献。

作为我的博士研究生，李谷成已经毕业。现在，他的这本精品著作即将由科学出版社出版，作为导师，我深感高兴，欣然为之作序。

华中农业大学经济管理学院教授

冯中朝

2009 年 12 月 10 日于武昌狮子山

序

目　录

第1章
导　论

1.1　本书选题

　　2006年1月1日起，联合国世界粮食计划署（World Food Programme，WFP）正式停止了对中国长达26年的粮食援助。改革开放30年以来中国农业的可持续发展不仅仅意味着我们以占世界不到10%的耕地成功养活了占世界20%多的人口，而且这本身就为世界反贫困治理、为正受到食物短缺问题困扰的其他发展中国家做出了重大贡献。事实上，西方学者曾一度将中国视为"饥荒之地"（Mallory，1926），例如人多地少、自然灾害频繁、可耕地面积缩减以及综合生产能力薄弱等一系列问题长期困扰着中国农业的发展，而中国人民却以自己的实际行动有力地回答了"谁来养活中国"的难题。中国为什么能够用如此不利的农业资源禀赋条件成功地养活了如此众多的人口？但是这一点为什么在改革开放以前面临着同样的资源禀赋条件时却无法实现？已有的成绩是否又能让我们沾沾自喜、对整个农业的基础地位掉以轻心？正确总结中国农业过去所取得的成功经验，不仅对于未来中国发展至关重要，而且对于其他发展中国家也可以提供有益借鉴。

　　从宏观视角来看，农业发展的外部环境其实一直在发生着剧烈变化。改革开放以来，整个中国描绘了也正在描绘着一幅大规模从计划经济体制国家向市场经济体制国家、从传统的农业国家向现代的工业化国家、从闭关自守的封闭型经济国家向现代开放型经济国家的波澜壮阔的画卷。在此过程中，也包含了农业自身所发生的大规模转型进程——传统农业向现代农业的转型。农业作为一个产业，在实现其自身转型的过程中，还不得不被动适应着中国已经发生并仍然正在发生的这种大规模经济与制度转型过程。整个转型期这些外部条件所发生的剧烈变化对农业部门又产生了怎样的影响？如何总结？未来农业如何继续应对这种外部条件变化所产生的影响和挑战？

　　事实上，农业部门在过去既成功地保证了中国最基本的食物安全，同时还成功地满足了经济高速增长与迅速工业化、城市化进程中所不断产生的新的食物需求。除此之外，它对国民经济的贡献还包括要素贡献、市场贡献以及生态贡献等多个方面。不过，中国经济的持续增长与转型、居民的生活质量提高引起膳食结构升级等，对农业部门提出了多功能性的新要求。而农业部门未来能否在实现自身顺利转型的同时，继续满足外部环境变化所不断产生的新的需求？这对于未来中国能否保证农产品供需基本平衡，能否满足人民群众生活质量日益提高所产生的新的需要，至为关键。

从微观视角来看，"农业问题"的解决又能否保证"农民问题"的顺利解决？"农业问题"与"农民问题"并非是完全内在统一的，在夯实农业基础地位的同时如何千方百计地增加农民收入是一个非常重要的问题，毕竟经济发展的根本目的还在于以人为本和提高民众的福利水平。农民作为中国最大的一个产业群体，在整个转型过程中经历了最大规模的劳动力转移与角色转换过程，如何保证他们在整个中国转型以及农业转型中的福利得到提高？如何提高他们全面参与整个发展过程的能力，增强他们的主体性（agency）价值？面对这种大规模的转型进程，农民角色又如何应对？如何保障农村劳动力转移在促进农民增收的同时，不对农业的发展产生负面影响？这些都对全面落实科学发展观、构建社会主义和谐社会至为重要，毕竟历史欠农民的账太多。

自从农村集体化体制瓦解以后，所实施的家庭联产承包责任制实际上是一种立足于土地均分的小农户发展战略，这种战略为中国农业发展做出了重大贡献，但是随着经济发展、农业生产波动等变化，对这种体制的质疑或否定在学术界从来就没有停止过，特别是近年来要求对其进行改革的呼声越来越高。这是涉及微观层面和"农民问题"的一大根本性问题。实际上，关于农户规模与农业效率之间的关系也一直是国际农业经济学界研究的热点问题，因为经常有研究表明在发展中国家两者之间存在着一种典型的负向关系（inverse relationship，IR），小农户的存在有其合理性，那么"小农户是否真的就更加有效率呢"？这对于当今中国尤为重要。因为它涉及以家庭经营为基础的小农经济的未来、农业的具体发展战略和土地改革等，具有很强的政策实践含义。

由于中国人口和经济总量在未来几十年内仍将快速增长，但是人多地少等农业资源禀赋差的长期性矛盾在短期内又无法获得根本性改观。在面临着资源与市场双重约束的条件下，农业供给与需求可能会无法保持基本的平衡。由于历史上错误的人口政策、特定的资源禀赋条件和典型的二元经济结构等，小规模家庭农业仍然会在一个相当长的历史时期内成为中国农业的显著特征。但是，正如黄宗智（2006）、黄宗智和彭玉生（2007）所指出的，中国农业现今正面临着大规模非农就业、人口自然增长减慢和农业生产结构转型三大变迁交汇的历史性契机。对此，我们如何加深对"农民问题"的理解？在面对这些问题时，政府又能发挥什么样的作用？

坚持实现从粗放型经济增长方式向集约型经济增长方式的转变，在此基础上进一步加快转变农业发展方式，是农业面临农村劳动力大范围转移的必然选择，也是未来农业能够取得成功的关键，更是当前人们的普遍共识。作为集约型增长方式的集中体现，全要素生产率（total factor productivity，TFP）理论是一个相当理想的分析框架，本书就是要在全要素生产率的理论框架内来回答和研究这些问题。

现代经济学将经济增长的方式分为两种，集约型增长方式和粗放型增长方式。粗放型增长方式是指在生产要素质量、结构、使用效率和技术水平不变的条件下，依靠生产要素的大量投入和扩张来实现的经济增长，其实质是以数量的增长速度为核心的增长。集约型增长方式则与之相对，是指依靠生产要素的优化组合，通过提高生产要素的质量与使用效率、技术进步和劳动力素质等来实现的增长，其实质是以提高经济增长质量和经济效益为核心。党的十七大更明确提出要"转变经济发展方式"，对这一理论做出重大发展，因为发展方式既包括经济增长方式的内容，还包括居民生活、收入分配、城乡结构、区域协调和生态环境等多个方面，即要求从通常追求 GDP 的增长转变为全面、协调、可持续的发展。而经济增长方式的转型是转变经济发展方式的重要内容。很明显，粗放型增长方式虽然依靠高投入也可以获取高增长，但并不符合中国农业发展所面临的资源禀赋约束，例如资金外流、劳动力转移、耕地减少等，而以往的国际经验[1]也都表明这种增长模式是不可持续的，无法获得永续发展。中国农业的永续发展必须坚持走集约型增长的发展路径，坚持加快转变农业发展方式。

在经济学理论中，衡量经济增长方式的方法主要是看全要素生产率在经济增长中的贡献如何，实现经济增长方式从粗放型向集约型的转变，也就是要提高全要素生产率对经济增长的贡献水平。全要素生产率是与单要素生产率（single factor productivity，SFP）相对应的一个概念，它衡量的是生产单位在其生产过程中单位总投入（加权后）的总产量的生产率指标，即总产量与全部要素投入量之比，分母一般用各种投入如资本、劳动等的加权平均来表示，而产出增长率超出加权要素投入增长率的部分也就是全要素生产率增长率，这其中因为索洛（Solow，1957）的重大贡献，又有"索洛残差"或"索洛余值"之称。所以，TFP 描述了产出增长中扣除掉投入增长之后的"剩余"部分，在以往经常被视作技术进步的指标，但实际上它还包括了效率的改善、要素质量提高、专业化分工、组织创新和规模经济等许多内容，经常被用来度量要素投入变化之外其他因

---

[1] 粗放型增长的典型是苏联和东欧等计划经济体制国家，其特征是经济增长依赖于新增加大量投资项目，盲目扩大生产能力，形成投资浪费、回报率很低等；同时企业技术进步缓慢，原材料和能耗高、利润率低（Gregory et al.，1980；Kornai，1992）。这些国家虽然在发展前期取得了可观的经济增长速度，但是后来都因为其低效率的经济体系以及无法长期支撑起这种粗放的增长方式而不得不进行改革，或陷入经济停滞，或陷入崩溃。

素对产出增长的作用效果①。所以，本质上而言，全要素生产率反映了投入产出过程中生产决策单位（decision making unit，DMU）将投入转变为产出的转化效率，集中体现了其技术创新能力、资源利用效率、成本控制和竞争力等多方面的特征，而诸如技术进步、效率改善、制度变迁、人力资本积累以及规模变化等因素对于产出增长的作用最终都会体现在全要素生产率的变化上，所以 TFP 变化所体现的是 DMU 在投入产出过程中除投入要素数量变化以外的各种因素变化的综合影响效应，其基本思想可以参考丹尼森的方法（图 1-1②）。也正因为如此，全要素生产率理论因为其宽阔的视野和巨大的兼容性而得到广泛应用，一直是实证与经验研究的重点和热点内容。

总体来看，以扩大全要素生产率增长对产出增长贡献为核心的集约型增长方式是未来中国农业在面对资源与市场等多重约束条件下取得永续发展的必然选择。也正因为全要素生产率理论所具备的巨大兼容性和广阔的视野，在其分析框架内可以很好地容纳和综合回答我们所提出的各种问题，特别是中国经济与农业同时面临着多重转型，各种因素交织在一起，这在无形中又扩大了 TFP 框架本已包容性极强的应用范围。

本书正是基于这些而选题——基于转型视角的中国农业生产率研究。

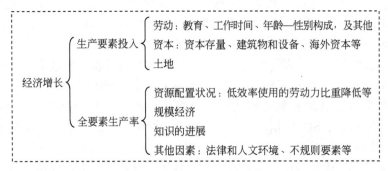

图 1-1　新古典增长理论代表人物丹尼森的经济增长因素分析（丹尼森法）

1.2　研究目标

对于我们所提出的这些问题，实践层面上，中国政府在 21 世纪初已经做出了强有力的回答，特别以连续 6 个中央"一号"文件为代表，从免除农业税、提高农业综合生产能力、发展现代农业、全面推进社会主义新农村建设，到加强农

①　正因为如此，TFP 又有"索洛黑箱（Black Box）"之称。
②　此示意图的制作借鉴了 Denison（1962，1974）、杨晓光等（2002）、Mahadevan（2003）、徐琼（2006）以及郑京海相关文献中的思想和介绍。

业基础设施建设等，中国农业与农村发展进入前所未有的历史最好时机。理论层面上，我们认为这些实践根本上还是在回答舒尔茨当年所提出的问题——如何改造传统农业。舒尔茨的《改造传统农业》虽然发表于 1964 年，但至今看来仍然是字字珠玑，尤其对中国而言改造传统农业的道路依然任重而道远。本书尝试着在全要素生产率理论的分析框架内来分析转型期中国所面临的这一问题。具体而言，我们将其分解为以下几个目标。

1.2.1 本书的问题界定

本书以农业全要素生产率为研究对象，在基本把握中国农业单要素生产率增长变迁的基础上，全面研究中国农业全要素生产率的增长变化模式（时间和空间）、背后的决定因素（微观和宏观增长因素分析）和行业基础。从微观家庭禀赋、宏观制度变迁、人力资本和可行能力方法的视角深入探讨促进中国农业发展、增加农民福祉的政策实现路径，为深入理解转型期中国如何改造传统农业提供政策依据。

第一，转型期中国农业生产率增长的历史变迁与基本事实。整个转型期，中国农业的全要素生产率以及单要素生产率增长情况如何？其贡献源泉呢？TFP 增长及其源泉在不同的时间段有什么变化？在不同的省级行政区、地区间分布又有何差异？

第二，转型期中国农业生产率增长的行业基础。除了宏观总量生产率以外，中国农业生产率在农业内部不同行业之间的增长情况又如何？不同行业之间有何差异？同样，其构成源泉呢？如果存在显著差异的话，那就意味着我们并不能采取“一刀切”的相关政策，对于这些差异我们应该如何具体对待呢？

第三，中国农业生产率增长的微观决定性因素与机制。从微观上看，当前存在的小农户家庭经营是否有其合理性？小农户真的就有效率吗？对农户规模与农业效率之间经常出现的负向关系是否需要放在一种更为广阔的视野内予以审视？又有哪些微观因素在影响着中国农业生产率的增长？它们是以一种怎样的机制在发挥作用（家庭禀赋视角）？

第四，中国农业生产率增长的宏观决定性因素与机制。从宏观上看，有哪些因素在影响着中国农业生产率增长及其源泉的变迁？它们是怎样在发挥着作用（制度变迁视角）？从一种事后的分析角度来看，这又蕴含着什么样的政策含义？

第五，人力资本投资与农业生产率增长。“农业问题”与“农民问题”并非完全内在统一的，为了实现促进农业发展和增加农民福祉的双重政策目标，应该如何来协调“农民政策”与“农业政策”之间可能存在的内部潜在冲突？这其中人力资本作为一种新型生产要素，又能发挥什么样的作用？它与农业及其生产率的增长之间是一种什么样的关系？人力资本投资价值是否仅仅局限于能够促进它们的增长呢？这种价值是否需要得到扩展（可行能力视角）？

值得强调的是，如果没有特别说明的话，本书中所指的生产率概念一般都是指全要素生产率概念，这也是现今文献中的一般说法。

1.2.2 有待验证的几个假说

与本书的整体工作相联系，我们希望在通过回答和讨论上述问题的同时，整个实证工作能够初步验证以下主要几个假说。

第一，即使考虑作为一种集约型增长方式，这种增长方式除了要解决生产要素的技术结合形式以外，还依赖于解决生产要素的社会结合形式。

其中的一个重要推论就是：这种增长方式的具体实现路径在不同省级行政区、行业之间以及不同时间段都可能是不同的，需要更为具体的、有针对性的差异性政策措施。

本书首先在生产前沿面方法（production frontier approach，PFA）的实证框架内，定量估计中国农业总量 TFP 增长，将其分解为技术进步（technological progress，TP）因子和技术效率（technical efficiency，TE）因子。技术进步主要体现了生产要素的技术结合形式，即通常意义上的科学技术创新和前沿技术进步；技术效率则反映了生产要素的社会结合形式，即能否提供有效的制度安排和组织方面的创新，消除各种效率实现上的障碍，保证技术创新成果能够为广大农民所共享。正确识别出由技术推进主导还是由效率驱动主导的集约型增长方式，蕴含着不同的政策含义。因此，本书进一步总结分析了农业总量 TFP 增长的时间和空间变动模式。在此基础上，继续深入探讨农业 TFP 增长与其源泉的具体行业基础和分布。这种对农业集约型增长方式的大规模集中度量和分解，有利于寻找向集约型增长方式转变的具体实现路径。而深入分析 TFP 增长与其构成在具体不同省级行政区、时间段和行业间的变动、分布特征，具体问题具体分析，对于提出更具针对性的、有目的性的差异性政策措施有更为深刻的意义。

第二，发展中国家农户规模与农业效率之间存在负向关系的假说需要予以全面审视，如果放到一个更为宽阔的视野内，它们之间可能是正向关系（positive relationship，PR）的，也可能是无关（unrelated）的。

有关农户规模（用"农户耕地面积"衡量）与农业效率之间的关系一直是国际农业经济学界的热点问题。自从 Sen（1962，1966）对印度农业的研究发现农户规模与农业效率之间存在着负向关系以来，关于农业存在规模经济的传统认识受到极大挑战。因此对农户规模与农业效率负向关系的存在性及其解释吸引了众多研究者的目光，这一负向关系也常被认为是传统农业的经典特征之一。实际上，以往研究在探讨这一负向关系时，都是以土地"单产"或"单产价值"（即土地生产率）来衡量农业效率，这对发展中国家优先确保食物安全的政策目标尤为重要。但是土地单产作为一个单要素生产率指标，不能全面反映农业生产过程，生产过程中的农业效率是一个多维度综合性概念，还应该包括劳动生产率、成本利润率、TFP 和技术效率等，这些效率概念对于促进农民增收、农业增效等其他政策目标同样很重要。因此单纯从土地生产率角度来探讨这种负向关系可能有失偏颇，新形势下需要一种更为宽阔的视野来讨论这一问题。本书以来自湖北省的农户微观数据为例，在继续考察农户土地生产率与其规模关系的基础上，重点考察了劳动生产率、成本利润率、TFP、技术效率与农户规模的关系，全方位地检验了中国农业是否确实存在着小农户相对于大农户更加具有效率上的比较优势这一有待验证的假说。

第三，有效的制度是经济增长的关键，农村经济制度变迁作为整个宏观制度变迁的重要组成部分，是中国农业生产率增长与源泉变化的决定性因素。

制度是一系列人为设定的、众所周知的行为规则，其目的在于抑制人们可能的机会主义行为，并依靠某种惩罚而得以实施，恰当的制度可以通过：①克服集体行动中的"搭便车"行为；②增强承诺的可信度；③规避寻租；④信息发现；⑤稳定预期；⑥规避和分散风险等方面来增进秩序和实现节约。新古典增长理论往往在制度既定的前提下分析经济增长的事实，而增长实际上是一个非常复杂的过程，必须着眼于经济成败背后的各种制度与价值体系。制度也并非一成不变的，新制度经济学就是将制度当做增长过程中重要的内生变量看待。内生增长理论的经验研究也表明，制度是重要的，其作用也是可以被模型化的（萨拉-伊-马丁，2005）。作为一个转型国家，中国已经发生并仍然在发生着大规模的制度变迁，农村经济制度变迁是整个制度变迁的重要组成部分，农村部门在很多时候还为整个经济充当了部分制度供给者的角色①，而制度的作用最终都要体现在 TFP 的变动上。本书在对农业总量 TFP 增长进行估计和分解的基础上，首先将转型期农村主要经济制度变迁进行有效数量化，然后采用省际面板数据双向固定效应模型，定量估计各经济制度变迁与整个农业生产率增长的实证关系，深入讨论农业 TFP 变动背后的制度原因。这是一种事后的分析，但对于制定未来农业政策具有重要意义。

第四，人力资本作为一种新型生产要素，不仅可以作为要素投入直接对产出

---

① 因为改革开放以来，许多制度创新实际上还是从农村部门发轫出来的，例如国企改革过程中最初对家庭联产承包责任制的学习，农产品价格体系率先进行的"双轨制"改革等，详见本书第5章。

增长作贡献，更为重要的是可以通过促进生产率增长而间接对产出增长作出效率上的贡献。

人力资本投资作为一种特殊的投资，体现为劳动者所具有和运用的科学文化知识、职业技术知识和技能、健康状态、迁移及职业转换等。新古典增长理论将劳动和资本都视作同质性的生产要素，人力资本的抽象价值被否定掉了。其实，劳动力作为一种特殊的生产要素，除了作为纯粹的生产要素以外，还体现了人类在增长过程中的主体性和能动性作用。人力资本理论正是因为新古典增长理论无法解释增长过程中的各种"经济之谜"[①] 而发展起来，因为新古典增长理论仅仅从数量概念上理解劳动力要素。内生增长理论借鉴人力资本理论思想，认为人力资本作为物质资本和劳动以外的第三种要素，除了直接的生产要素效应以外，更重要的是具有极强的外溢性，可以克服传统生产要素的边际报酬递减效应，使经济得以实现长期可持续增长。本书对人力资本的内部效应和外部效应进行了有效区分，将内部效应定义为人力资本作为生产要素功能的直接要素效应，外部效应定义为人力资本对于经济增长的间接效率效应，如优化资源配置、促进社会和谐和提高市场效率等。在这一具体区分基础上，本书继续沿着生产前沿面方法的实证框架，实证检验了我国农村人力资本积累对于整个农业增长的直接要素贡献和对农业生产率增长的间接效率贡献，通过比较分析，深入讨论了农村人力资本通过这两种效应对中国农业发展所作的贡献。

1.3 研究视角

1.3.1 基本假定

本书基本假定：中国农业处于由传统农业向现代农业的转型阶段，或者称为中国农业转型，是指将传统农业改造成为现代农业的阶段。我们就是在这样一个基本假定条件下开展研究工作的。

"转型"（transformation）一词最早来源于"制度转型"——"从一种国家或政体被转变或转变为另一种国家或政体"（柯武刚等，2004）中的原始含义，主要是指 20 世纪 80 年代末期以来，原苏联、东欧等社会主义国家的转变。但是根据对此专门研究所形成的"转型经济学"（economics of transformation）来看，其主要研究经济体制比较的基础、计划经济体制的失败、市场化改革的方法与前景等；研究对象主要是原苏联、东欧国家和中国、越南等国；整体可以分为两种

---

① 如日本和德国在第二次世界大战后所取得的"经济增长之谜"以及在现代经济增长过程中所出现的"里昂惕夫之谜"、"工人收入增长之谜"和"索洛黑箱"等。

基本模式，即俄罗斯和东欧等多数国家为代表的激进式转型（如"休克疗法"、"big bang"），中国和越南为代表的渐进式转型（青木昌彦，2005）；根据转型所取得的不同效果，又对应形成了华盛顿共识（Washington Consensus）、后华盛顿共识（Post Washington Consensus）和北京共识（Beijing Consensus）三个理论范式。所以，"转型"在最初的真正含义实际上是指经济运行体制的转变，更为具体地讲是指从计划经济体制转向市场经济体制，而并不一定会涉及国家或政体的转变。

时下，在中国它被赋予了更为丰富的含义，包括经济转型、社会转型和制度转型等多重含义，学术界一般将改革开放以来的这一段时期统称为"转型期"。本书借用"转型"这一概念，将这一段时期的中国农业定义为处于转型期的农业——中国农业转型，不过其具体含义是指传统农业向现代农业的转型。因此，这也就明确了本书在时间范围上的界定：改革开放至今的转型期。局限于数据的现实可得性和操作可行性，本书将相关实证的时间区间具体定义在 1978～2005年。这一时间范围上的界定并不论及农业转型究竟从什么时候开始，又会具体到什么时候结束。或许这一转型在 1978 年以前甚至民国时期[①]就已经开始了，至于什么时候结束也并不清楚，因为中国改造传统农业的道路依然任重而道远，肯定还需要一个较为漫长的过程。但是这都不会影响我们的判断，也不是所要讨论的重点。我们只需要知道：改革开放以来（具体为 1978～2005 年）中国农业是处于由传统农业向现代农业的转型阶段。

按照农业生产力的性质，农业发展史一般被划分为原始农业、传统农业和现代农业三个阶段。原始农业是在原始的自然条件下，采用简陋的石器、棍棒等生产工具，从事简单农事活动的农业。西奥多·W. 舒尔茨（1964）[②]认为传统农业是指"完全以农民世代使用的各种生产要素为基础的农业"，从经济学角度看，"应该被作为一种特殊类型的经济均衡状态"，关键特点是："①技术状况保持不变；②持有和获得收入来源的偏好和动机状况保持不变；③上述两种状况保持不变的持续时间，足以使获得作为收入来源的农业要素的边际偏好和动机作为一种对持久收入流投资的来源的边际生产力以及同接近于零的纯储蓄达到一种均衡状态。"其中第③点可以理解为传统生产要素的供给和需求处于长期均衡状态。因此，传统农业是指一种生产方式长期没有发生变动，基本维持简单再生产、长期停滞的小农经济，基本特点是"虽然贫穷但却有效率"。而现代农业则是指广

---

① 20 世纪二三十年代中国曾经兴起过一场以乡村教育为起点，以复兴乡村社会为宗旨，由知识精英推进的大规模的乡村社会建设运动。这一运动曾持续十余年之久，波及中、东部广大农村地区，对中国农村社会发展具有深远影响。这场运动的代表人物有梁漱溟和晏阳初，他们分别在山东邹平和河北定县所进行的乡村建设实验。

② 中译本详见：西奥多·W. 舒尔茨. 2006. 改造传统农业. 梁小民译. 北京：商务印书馆：20-31.

泛应用现代科学技术、现代工业提供的生产资料和科学管理方法的社会化农业，基本特点是农业运行市场化、资源配置合理化、农业发展可持续化和组织管理科学化等（雷海章，2003）。

学术界的一般判断是：中国农业目前正处于由传统农业向现代农业的过渡阶段。我们认为过渡阶段含有一种消极被动的含义，正如1.2节指出，中国政府和人民所做的主观能动性努力都是在回答舒尔茨当年所提出的问题——如何改造传统农业。因此，我们称当前所处的阶段是由传统农业向现代农业的转型阶段，或者将传统农业改造成为现代农业的阶段。而实现转型的关键在于通过引进新的现代农业生产要素，降低农业收入流价格。通过将传统农业改造为现代农业，农业同样可以成为现代经济增长的源泉。

总体来看，改革开放以来中国农业转型主要表现在：①生产手段以手工劳动为主，逐步转向机械化作业和高新技术应用；②生产经营方式以传统小农户分散经营为主，逐步转向产业化经营和社会化服务；③产业结构以种养业为主，逐步转向种养、加工、服务等产业共同发展；④农业劳动力由集中在农业生产环节，逐步转向产前、产中、产后和非农产业多领域；⑤农业市场以国内市场为主，逐步转向国际和国内两个市场；⑥农民收入单纯依靠种养业收入，逐步转向务农、务工和经商等多元收入。但是加速转型的农业却面临着资源与市场等多重约束条件和诸多挑战，传统的农业增长方式显然难以应对，必须坚持走集约型增长方式的发展路径，通过采用现代生产要素手段来改造传统农业。党的十七大报告明确了今后农业的发展思路："用现代物质条件装备农业，用现代科学技术改造农业，用现代产业体系提升农业，用现代经营形式推进农业，用现代发展理念引领农业，用培育新型农民发展农业，提高农业水利化、机械化和信息化水平，提高土地产出率、资源利用率和农业劳动生产率，提高农业素质、效益和竞争力，提高农产品质量安全和农业整体水平。"全书基本思想也正好符合这一发展思路，因为这种要素贡献之外因素的作用最终都要体现在全要素生产率的变动上，最终实现的是集约型增长。按照这一具体思路，农业必将进入一个加速转型的战略机遇期。

然而，本书基于转型的视角（perspective）所蕴含的含义并非局限于此。回到"转型"一词的原始含义，中国农业除了经历着自身转型以外，作为一个产业部门，同时还不得不被动地适应着中国已经发生并仍然正在发生的大规模经济与制度转型进程，因为现代经济条件下农业并非在一个"孤立国"中寻求发展，而不得不接受这种外部条件剧烈变化所产生的影响，而且还必须在实现自身顺利转型的同时能够正确消化这种影响。放眼于整个中国转型的大历史观背景，本书"基于转型的视角"至少还包括以下四个方面：①市场化，从传统计划经济体制向现代市场经济体制的制度转型，市场的作用范围越来越大，在资源配置中起到了基础性作用；②工业化，从传统落后的农业型国家向现代的工业化国家转型，为此，中国还提出了以信息化带动工业化，以工业化促进信息化的"新型工业化"道路；③城市化，生产、生活方式和价值观念由农村型向城市型转型，这还包括了有中国特色的城镇化①进程；④国际化，从传统封闭型经济国家向全面融入世界经济和全球化的开放型经济国家转型，其重要标志是从一个非 WTO 国家向 WTO 国家的转变。整个中国目前正处于一个"数千年未有之大变局"。因此，综合来看，"转型"一词在本书中具有极为丰富的含义。从全书研究目的来看，它实际上还包括了经济增长方式从粗放型向集约型的转型。

具体来讲，全书又以 1992 年为分水岭将 1978~2005 年的整个转型过程划分为两个阶段。以 1992 年邓小平先生发表"南方讲话"和党的十四大召开为标志，其中十四大明确提出了建立社会主义市场经济体制的改革目标模式。在此之前，改革更多地具有一种"摸着石头过河"的实用主义逻辑，并没有一个众所周知的最后阶段的概念，也没有一个关于终极状态的明确描述②；十四大以后，改革就有了一个明确的最终形式和最终状态（市场经济体制），摆脱了许多无谓的争论，转型显著加速，后一阶段也因此具有更多的转轨③（transition）性质。本书整个实证表明这一阶段划分是符合实际情况的。

1.3.2　研究方法

本书基本假定条件意味着传统的研究方法在研究中国农业时会存在一定的局限性，本书所采用的生产前沿面方法在面对"转型"假定时存在着广阔的应用空间。

1.3.2.1　基本研究方法：生产前沿面方法

新古典经济学的生产理论是一种以生产者行为最优化为条件的生产理论，其中暗含了一个隐性假设：完全效率假设。具体而言，对于既定要素和产出品价

---

　　① 关于城市化与城镇化的区分并不是我们的重点，对它们进行区分其实是在探讨关于城市化进程的具体实现路径。本书中所采用的城市化概念是一种广义的城市化概念，是一种社会经济形态的转变，包括了生产和生活方式、相关价值观念的转变，这种界定范围包括了城镇化的概念在内。

　　② 改革开放 30 年来，从理论到实践，先后经历了"公有制基础上有计划的商品经济"、"计划指导下的商品经济"、"以计划经济为主，以市场经济为辅"、"计划经济与市场经济相结合"和"有计划的市场经济"等几个阶段，直到 1992 年党的十四大才正式明确提出以建立"社会主义市场经济体制"为改革目标的模式。

　　③ 经济转型与经济转轨都涉及经济体制的变化，但转轨意味着经济处于一种向某种理想状态——如一种特定形式的市场经济——过渡的暂时状态；而转型则并不包含一个关于最终状态的准确描述。详见（邹至庄，2005）。

格，在给定技术条件和投入约束下，生产者产出实现了最大化（maximum，产出收益最大化组合）；或者在既定技术条件和目标产出下，生产者投入实现了最小化（minimum，投入成本最小化组合）。这其实更多地表示了一种生产技术条件的约束，例如，不同的生产函数就代表了不同的技术水平。这种基于生产者行为最优化理论生产函数所描述的生产可能性边界又经常被称为生产前沿面（production frontiers）。最优化假定有其合理性，以营利为目的的厂商追求的是利润最大化，应当追求最优生产状态，否则整个新古典经济学根基将不复存在。但是这提供的也仅仅是一个参照系（reference），这种参照系如"完全效率假设"，对于市场经济体制非常完善的国家而言，可能是成立的，因为其成熟的市场体系能够使价格信号得到充分反映和传导，市场可以很快地向出清（market clearing）状态靠拢。但是经验研究证明这种假定对于广大发展中国家并不适宜（Felipe，1999），发展中国家由于市场体制不完善，很难较快地达到市场出清状态，即使在长期内也如此，当非均衡成为常态后，生产者很难实现生产前沿面上的最优化生产（如图1-2点A），而往往落在生产前沿面的内部。

特别对于中国这样正经历着经济和制度双重大转型的发展中大国而言，必须充分考虑到实际存在的各种导致非效率因素的作用，如二元分割的劳动力市场、不完善的融资体系等。对于农业而言，舒尔茨最早提到了这一点，即长期处于低水平均衡陷阱的传统农业具有"贫穷但却很有效率"的特征。本书基本假定条件认为，中国农业处于由传统农业向现代农业加速转型的阶段，除了要实现自身的转型以外，还不断适应着大规模的工业化、城市化、市场化和国际化等外部条件的剧烈变化。即使从微观上来看，农户生产与消费合一的"二重性"（不同于企业性质），也仅仅是部分地参与本不完全的投入和产出市场（艾利思，2006），并不能够充分利用它们本来可以利用的最高生产函数。所以当非均衡成为一种常态后，完全效率假设对于中国农业并不适宜。

当理论与现实出现背离时，需要得到修正的是理论，经济学正是通过不断放松假设条件使其不断接近经济现实而获得发展。针对经济现实中存在着导致非效率的各种因素，生产前沿面方法通过放弃完全效率假设应运而生，成为实证研究中的热点内容，本书将在文献综述部分对其进行详细介绍。

即使不考虑理论假设的现实合理性，一般在对生产函数等的实际估计中，都是使用生产决策单位或者加总以后的实际投入和产出数据进行常规拟合［如OLS（ordinary least squares）估计］，这种生产函数反映的是一定要素投入与平均产出量之间的关系，是一种平均意义上的生产函数（图1-2）。为了与实际操作中的平均生产函数相区别，描述生产前沿面的生产函数被称为前沿生产函数或者边界生产函数（frontier production function）。由图1-2可知，实际样本点可以落在平均生产函数的两侧，却只能位于前沿生产函数的下方。所以在传统计量经济学的实践中，因为估计出的实际上是平均生产函数而同样出现与理论假设的背离。生产前沿面方法则不仅可以估计出前沿生产函数，而且可以通过实际生产点与前沿生产函数的比较而估计出各种非效率值的大小。

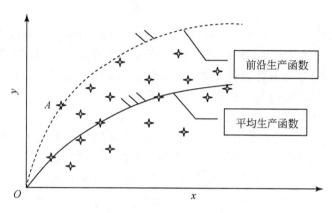

图 1-2　前沿生产函数与平均生产函数

综上所述，完全效率假设意味着一系列如完全竞争市场、利润最大化等制度约束和行为假设，传统研究方法大都在完全效率假设条件下进行平均生产函数的估计。对于全要素生产率理论而言，这就将全要素生产率增长直接等同于技术进步，并由此引发了众多关于科技进步对经济增长的贡献率研究，在农业领域也不例外，详细文献可以参考本书"国内外研究动态"部分，因此这种传统的研究方法（如索洛余值法）也就无法区分出效率改进对经济增长的作用。而生产前沿面方法则实现了技术进步与技术效率的区分，有助于进一步寻找 TFP 增长的源泉，作为一种全新的 TFP 估计方法也更吻合于中国农业的实际情况，应用范围非常广阔。根据本书基本假定，我们将在生产前沿面方法的实证框架内对中国农业生产率进行研究。

1.3.2.2　其他研究方法

在一个更为宽广的方法论范围内，我们将从理论分析与实证分析相结合的角度来对中国农业生产率进行研究。这也是现代经济学的一大重要特点，特别对于经济增长分析而言，理论分析与实证分析的结合是新经济增长理论的重要特征。本书基于转型的视角，以生产前沿面理论作为基本研究方法，对中国农业生产率及其决定因素进行集中研究。总体来看，本书基调是实证的，属于经验研究和事后研究的范畴。

全书采用的具体研究方法还包括：

1）归纳法：通过归纳中国农业增长与转型过程中的特征化事实（stylized facts，或典型事实），力图从中总结出普遍性特征和一般化的规律，作为全书论点的重要论据和支撑。

2）比较研究：对两个或几个相关的基本事实或者可比数据进行对比研究，揭示出差异和矛盾，根据一定的标准来确定它们的异同，最终得出有意义的结论。

3）现代计量经济学方法：本书整个研究基调是实证的，主要回答"基本事实是怎么样"的问题，因此我们尽可能地搜集大样本数据，以此为基础广泛地利用现代计量经济学工具进行数量和统计分析，除了生产前沿面方法以外，本书还广泛采用了一般回归分析、面板数据模型等分析工具（analytical tools）进行大样本分析，尽可能地"用事实说话"。

4）定性分析：虽然本书基调是实证的，但实证的目的除了描绘基本事实以外，更重要的是要能够回答所提出的问题或者验证相关假说，经济学分析从来不排斥基本的价值判断和事先预判"应该怎么样"的规范性命题，因此绝对不能走入"为了模型而模型"的误区。本书整体上采用了规范分析与实证分析、定性分析与定量分析相结合的研究思路。

1.3.3 数据来源

既然本书研究基调是实证的，相关定量分析的数据来源就非常重要，这直接关系到整个实证的可靠性。全书数据来源主要有三个：官方宏观统计年鉴、微观调查数据、网络数据库和其他。

官方定期发布的宏观统计年鉴是本书的重要数据来源。正如前文对研究时间范围和空间的定义，整个研究涵盖了中国内地 28 个省级行政区[①] 1978～2005 年 28 年间相关农业发展与宏观经济整体情况，因此在大多数情况下，这形成了 28 个分析单元在 28 年间所形成的平衡面板数据。

宏观上，所有的数据都来源于权威官方出版物。农业投入产出数据主要来自

---

① 考虑到西藏自治区特殊的政治经济地位和资源禀赋条件，而且其很多官方统计数据是不完整的，尤其是生产前沿面方法中数据包络分析（DEA）方法对异常数据高度敏感，因此在宏观实证框架中没有将西藏包括在内。由于中国内地在行政区划上曾经进行了一定的调整，主要是 1988 年海南省和 1997 年重庆直辖市设立，在此之前它们分别属于广东省和四川省，因此当时在统计口径上也就被分别纳入广东省和四川省，直到 1988 年和 1997 年之后两地才作为独立建制进行统计核算（详见历年《中国统计年鉴》）。这就给学术上一般数据处理及分离等带来了一定麻烦，参照以往绝大多数研究文献的处理方式，本书将 1988 年以后的海南和 1997 以后的重庆仍然分别纳入广东省和四川省作为一个整体进行讨论，这只是学术上的一种通常处理方式，而且仅限于学术研究处理，并非个人有意为之。另外，考虑到数据和资料的可得性等其他原因，本书分析边界时没有将中国台湾、香港和澳门地区包括在内，也就是说如果没有特别说明，本书中的定义是指中国内地，不包括台湾、香港和澳门地区。对于上述问题，本书在其他地方将不再予以特别说明。

历年《中国统计年鉴》、《中国农业年鉴》、《中国农村统计年鉴》、《新中国五十年农业统计资料》、《新中国 55 年统计汇编 1949～2004》和《中国畜牧业年鉴》等以及一些省级行政区的地方统计年鉴等。在对农村经济制度变迁中各省级行政区的制度变量进行量化和对农村人力资本存量的度量过程中，主要数据来自历年《中国统计年鉴》、《中国农业年鉴》、《中国农村统计年鉴》、《中国财政年鉴》、《新中国五十年农业统计资料》、《新中国 55 年统计资料汇编 1949～2004》、《中国乡镇企业统计资料 1978～2002》、《新中国 50 年财政统计》、《中国对外经济贸易年鉴》、《中国经济年鉴》和《中国物价年鉴》等以及一些地方经济年鉴。另外，互联网也是本书数据的一个重要来源，包括：资讯行数据库、中国三农信息网、中国宏观数据库、中国经济信息网以及一些国际组织如 FAO 的相关网站。但是这些官方数据也并非完美无缺的，对于一些存在明显异常的数据，我们将在正文中予以详细说明和处理。

　　微观上，本书利用了大量调查数据，这主要由官方成熟的调查队伍和完整的调查体系组织而得来。首先，在寻找中国农业 TFP 增长与分解的行业基础时，我们利用了 21 个不同作物品种改革开放以来的连续微观调查数据，即历年《全国农产品成本收益资料汇编》，这是一套反映我国主要农产品生产成本和收益情况的资料性年刊，调查现由国家发展和改革委员会价格司领导的全国农产品成本调查队组织完成，采用典型调查、重点调查和抽样调查结合的方法，具有高度代表性，这在省级层面上就形成了具有面板数据特征的连续观测数据集。其次，在对农业生产率的微观决定因素和不同规模间农户的效率比较时，以湖北省为例，采用农业部在湖北省 15 个农村村级固定观察点[①]的原始调查数据，这具体由省农委负责协调组织，调查方法分为抽样调查、全面调查和典型调查，在调查村的选择上采用类型抽样，即分类抽样的方法，而相关调查户一经确定后就不能变换，进行的是固定观测，每年约有 900 余农户，这足以反映当地农村经济生活的全貌。

　　对于中国宏观经济数据的准确性，一直有观点认为应对其抱一种怀疑的态度。我们并不否认这一点，特别对于土地方面的数据，本书在正文中就指出了这一点。但我们认为，坚持认为数据有质量问题是一个问题，运用科学的方法对这些官方数据进行分析是另一个问题，两个问题不能混为一谈，否则毫无意义。一般研究中国经济的学者也都同意，来自官方的统计数据是可得的最好数据，而且

----

　　① 对于《全国农产品成本收益资料汇编》数据集的相关调查工作和数据处理细节的详细介绍可以参考《全国农产品成本收益资料汇编》以及"全国成本调查"网站 http://www.npcs.gov.cn/web/index.asp 中的详细介绍，对于农村固定观察点微观调查数据的调查工作和处理细节的详细介绍可以参考我国有关农村固定观察点工作的相关安排以及"农业部农村经济研究中心"网站 http://www.rcre.cn/index.aspx 中的详细介绍。

中国官方统计的质量与具有同等收入水平的其他国家的数据质量相比来说是很不错的（Perkins et al., 1984；Eckstein, 1980）①。邹至庄（2005）也曾明确指出，使用数据的人的目的决定了他对数据可信度的判断，一般中国官方数据对于计量经济分析来说已经足够了，即使抱有一种怀疑态度，也应该看看这些数据到底会得出什么样的结论，如果结论与已知的条件一致，那么数据与结论在一定程度上互相检验；如果结论与已知的条件不一致，就应该调查究竟是数据还是已知的条件出了问题，然后进行适当的修正。邹至庄以自己的经验表明，如果运用方法得当，官方数据是足够精确的，尤其在一个相当长的时期内，其变化状况非常精确。而本书所研究的 TFP 增长更是一个变动量，反映增量水平。我们认为，若研究方法是科学的，所得出的结论就是可靠的。

1.4　内容结构

虽然本书在前文所提出的问题都是经济发展过程中的问题，但是发展经济学其实很少讨论到农业本身的发展。在各种发展经济学流派中，只有工业化才是经济增长的中心，农业顶多只能被当做促进工业化的手段，因此提出的大多也是具有城市偏向和工业偏向特征的发展战略，而往往忽视了农业与农民本身的发展。例如，舒尔茨本人就对此十分反感，他认为现代化的农业同样可以成为经济增长的源泉，关键是如何把传统农业改造成为现代农业。本书借鉴了舒尔茨改造传统农业的思想，属于农业经济学的范畴，在本质上也仍然属于发展经济学的范畴，全书还结合了新制度经济学的制度变迁理论、技术经济学、转型经济学、阿马蒂亚·森的可行能力方法、现代计量经济学和舒尔茨本人做出过杰出贡献的人力资本理论等，具有在经济学大范围内进行多学科交叉的特点。

1.4.1　全书框架

本书在基本面上对中国农业的供给面进行研究，主要包括投入产出中的要素特征、TFP 增长及其所反映的技术进步与效率增进特征等，还包括供给面对需求面的响应、宏观制度变迁、微观家庭禀赋和农村人力资本投资对供给面的影响等，属于事后研究的范畴。全书基于转型的视角，把这些研究内容纳入一个理论框架——全要素生产率理论和一个实证框架——生产前沿面方法之中。全书共7 章：

---

① 转引自：林毅夫. 2005. 制度、技术与中国农业发展. 上海：上海三联书店，上海人民出版社：18–19.

第1章导论,详细介绍全书的背景、问题、视角和国内外研究动态。

导论是对全书的一个鸟瞰。首先,就本书的选题和研究意义做出说明,即为什么要选这样一个题目,有何意义?其次,介绍本书工作目标和研究内容,这些研究目标在本书中是如何组织和布局的,包括工作思路和技术路线,并介绍相关初步有待验证的工作假说。再次,详细交代全书研究视角,包括本书的基本假定,即整个是立足于什么样的假定条件下进行和开展研究,这还包括对所采取研究方法的说明和详细的数据来源。最后,文献综述部分除了对相关理论进行解释以外,还对本书相关领域的国内外研究动态进行介绍和述评,以此为基础来确定本书的主要出发点。

主体部分包括第2~6章,这是本书的关键内容。

第2章,对转型期中国农业生产率增长的历史变迁与基本事实进行讨论。该章首先对中国农业单要素(劳动和土地)生产率的变化情况,所反映的资源利用特征,技术进步状况进行实证分析,这首先提供了一个农业生产率方面的总体中国印象。在此基础上,借助于生产前沿面方法非参数分解框架,对农业生产率增长进行度量和分解,将其分解为技术进步和效率变化两部分,这也是第5、6章工作的重要基础,该章的重点在于对转型期中国农业生产率增长及其源泉的时空演变(时间演变、空间分布和空间演变)模式进行实证分析,并立足于经济增长收敛性理论对农业生产率的水平收敛、绝对收敛和条件收敛性进行检验。

第3章,寻找转型期中国农业生产率增长、分解与变迁的行业基础。该章立足宏观概念和大农业角度来考察农业生产率增长、分解情况,唯恐存在不足和偏差。该章借助生产前沿面方法的参数分解框架和《全国农产品成本收益资料汇编》数据,对农业内部21个具体行业在转型期的生产率增长进行度量和分解,同样将其分解为技术进步和效率变化两部分,以此寻找农业生产率增长及其源泉的行业基础。这样可以弥补宏观农业角度进行研究可能存在的不足,夯实全书的实证根基,也可以得出更具有针对性的政策建议,不会因为行业差异所导致的偏差而产生政策建议上的误导。

第4章,寻找转型期农业生产率增长的微观决定性因素。该章从农户家庭禀赋的微观视角来寻找农业生产率的微观决定因素和增长源泉,具体以农业部在湖北省农村固定观察点的微观农户数据为样本,为全书研究工作和政策建议提供坚实的微观基础。除此之外,针对发展中国家农业存在着农户规模与农业效率之间负向关系命题的讨论,本章在一个更为宽广的视野内详细讨论了这一命题,这一广阔的视野包括:劳动生产率、土地生产率、成本利润率、生产率和技术效率等,从而弥补传统研究往往只从土地生产率角度分析的不足。本章的另一个重要贡献是在随机前沿生产函数分析框架内,采用"一步法"一步估计出各家庭禀赋因素对农业技术效率的影响冲击，从而有效弥补了传统研究一般采用"两步法"分开估计的不足和偏差。

第5章，寻找转型期中国农业生产率增长的宏观决定性因素。该章首先在对转型期中国农村主要经济制度变迁进行历史回顾和性质分析的基础上，对其进行有效数量化，然后结合第3章中农业生产率的测度和分解结果，通过建立省际面板数据双向固定效应模型，从制度变迁的宏观视角，实证分析了农业生产率与构成的宏观决定因素和机制，深入探讨宏观经济制度变迁对整个农业生产率的影响作用。这就在第4章微观分析的基础上，从宏观制度安排的角度使得全书框架更为完整。

第6章，重点探讨人力资本投资与农业生产率之间的关系，对人力资本投资所具有的更为根本的构建性价值予以强调。该章首先在对中国各省级行政区农村人力资本存量进行定量估计的基础上，对人力资本作用于农业增长的直接要素效应和间接效率效应进行有效区分，通过构建省际面板数据固定效应模型，实证分析了这两种作用机制。但是总体来看，这是一种工具性作用。然后，该章基于人类发展的发展观与森的可行能力方法，结合人力资本理论的局限性，从农民应当充当中国农业转型和发展过程的主体性角色出发，全面论证了对农民进行投资对于提升农民参与整个农业发展与中国发展过程的可行能力所具备的构建性价值，这意味着加强对农民的人力资本投资应当成为经济发展的目标，而非手段，实践意义也更为深刻。

第7章，本书的基本结论和研究展望部分。该章包括本书所有工作得出的基本结论和蕴涵的政策含义，属于总结性述评。除了本书在前人工作基础上可能取得的创新之处以外，还包括本书工作仍然存在的不足之处以及针对这些不足，本书在哪些方面需要进一步予以完善，即研究展望。

1.4.2 技术路线

本书基于转型的视角，以全要素生产率理论作为理论框架，以生产前沿面方法作为实证框架，对中国农业的总量生产率增长与源泉、行业分布、微观与宏观决定因素，及其与人力资本投资的关系进行全面研究。遵循上述本书框架，技术路线如图1-3。

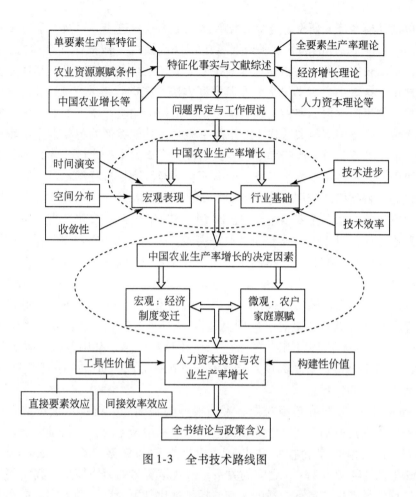

图 1-3　全书技术路线图

（侧边栏）第 1 章　导　论

1.5　理论甄审与研究综述

1.5.1　理论甄审与界定

1.5.1.1　全要素生产率理论

全要素生产率（TFP）理论是贯穿全书的理论红线。TFP 理论是随着宏观经济学增长核算（growth accounting）框架的发展而发展起来的，增长核算的核心是试图测度增长的源泉，以此确定各生产要素对产出增长的贡献，但增长核算方法的一个重要结果就是：通常认为增长的两个关键源泉——资本增长和劳动增长，并不能解释绝大多数实际增长的成绩，而明显遗漏了某些东西，这一遗漏的投入包括规模经济、研发、建立在创新基础上的技术进步，以及劳动的重新配置等。[①] 而这一遗漏掉的部分就是全要素生产率，因此又被称作"余值"。作为衡量集约型增长方式的主要指标，本书在 1.1 节已经给出详细定义及其在增长核算中的地位。这里主要对 TFP 概念及其测度方法的演进脉络进行综述和讨论。

早期的生产率概念在古典经济学中主要是指劳动生产率，如亚当·斯密、魁奈和大卫·李嘉图等经典著作中的生产率概念，其他类似的单要素生产率概念还包括土地生产率和资本生产率等。直到当代，全要素生产率概念才兴盛起来，因为其可以有效弥补单要素生产率不能全面反映经济增长过程等不足，以及其他独特的优势而得到广泛应用（张军等，2003）。一般情况下，现有经济学中所指的生产率概念指的都是全要素生产率。20 世纪 20 年代，科布和道格拉斯提出生产函数理论以后，对 TFP 的定量研究取得突破。一般公认，首届诺奖得主荷兰经济学家 Tinberger（1942）首次提出了全面反映生产率的指标——TFP，他将时间因素引入到生产函数中，用来表示"效率"的变动水平，从而将产出作为资本、劳动与时间的函数。随后不久，经济学家斯蒂格勒（Stigler，1947）也独立提出了 TFP 的概念，并首次测算了美国制造业的 TFP 增长。不过，被经济学界称为 TFP 鼻祖的 Davis 于 1954 出版的《生产率核算》一书，其中首次明确了 TFP 的内涵，指出 TFP 应针对全部投入要素测算，包括劳动、资本、原材料和能源等，而不是只涉及部分要素。

Solow（1957）[②] 在道格拉斯、丁伯根等的基础上，将技术进步纳入生产函数，提出了规模报酬不变特性的总量生产函数和增长方程，从数量上确定了产出增长率、投入增长率和技术进步率［后来被称为索洛剩余（Solow residual），Kendrick 将其定义为 TFP］之间的关系，这就是著名的索洛模型。其实将索洛剩余单纯称作技术进步是不合适的，它包括了远比其更为广泛的内容，在本质上属于 TFP 的范畴。之后，丹尼森（Denison，1962）从索洛模型出发，进一步将投入要素细化，把 TFP 增长率定义为产出增长率扣除各种要素投入增长率之后的"余值"，形成了著名的丹尼森模型（图 1-1）。20 世纪 80 年代以后，在该领域做出主要贡献的是乔根森（Jorgenson），他系统地阐明了以资本服务的租金价格为基础的新古典投资理论，根据在增加的投资中物化的新技术解释了生产率的变动[③]，强调将资本和劳动投入分解为数量和质量两部分，成功证明了技术进步应当作为改善资本存量的投资过程来分析，他还提出了著名的超越对数（tran-log）

---

① 见约翰·伊特韦尔，默里·米尔盖特，彼得·纽曼主编的《新帕尔格雷夫经济学大词典》（第四卷：Q~Z）关于全要素生产率（total factor productivity）的词条。

② 本书主要参考的是索洛著作的中译本：罗伯特·M. 索洛 . 2004. 增长理论——一种解析 . 冯健等译 . 北京：中国财政经济出版社。

③ 在古典的生产理论中，新技术被设想为"非物化的"，即独立于资本和劳动的增长。

转型视角下的中国农业生产率研究

20

生产函数，与 C-D 函数一样，在实证中得到广泛运用。

近年来，有关 TFP 的理论研究和经验研究得到进一步深化。研究对象扩展到农业、工业、金融、服务业、国有企业和中小企业等绝大多数领域，在样本空间上也扩展到世界绝大多数国家和地区、省级行政区经济以及微观上的企业、农户等。总体来看，由于 TFP 概念所具有的重大意义和强大解释力，对其的研究一直就从未停止过，一些政府组织和世界性机构都会定期出版一些关于本区域内 TFP 的研究成果，如美国农业部（USDA）、联合国经济合作与发展组织（OECD）和世界银行（WB）等。目前对于 TFP 的测度方法主要有三种：①增长核算法；②指数法；③生产前沿面方法。随着各种研究方法的增多，其中一些方法度量的 TFP 含义已经发生了改变，例如，不同于增长核算法中 TFP 测度的是"我们的无知"[1]（Abramovitz，1956），产出－投入指数法一般衡量的是总产量与加权要素投入之比。而从已有的文献来看，增长核算法是使用最多和影响最大的研究方法，因此 TFP 一般是一个增量，更多时候指的是"索洛残差"或"索洛余值"的概念，反映了产出增长过程中未能被要素投入增加所能解释的部分。总体来看，其具体发展脉络可以归纳总结为图 1-4[2]。

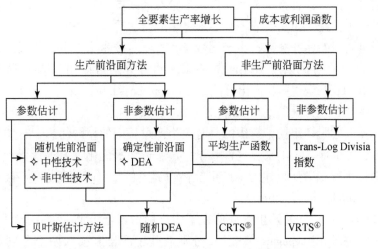

图 1-4　全要素生产率增长估计方法示意图

指数法和增长核算法分别作为非参数法和参数法的代表，在已有的经验研究中都得到了广泛应用，互有优势。例如，增长核算法必须强加一些不合理的制度

---

① 即产出增长中各种投入要素无法解释的部分。

② 此示意图的制作借鉴了 Mahadevan（2003）以及郑京海关于本书和讲义中的思想和介绍。

③ CRTS：constant return to scale

④ VRTS：variable return to scale

约束和行为假设，指数法虽然避免了这一点，简单易算，但在实证中却因为许多要素的价格信息不可得而受到限制。不过，两种方法共同的最大缺陷就是隐含着DMU实现了生产前沿面上的生产的假设（即完全效率假设，见1.3.2.1），而忽视了实践中各种非效率的存在，这尤其不适合于发展中国家和转型国家，本书在基本假定和研究方法中已经明确了这一点。因此在完全效率假设下求解出的TFP增长也就无法区分出技术进步与效率变化成分，单纯将TFP增长等同于技术进步。但是对发展中和转型国家而言，即使考虑作为一种集约型增长方式，效率变化与技术进步两者对于生产单位而言都高度重要，忽视任何一方都可能会产生政策上的误导。为了弥补这些缺陷，生产前沿面方法应运而生，在最近的文献中得到迅速发展。

1.5.1.2　技术效率与生产前沿面方法

生产前沿面方法是贯穿全书的实证红线。其中，技术效率①是生产前沿面方法的重要工具和核心概念，也是理清生产前沿面方法的先决条件。在新古典生产理论中，对于特定的生产技术，将投入转化为产出的过程表现为要素投入与产出之间的数量关系，这种数量关系可以用函数和曲线图表示，其中函数方面有成本函数和生产函数两个工具。成本函数是指在技术水平和要素价格不变的条件下，成本与产出之间的相互关系；生产函数是指在既定技术水平下，所投入的要素数量与其所能达到的最大产出之间的关系。两者分别可以用投入要求集［input requirement set，$L(y)$］和产出可能集［output possibility set，$P(x)$］表示。这都是基于生产者最优化行为（如利润最大化、成本最小化）为条件的生产对偶理论，两种方法同样重要，提供的是有关生产过程中的相同信息，有关生产特征可以由两者等价地表示出来。这种基于生产者行为最优化（由最优化理论推导出来）的理论生产函数所描述的生产可能性边界［如$P(x)$的边界］被称之为生产前沿面（production frontiers）。

如果一个DMU的实际生产点落在了生产前沿面上，那么他在技术上就是有效的。库普曼斯（Koopmans，1951）分别从基于产出和投入两个角度给出了技术有效的定义：如果在不增加其他投入（或减少其他产出）的情况下，技术上不可能增加任何产出（或减少任何投入），则该投入产出函数关系是技术上有效

---

① 技术效率一词英文为technical efficiency。对应的，技术效率变化英文为changes in technical efficiency。因此一般将其翻译为技术效率。但是如果单纯只从技术层面上进行理解的话，难免会有些狭隘，因为它反映了DMU一种综合生产能力方面的含义，能够反映生产潜力、成本控制等竞争力等多方面的内容，具有非常广泛的含义。所以，也有的文献将其翻译为生产效率，如王志刚等（2006），这在字面上就具有更广泛的内容。为了在整个本书框架中便于理解，本书统一将其翻译成技术效率，但是其内涵是非常广泛的，这一点并不会改变。

的，而所有这些技术有效生产点所组成的集合也就构成了生产前沿面。但正如 1.3.2.1 节所指出，绝大多数生产点往往由于各种非效率因素的作用，而无法实现前沿面上的生产（图 1-2）。如此，就可以给出技术效率的定义：①从投入角度定义的话，技术效率是指在产出规模和市场价格不变的条件下，按照既定的要素投入比例，生产一定产量所需要的最小成本与实际成本的比率（Farrell，1957）；②从产出角度定义的话，技术效率是指实际产出水平与在相同的投入规模、投入比例和市场价格条件下所能达到的最大产出量的比率（Leibenstein，1966）。

如果涉及市场价格变动、投入或产出结构比例的变化、规模变动等，这还会牵涉经济效益（economic efficiency，EE）、配置效率（allocative efficiency，AE）和规模效率（scale efficiency，SE）等概念，也就需要更多投入和产出价格等其他方面的信息。作为一个发展中国家，中国主要要素市场，如土地和劳动力市场，发展都不完善，不能提供有意义的价格信息（郑玉歆，1998），很多价格数据在实证上是不可靠或不可得的。限于本书研究目的和相关价格信息的缺失，我们主要从技术的角度来分析生产上的非效率，实现对 TFP 增长中技术进步和技术效率的区分。关于经济上的非效率等是我们未来研究的重要方向。

从技术效率的定义来看，它是用来衡量 DMU 以生产前沿面为参照的能够获得最大产出（或投入最小成本）的能力，表示 DMU 的实际生产活动接近于生产前沿面的程度，反映了该 DMU 在既定技术条件下的相关效率状况，自从 Farrell（1957）率先提出其 Farrell 原始模型以来，就一直处于不断完善和发展之中，是整个生产理论研究的热点和重点。为了更容易理解本书后面所采用的具体研究方法，我们通过图 1-5 来给出其详尽的定义。

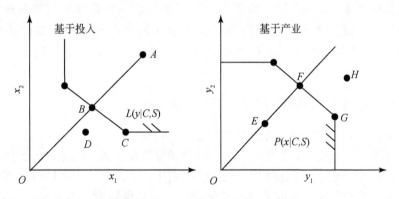

图 1-5　基于投入与产出角度的技术效率度量

在不变规模报酬（constant returns to scale，C）和要素投入强可处置性（strong disposability of inputs，S）条件下的参考技术（生产前沿面）可以被定义

为：投入要求集 [input requirement set, $L(y|C, S)$, 可理解为等产量曲线] 和产出可能集 [output possibility set, $P(x|C, S)$, 可理解为生产可能性曲线]。那么，基于投入（产出）的角度，生产点 D（或 H）落在了 $L(y|C, S)$ [或 $P(x|C, S)$] 集合的外面，那是目前已有的生产技术条件下无法实现的生产点。生产点 B、C（或 F、G）则落在了生产前沿面上，即在技术上是完全有效的，又被称为"最佳实践者"。一般情况下，生产点经常处于生产前沿面的内部，如生产点 A（或 E），在投入结构（或产出结构）比例（x_2/x_1 或 y_2/y_1）不变的情况下，我们选择生产点 B（或 F）作为生产点 A（或 E）在生产前沿面上的映射点（或参考基准点，benchmark）[①]，那么 A 和 E 的技术效率分别为

$$TE_i^A = OB/OA, TE_o^E = OE/OF \tag{1-1}$$

在此基础上可以定义出 Farrell 基于投入或产出的技术效率（Farrell input-saving measure of TE, Farrell output-oriented measure of TE）分别为

$$\left.\begin{aligned} F_i(y,x|C,S) &= \min\{\lambda: \lambda x \in L(y|C,S)\} \\ F_o(x,y|C,S) &= \max\{\theta: \theta y \in P(x|C,S)\} \end{aligned}\right\} \tag{1-2}$$

由于采用的是相对于原点的映射点，因此这种技术效率又被称为径向（radial）技术效率。在不变规模报酬（C）和要素投入强可处置性（S）条件下，特别还存在如下关系：

$$F_i(y,x|C,S) = [F_o(x,y|C,S)]^{-1} \tag{1-3}$$

浅显地说，基于投入角度的技术效率主要回答这样一个问题：在不变规模报酬、市场价格和技术水平既定的条件下，一个 DMU 可以减少多少投入而仍然保持原有的产出？基于产出角度的技术效率可以理解为：一个 DMU 在同样的条件下，保持原来的投入水平不变又可以进一步增加多少产出？关于技术效率的具体度量本书将在第 2、第 3 章中进一步讨论，尤其是基于产出角度的技术效率能够与经济增长理论密切联系在一起（因为都从生产函数的角度来描述），在这一领域得到了更为广泛的应用，本书以后都是基于产出的角度来进行讨论的。

1.5.1.3 基于生产前沿面的产出与 TFP 增长分解

由于以往的研究大多在完全效率假设条件下进行，即假定 DMU 处于长期均衡状态而可以利用到最高的生产函数，实现了生产前沿面上的生产，因此在进行 TFP 的测算与分解时，往往将其增长内容等同于技术进步，而不区分技术进步和技术效率的差别，这就忽视了效率变化对 TFP 增长的影响。本书一再强调的是，

①　如果选择生产点 C 或 G，那么就意味着投入结构比例或产出结构比例发生了变化，如果在基础上还引入等成本曲线或等收入曲线概念，牵涉经济效益与配置效率等概念。正如前文已经指出，由于在实证中目前还无法获取相关投入产出的价格信息，本书主要着眼于技术层面上的研究。

中国在经历多重转型和农业转型的过程中，其中所产生的非效率因素使得大多数生产在生产前沿面的内部进行，更为重要的是如果将 TFP 增长单纯等同于技术进步的话，那将是非常狭隘的。因为由于制度创新、人力资本投资等因素的作用，DMU 在实现技术进步的同时，整个效率也会得到有效提升（向生产前沿面逼近）。相对于成熟的市场经济发达国家，作为一个正处于转型的发展中大国，效率增进对于 TFP 和整个经济增长所作的贡献同样至为关键，它综合反映了我们向成熟完善的市场经济体制转型所做的努力和取得的进展。单纯从技术进步角度来研究 TFP 和经济增长是不全面的，尤其对处于转型和发展中的国家而言，技术进步和技术效率的区分具有重要意义，这也是当前经验研究的重点和热点内容。

在图 1-5 的基础上引入多期和动态时间（t）的因素，就可以顺利实现对技术进步和技术效率的有效区分（图 1-6）。在多期动态分析框架下，技术进步和技术效率同样可以通过构造生产前沿面来反映，生产前沿面作为评判单个 DMU 效率优劣的基准，落在前沿面上的 DMU 被称为"最佳实践者"。技术效率衡量的是某 DMU 在既定技术水平和要素投入下，实际产出与对应于生产前沿面上最大可能产出之间的垂直距离。如果 DMU 落在前沿面"内部"，即存在技术非效率，垂直距离越大，技术效率越低。在多期动态中，生产前沿面是会变化的，其本身的移动表现了技术进步的作用，具体体现在既定要素投入下外生技术进步对生产前沿面的外推（TP > 0）或内移（TP < 0）上［图 1-6 中，生产前沿面 $f_1(\cdot)$ 与 $f_2(\cdot)$ 之间的关系］。当期可资利用的技术水平决定了生产前沿面的位置，从而 TP 主要受限于当期所拥有的知识存量，一般来说是 TFP 长期变动的主要源泉。TE 则表现为一个非效率变量，反映既定技术条件和要素投入下，DMU 对生产前沿面的不断逼近或远离上，受 DMU 掌握并实际能够运用的现有知识存量能力的影响，反映了生产潜力的发挥程度，可以反映制度变革等因素的作用，一般来说是短期内改善 TFP 水平的主要源泉。

图 1-6 中不同时期 t_1 和 t_2，DMU 分别面临着不同的生产前沿面 $f_1(\cdot)$ 和 $f_2(\cdot)$。假若在技术完全有效的条件下，分别面对投入水平 x_1 和 x_2，两时期的产出为 y_1^* 和 $y_2^{*\prime\prime}$。但是现实中由于存在各种导致非效率的因素，DMU 往往不能实现生产前沿面上的产出，两时期的实际产出分别为 y_1 和 y_2。TE 则可以用实际产出与潜在产出之间的垂直距离来衡量，分别为 TE_1、TE_2。如此，两个时期 TE 的变化可以表示为 $\Delta TE = TE_1 - TE_2$。生产前沿面的移动则表现了 TP 的作用。当时期 t_1 投入量为 x_1 时，$TP_1 = y_1^{*\prime\prime} - y_1^*$；当时期 t_2 投入量为 x_2 时，$TP_2 = y_2^{*\prime\prime} - y_2^*$。将两时期因为要素投入变动所引起的产出变动部分用 Δy_x 表示。那么总产出的变动可以分解为要素投入变动、技术进步和技术效率变动三方面共同所作的贡献。

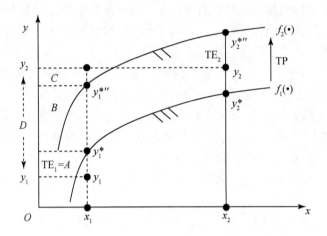

图 1-6　全要素生产率增长分解为技术进步和技术效率示意图

$$
\begin{aligned}
D &= A + B + C = \left[y_1^* - y_1 \right] + \left[y_1^{*''} - y_1^* \right] + \left[y_2 - y_1^{*''} \right] \\
&= \left[y_1^* - y_1 \right] + \left[y_1^{*''} - y_1^* \right] + \left[y_2 - y_1^{*''} \right] + \left[y_2^{*''} - y_2^{*''} \right] \\
&= \left\{ \left[y_1^* - y_1 \right] - \left[y_2^{*''} - y_2 \right] \right\} + \left[y_1^{*''} - y_1^* \right] + \left[y_2^{*''} - y_1^{*''} \right] \\
&= \left\{ \mathrm{TE}_1 - \mathrm{TE}_2 \right\} + \mathrm{TP} + \Delta y_x
\end{aligned} \tag{1-4}
$$

式中，$D = y_2 - y_1$ 为 DMU 实际产出的增长，$\mathrm{TE}_1 - \mathrm{TE}_2 = \Delta\mathrm{TE}$ 表示技术效率的变化，$\mathrm{TP} = y_1^{*''} - y_1^*$ 表示技术进步，$\Delta y_x = y_2^{*''} - y_1^{*''}$ 为要素投入变动的贡献。图 1-6 和式（1-4）实际上就是根据 Solow 相图将实际可观测的产出增长分解为：①沿着生产前沿面的移动（要素变动）；②向生产前沿面的逼近（技术效率变动）；③生产前沿面本身的移动（技术进步）。在这三大贡献中，②和③的作用就构成了我们所定义的 TFP 增长。

　　可以看出，技术进步和技术效率增进都会使 TFP 增长；但是如果技术进步速度过快，可能会伴随着技术效率的下降；也可能会出现技术效率提高与技术退步并存的情况。因此，TP 与 TE 蕴含的政策含义是不同的。具体针对农业而言，技术进步意味着一种"转变论"，Schultz（1964）就明确指出了改造传统农业的关键是要供给一套有利可图的新型生产要素，通过降低农业收入流价格来打破传统农业的长期低水平均衡陷阱，着力点在于引进新型现代农业生产要素。即着眼于单纯的技术问题，大幅度改变农业投入和技术，实现迅速的技术定位和持续的技术进步，这是集约型增长方式的基本前提和基础。但是集约型增长方式还意味着绝对不能忽视技术进步的社会制度环境，必须要有相应的社会结合形式，实现前沿技术创新成果为广大农民所共享和整个生产效率的提高。这主要可以追过技术效率指标来表述。技术效率则意味着一种"改良论"，即着眼于识别和消除阻碍农业实现高效率的障碍，如体制障碍、激励因素等，政策的重心在于制度变革与创新、农村基础教育、培训和农业技术扩散和服务网络等。能否提供一种有效的制度安排，使农民充分发挥其在农业发展过程中的主体性作用、掌握农业技术以及实现农业前沿技术的共享、获取公平的社会地位，这种制度安排的供给是集约型增长方式的重要内容。

特别对于宏观经济而言，以省际层面上的生产函数探讨为例。技术进步主要体现着一种"增长效应"，反映了"最佳实践者"的"最佳实践"情况，代表了生产前沿面的扩张，如果由其主导 TFP 增长的话，那可能意味着省级行政区之间的 TFP 增长是发散的，也就是说先进省级行政区与落后省级行政区之间的 TFP 差距在扩大，是趋异的。技术效率则体现了一种"水平效应"，反映了"落后者"对"最佳实践者"的"追赶"情况，代表了大部分省级行政区对"最佳实践者"所主导的生产前沿面的靠拢，那就会意味着省级行政区之间的 TFP 增长是收敛的，先进省级行政区与落后省级行政区之间的发展差距在不断缩小，是趋同的。因此综合来看，技术效率过低或过高都不见得是公共政策的福音。如果单纯依靠技术进步，而忽视对现有资源的合理配置和技术效率的提高，必将造成生产无效和资源浪费。但是如果技术效率过高，则意味着技术进步速度过慢，可能会陷入"贫穷但有效率"的特殊长期均衡状态。这也是对集约型增长方式含义的具体讨论。

1.5.1.4　具体评估方法：参数法和非参数法

在上文的相关讨论中，本书均假定生产前沿面是已知的，这在理论上是可行的，但是实际操作中，重点还在于怎样构建生产前沿面，否则本质上仍然将是平均生产函数，无法求解出技术效率而出现理论与实证的背离。目前，生产前沿面方法的主流研究成果分成了两个分支：参数方法（parameter estimation）和非参数方法（non-parameter estimation）；根据估计出来的生产前沿面是否受随机性因素的影响，分为随机性前沿面（stochastic frontier）和确定性前沿面（deterministic frontier）（图 1-4）。实际上两个主流分支目前在生产领域中都得到了广泛应用①。

参数方法以随机前沿生产函数（stochastic frontier approach，SFA）为代表，主要沿袭传统生产函数（增长核算方法）的估计思想，重点是确定一个合适的前沿生产函数来描述生产前沿面。即首先根据需要确定一种具体的生产函数形式，然后利用现代计量经济学方法，估计出前沿生产函数中的未知参数，继而求出实际产出与潜在产出的比值（技术效率），从而完成前沿生产函数的构造。其

---

① 实际上，为了弥补参数法与非参数法两者的不足，采用最新的一个重要前沿发展方向——半参数法估计（semi-parameter estimation）。但是，目前研究成果并不多，应用还不是很广泛和成熟。在此，我们仍以参数法和非参数法两大主流估计方法为主。

发展经历了两个阶段：早期的确定性前沿面和现在的随机性前沿面。确定性前沿面假定存在一个确定的上界生产函数，该前沿面是固定的，将影响产出的不可控随机因素如气候、政策变动、统计误差等和可以控制因素放在一起，全部纳入一个单侧误差项，作为技术非效率的反映。[①] 随机性前沿面则将前沿面看做是可控的确定性因素与不可控的随机因素共同作用的结果，将整个误差项表示为一个复合误差项——技术非效率项和随机误差项，该前沿面考虑到了随机因素冲击，故是随机变化的。当前最新估计方法已经能够实现一步估计（one-step）出各种外生性因素对技术效率的影响冲击，从而为寻找技术效率的源泉提供了工具。参数法的最大优点是具有经济理论基础，能够结合计量经济学方法估计生产函数来实现对个体具体生产过程的描述，并对技术效率进行控制。

非参数方法（来源于指数方法思想）以数据包络分析（data envelopment analysis，DEA）为代表，是利用纯数学的线性规划技术（linear program，LP）和对偶原理来确定生产前沿面，并完成对技术效率的测度。这种方法由数据驱动（data-driving），不去寻求生产前沿面的具体函数形式，而是通过所观测到的实际生产点数据构造出生产前沿的包络面，并基于一定生产有效性标准来寻找包络面上的相对有效点，进而求解出 DMU 的效率指数，从而放弃了参数法中需要事先确定函数形式、技术非效率项分布形式和参数估计有效性等多方面问题。不过，通过 LP 技术来确定的生产前沿面一般都是确定性的，无法考虑到随机因素的影响。其实，非参数法最早是管理科学中的一种效率评价方法，但因为其对于经济学问题的实用性，同样得到了广泛应用和发展。特别是 DEA 技术以生产理论的集合论描述（见 1.5.1.2）为基础，形成了同样能够描述生产过程的独特理论体系，该分支在寻找技术效率的源泉方面主要通过两步（two-steps）估计来实现，如 DEA-Tobit 模型。

关于整个领域的发展脉络可以参考图 1-4。这里我们主要对 SFA 与 DEA 的优缺点及互补性进行归纳总结，这对于本书在什么样的情况下具体采用哪种模型非常重要。其实两者的共同起源最早都可以追溯到 Farrell（1957）的前沿函数思想和凸边界模型（convex facets），只是沿着两条并行不悖的路径发展起来，各有利弊。通过对相关文献的综合分析，可以归纳总结如下：①SFA 是一种计量经济学方法，从概率分布的角度来分析样本点效率的不同，具有统计性特征，因此可以对模型设定和参数估计进行统计性检验（如最大似然检验、显著性检验等），也更加具有经济学理论基础；DEA 是一种数学线性规划方法，仅仅依靠 DMU 的实际观测数据，利用 LP 技术将 DMU 线性组合（本质上是线性生产函数），依靠数

---

① 参数型确定性前沿面对生产前沿面的估计其实除了计量经济学统计方法以外，也广泛采用线性规划方法来求解生产前沿面，其重要特点在于生产前沿面是确定的（deterministic），没有考虑到随机扰动因素的影响冲击。

据驱动，判断出 DMU 的相对效率，故 DEA 不具备统计特征，无法进行相关检验。从经济学理论角度看，SFA 具有优势。②也正因为上一点，SFA 需要事先设定生产函数的具体形式和技术非效率项的分布形式，这种先验性假设对前沿面的形状强加了一些要求，当函数形式和非效率项分布存在误设时，就会产生偏差；DEA 无需生产者行为假设，直接从数据特征出发来构造前沿面，不去寻求生产前沿面的显性函数表达形式，也因为构造的是确定性前沿面，而不需要设定误差项的具体分布。从技术上看，DEA 似乎具有优势。③SFA 建立的前沿面是随机的，能够对随机扰动和技术非效率进行区分，避免了统计误差、运气等随机因素对技术效率值产生影响，更接近于实际；DEA 构建的是确定性前沿面，对每个 DMU 都是一样的，因为无法考虑到随机误差影响，而将这些因素统统归于技术非效率的作用，可能会影响到结果的正确性。从前沿面的性质讲，SFA 具有优势。④SFA 作为一种计量经济学方法，服从于大数定理，即自由度越多，效果就越佳；DEA 并非完全如此，因为其将随机误差都归结于效率的差异，那么样本越多，数据的偏差越多，平均技术效率的数值就可能越低。另外，DEA 依靠数据驱动，所以对异常数据高度敏感。经常会出现自我识别（self-identifiers）或近似自我识别（near-self-identifiers）问题，即在投入和产出指标数以及其他约束个数大幅度超过观测值的个数时，DMU 的效率值经常会是 100% 或者接近 100% 的，这主要是因为只有较少的观测值可以相互比较。⑤SFA 一般只适合于单产出、多投入的生产形式；DEA 则无此限制，多产出或单产出都可以处理。⑥SFA 和 DEA 都在数据结构上经历了由横截面数据向面板数据的发展，通过使用面板数据，两者就不仅可以观测 DMU 的效率差异，还可以观察其时间变化，并且都可以进一步将 TFP 增长分解为技术进步和效率变化，实现了两者的区分，这才是 SFA 和 DEA 都在 TFP 领域得到广泛应用的重要原因。

　　虽然在实证方法上，DEA 和 SFA 有所不同。但一般而言两者的结果是相似的，差别并不会太大（Lovell，1996）。事实上在已有实证中，两者都得到了广泛应用，包括对中国经济问题的研究，但这些研究往往都将两者分开使用。现今实证领域的一个最新趋势就是将两者联合使用，提供相互验证，这些联合使用的最新文献包括 Cooper（1995），wadud（2000），Chen（2002），Tsionas（2003）以及徐琼（2006），许晓雯和时鹏将（2006）及万兴等（2007）。正如 Cooper（1995）本人曾指出，上述研究大都发现两种方法提供了相互验证，给 SFA 与 DEA 是互相排斥的方法的观点提供了否定证明。理论上，具体到农业领域，SFA 的应用前景应该比 DEA 广阔，因为农业重要特点就是生产周期长，不可控因素多，不确定性大，但也会因为需要事先设定生产函数的具体形式和非效率项的分布形式受到批评。一般情况下，DEA 的技术效率值要稍高于 SFA 的估计值，但对于 TFP 及其构成的变动情况和趋势（增量水平）而言，两者往往是一致的。

本书基于上文的全面比较，综合权衡利弊，具体问题具体分析。在对大农业的宏观测算中采用 DEA 方法，因为投入变量较多，采用 SFA 易产生多重共线性和函数形式的选择问题，在大农业口径下，利用 LP 技术的距离函数来构造 DEA-Malmquist 生产率指数也不会需要很强的行为假设和参数估计，完全依靠于数据本身驱动来求解 DMU 相对效率，这可以尽量减少偏差。但在具体对农业的行业估计和微观农户的大样本处理时，因为投入变量较少，样本量很大，可以自动有效消除多重共线性问题。另一方面，正如刘小玄和李双杰（2008）所指出，在考虑到存在庞大的数据规模时，其中可能存在的随机误差也会相应较多，采取确定性生产前沿面模型对于数据的精确度要求较高，而随机生产前沿面模型则可以有效解决这些随机误差问题，不至于受到某些误差值或异常值的影响，尤其对于大型样本数据来讲，是不可能去逐一地核实每个观察值的准确性。而 DEA 对大样本下的异常数据又较为敏感，容易产生偏差，故我们采取 SFA 分析。综合上文 ①～⑥点比较意见，本书采取了这种处理方式，在具体实证中还会予以详细说明，实证表明我们的结论和方法是相互印证和加强的。

在参考技术的选择上，其确定标准主要取决于 DMU 能够控制的是产出还是投入。我们认为，总体来看，整个转型期中国农业的总特点是基于给定的资源约束（如耕地资源等）下追求农业产出的最大化（如保障粮食安全等），因此本书采用的都是基于产出的参考技术。不过在大多数情况下，参考技术的选择对所获得的指数值只会产生微弱的影响（Coelli et al.，1998）。

1.5.2　国内外研究动态

1.5.2.1　全要素生产率的研究与讨论

近年来，对于 TFP 理论的研究与应用越来越广泛，无论理论研究还是实证分析都取得了极大进展，这一点是毋庸置疑的。不过，知识的进步总是在不断的"试错"（trial-and-error）过程中取得，TFP 理论亦不例外，也是在不断的批评声中不断地取得进步，如 Mahadevan（2003），林毅夫和任若恩（2007）及郑玉歆（2007）等。归纳起来，这些批评主要集中于：①要素质量改进如何度量，如资本和劳动力质量提高。②包含资本的（embodied）技术进步与不包含资本的（disembodied）技术进步的因果关系。因为 TFP 体现的技术进步是不包括资本投入（disembodied）的希克斯中性（Hicks-neutral）技术进步。③技术进步与要素增长的因果关系，两者是独立的吗？④投入与产出指标的准确定义，如人力资本、资本利用率的准确度量。⑤技术进步与 TFP 准确内涵的确定以及对 TFP 经济意义的准确把握。⑥全要素生产率核算的基础理论——生产者行为理论和实证估计方法论的挑战。⑦TFP 是否真的能够全面反映生产要素的经济效果以及资源配置状况？但是无论如何，对于经济增长而言，TFP 是客观存在的，TFP 理论也是经济学说史上重要的里程碑，我们所面临的问题只是如何去更精确无误地度量 TFP 与其贡献而已，这与否定 TFP 的客观存在性是性质不同的两个问题。因此，在政策实践上将经济增长方式转变到依靠提高 TFP 增长的贡献的轨道上来是毫无疑问的，但是如果仅仅因为测算出来的 TFP 不高，就判断出经济增长质量不高，确实应当采取审慎态度，这是不同的因果关系。

自从 Paul Krugman（1994）挑起关于"东亚奇迹"存在性的辩论以来，TFP 概念开始受到国内学者的普遍关注。同样有学者曾经深入论证该框架的不足和缺失，为中国经济增长的可持续性辩护，如易纲等（2003）、林毅夫和任若恩（2007）、郑玉歆（1998，2007）等。尽管如此，这丝毫不能减少国内学者对 TFP 的研究热潮。从国内文献来看，李京文开创性地研究了我国综合要素生产率增长及其对经济增长的贡献。李京文等（1993）合著的《生产率与中美日经济增长研究》一书分析比较了中、美、日的生产率，在国内外引起很大反响，乔根森称之为"对增长经济学研究的重大贡献，是支撑和促进世界经济增长政策发展的重要依据"。李京文和钟学义（2007）的《中国生产率分析前沿》一书较为全面地研究了中国经济及工业（1952~1995）的全要素生产率增长，并对相关方法的研究进展进行了综述。最近几年来引用率较高的热点文献和发展动态主要包括颜鹏飞和王兵（2004），郭庆旺和贾俊雪（2005），彭国华（2005），王志刚等（2006）和王争等（2006）等对中国宏观经济的研究；傅晓霞和吴利学（2006b）和金相郁（2007）等对中国地区及区域经济的研究；王兵和颜鹏飞（2007）对东亚经济的研究；李培（2007）和高春亮（2007）对中国城市经济；涂正革和肖耿（2005，2006，2007）和涂正革（2007）等对中国工业经济的研究；顾乃华（2006）对中国服务业的研究；徐盈之和赵豫（2007）对中国信息制造业的研究；王亚华等（2008）对中国交通行业的研究；魏楚和沈满洪（2007）对能源生产以及王争和史晋川（2008）对中国私营企业的全要素生产率研究等。这些研究从宏观到微观，几乎涵盖了中国经济的所有领域，研究方法也越来越前沿和完善，从增长核算法、指数法到生产前沿面方法不等。这些都充分说明了 TFP 增长对于中国经济增长的重要性与客观存在性。为此，清华大学国情研究中心专门主办了"2007 中国生产率研究专题学术研讨会"，《经济学（季刊）》杂志 2008 年 4 月（第 7 卷第 3 期）专门出版了"中国生产率研究专辑"，其中收录了郑京海、刘小玄、郑玉歆和吴延瑞等几位资深生产率研究学者的众多论文，包括 Bootstrap-DEA 和考虑环境因素的方向性距离函数 DEA 模型等在生产率研究领域的最新应用等。这些工作都产生了非常大的影响，对于中国经济转型及经济增长模式的转变具有重要的政策性参考价值。更值得一提的是，有些研究根据中国转型经济的特殊性，对立足于新古典生产理论的传统 TFP 核算框架进行修正，如王曦等（2006），在 TFP 测算理论和方法改进上做出了自己的贡献。

事实上，鉴于中国经济转型的特殊渐进性策略以及中国经济所取得的巨大成功以及 Young（1992，1994）和 Krugman（1994）引发"东亚奇迹"的论战以来，对中国经济 TFP 增长的研究也吸引了众多海外经济学家的兴趣，其中又以华人经济学家为主，最新的文献发展包括 Young（2003）、Zheng 等（2006）、Jefferson 等（2006）、Perkins 和 Rawski（2008）等，研究对象也都比较深入，除了宏观经济以外，还包括专门对乡镇企业生产率的研究，如 Goodhart 和 Xu（1996）、Woo 等（1994）、Jefferson 和 Xu（1994）等。对于这些研究，Jefferson 等（1996）、Felipe（1999）、张军等（2003）、郑京海等（2008）等进行了清晰而完整的文献综述，可以作为阅读的进一步参考。正如郑京海等（2008）所指出，全要素生产率问题是研究中国经济可持续增长的核心问题，而中国富强的关键在于提高全要素生产率（Perkins，1988）。

更重要的是，TFP 实际上也一直受到国际经济学界的高度强调。除了前文已经综述的索洛、丹尼森和乔根森等的开创性贡献以外，近年来比较有影响的研究还包括 Young（1995）和克鲁格曼（1999）等。目前关于 TFP 国际比较研究以 KLEMS 项目影响最大，已经初步形成了一个多机构参加的组合（Constotium Project Institutions），得到了广大国家的共同参与，类似项目还包括亚太区域的 ICPA（International Comparison of the Productivity among Pan）等等，而生产率研究国际协作网络（Productivity Analysis Research Network）的正式出版物 *The Journal of Productivity Analysis* 杂志会定期发表关于生产率研究的理论与实证进展，2007 年影响因子为 0.439。具体来看，Bosworth 和 Collins（2003）认为增长核算框架如果能够得到恰当的运用与解释，会是一种很有价值的工具。应该有更多的努力投向对 TFP 的建模与测算（Easterly et al.，2001）；TFP 应该成为经济增长研究的重点和焦点（Klenow，2001）。Prescott（1998）则认为需要一个 TFP 框架才能揭示收入的跨国差异；Kogel（2005）和赫尔普曼（2007）等从理论和实证上都明确指出了 TFP 对跨国收入与增长差别所起到的主要作用。TFP 在解释跨国或地区间增长差异中的巨大作用越来越被作为一个"典型化事实"（stylized facts）来看待。正因为如此，对生产率收敛性的研究也开始受到了高度重视，如 Bernard 和 Jones（1996），Dougherty 和 Jorgenson（1998），Miller 和 Upadhyay 等（2002）等。国内的相关文献起步则相对较晚，如彭国华（2005）利用 OLS、Panel Data 固定效应模型，傅晓霞和吴利学（2006b）利用 SFA 模型，李国璋和魏梅（2007）、李静等（2006）、李静和刘志迎（2007）利用 DEA 模型等对中国 TFP 增长收敛性的分析，以及谢千里等（2008）对中国工业生产率增长收敛性的分析，他们大都充分肯定了 TFP 的贡献和作用。但是也有徐现祥（2006）及傅晓霞和吴利学（2006a）分别利用非参数法和参数法的研究表明中国地区差异仍然主要来源于要素积累尤其是物质资本积累，TFP差异的贡献相对有限。

另一方面，自从索洛在技术进步贡献率研究方面作出杰出贡献而获得诺贝尔经济学奖以来，测度技术进步率及其对经济增长的贡献率一直是一个经久不衰的课题，由于长期受完全效率假设和"索洛余值"法的影响，关于TFP的研究实际上更多地集中于对技术（科技）进步率及其贡献率的研究上，在很大程度上长期将TFP增长与技术进步直接等同起来。因此在国内，长期以来关于技术进步率及其对经济增长贡献率的研究一直作为一个重要研究领域与TFP研究领域并行不悖地发展着，这种关于科技进步贡献率的测算同样在宏观经济、区域经济及工业、服务业等产业领域得到了普遍应用。例如国民经济（朱锋峰等，1998）、住宅产业（冯凯等，2001）、石油生产企业（冯英浚等，1997）、电力工业（王新雷等，1999）、山东和黑龙江经济增长（董西明，2006a，2006b）等等。由于文献较多，对此，我们不一一赘述。而对于科技进步贡献率测算方法本身，国内学者如何锦义等（2006）和徐瑛等（2006）也作了进一步完善和修正。对于测度方法方面的研究进展，张平和郑海莎（2007）进行了较为完整的述评。而这些研究取得了重大的政策与实践影响，在政策实践中比TFP指标应用也更为广泛，例如，技术进步贡献率指标就被列为《国家中长期科学与技术发展规划（2006 - 2020年）》的重要发展目标。只是以索洛残差估计的TFP被当做技术进步的精确测度，所以增长核算框架在中国在相当大的程度上被机械地套用，这与TFP的含义并没有被很好地理解有关（郑京海等，2008）。随着对全要素生产率内涵的认识越来越深入，TFP其实包括了更为丰富的内容，除了直接的技术进步以外，它还包括间接的效率改进，如"干中学"（learning by doing）、管理实践的改进以及一种已知的技术被应用而带来的效率增进等等。因此，全要素生产率框架应该比已有的技术进步贡献率测算框架具有更为广阔的应用前景，后者是被包含在前者的研究范畴之内的。或者可以通过放宽技术进步的定义，将其定义为广义的技术进步，从而实现广义技术进步与狭义技术进步的区分，而广义的技术进步则在内涵上越来越趋于TFP的含义。这些都是本书在研究方法选择上的重要考虑。

1.5.2.2 农业全要素生产率的研究与讨论

在农业经济领域内，TFP对农业产出增长与差异的贡献同样异常重要，如Grilliches（1957），Alston等（1998），McCunn and Huffman（1998）对美国农业的研究；Hayami和Ruttan（1970）对日本农业的研究；Rosegrant和Evenson（1992）对印度农业的研究；以及Coelli和Prasada Rao（2003）对农业TFP的跨国比较等。事实上，对于人口众多但资源禀赋条件又非常不利的中国而言，农业TFP地位更加突出。林毅夫（2000）曾将中国农业成功的关键总结为农业科研、现代技术和家庭耕作制度三个方面，实际上它们都可以通过农业TFP的变动反映出来。Tang（1982）、McMillan 等（1989）、Lin（1992）、Wen（1993）和 Fan（1991，1997b）等较早地对中国农业 TFP 进行了研究，并得出了较为一致的结论，即改革初期农业 TFP 出现快速上升。但是 Fan 和 Zhang（2002）的研究发现官方数据可能夸大了农业改革对生产率增长的影响，不过也有研究认为整个改革时期农业生产率的增长速度是可观的，速度较高（Xu，1999）。而国内文献上，冯海发（1989，1990）较早地运用 TFP 概念及原理测算了我国农业生产率的变化及增长模式，弥补了国内农业生产率研究长期停留在定性分析上的不足。近年来相关文献所取得的进展，比较详细的综述可以参考 Allan 和 Ma Hengyun（2003）、Mead（2003）等。

从国内研究来看，同样长期受完全效率假设和"索洛余值"法的影响，关于农业 TFP 的研究实际上更多地集中于对农业技术进步率及其贡献率的测算上。例如，农业部科技教育司（1997）专门发布了"我国农业科技进步贡献率测算方法"，其中所定义的农业技术（或科技）进步率实际上就是在完全效率假设条件下的农业 TFP 增长率。在这些研究中，以索洛残差估计的 TFP 被当做是技术进步的测度，诞生了许多研究成果，而且一般都会有研究成果定期对我国或省级行政区农业科技进步贡献率进行测算。其中引用较多的著述主要是朱希刚的相关研究成果，他所提出的方法（朱希刚，1997；朱希刚和刘延风，1997）一直被用做农业科技进步贡献率的标准测算方法，而他本人分别对我国"七五"（朱希刚，1994）、"九五"（朱希刚，2002）期间的农业科技进步贡献率进行了测算。应用这种索洛残差法，蒋和平和苏基才（2001）对 1995～1999 年，赵芝俊和张社梅（2006）对 1986～2003 年，王启现等（2006）、李林杰和王红涛（2008）分别对"十五"期间我国农业科技进步贡献率进行了测算，这还包括众多省级行政区和行业的研究，如云南（石荣丽和黄鹏，2002）、江西（何宜强，2004）、海南（周兆德等，2000）等以及林业（吴成亮等，2007）、油料作物（成维等，2004）、渔业（李文抗等，2003）、棉花（谭砚文等，2002）和柑橘（祁春节，2001）等。这些研究对于我们加深对农业科技进步的理解起到了重要作用，具有重要意义。对于这种研究方法及其在农业领域的应用，张社梅和赵芝俊（2008）和袁开智等（2008）分别进行了较为完整的综述和评论。但是，对于这种测算方法的缺陷和局限性，也有学者提出了质疑和改进思路，认为这种方法可能会产生政策上的误导，如凌远云等（1997）和陈凯（2000）等。这实际上也和全要素生产率与技术进步的准确内涵没有被正确区分和理解有关，并同样引发了广义农业技术进步与狭义农业技术进步的讨论。

随着认识的不断深入，人们逐渐认识到了全要素生产率的深刻内涵，也意识到除了技术进步，其他各种各样的因素如效率改进、资源配置等都可以影响到TFP 的变化，国内对农业 TFP 的研究日益增多，尤其是生产前沿面方法逐渐得到了推广应用。例如，吴方卫等（2000）较早地利用非参数估计来研究农业生产率问题。相对而言，DEA 的应用相对广泛，除了国外文献 Mao 和 Koo（1997）、Lambert 和 Parker（1998）、Wu 等（2001）以外，国内孟令杰（2000）、顾海和孟令杰（2002）、陈卫平（2006a）等也从不同角度利用 Malmqusit 生产率指数对农业加总数据进行分解，这些研究大多得出了相似的结论。另外还有一部分研究成果集中于粮食生产的 TFP 研究，如棉花（孙林，孟令杰，2004）、小麦（张冬平等，2005）、水稻（王明利等，2006）、玉米（杨春等，2007）、各种粮食作物的综合比较（陈卫平，2006b）和东北水稻（张越杰等，2007）等，这些研究运用从 DEA-Malmquist 生产率指数、HMB 指数到 Törnqvist-Theil 指数各种方法不等。再者，刘璨（2004）对安徽金寨农户脱贫，李周（2005）对西部农业生产效率，顾海和王艾敏（2007）对河南苹果，杨兴龙和王凯（2008）对玉米加工业，张莉侠等（2006）、尹云松和孟令杰（2008）对乳制品业的全要素生产率增长进行了研究。不过，另一方面，关于随机生产前沿面的相关方法（SFA）应用则相对有限。田维明（1998）较早地利用 SFA 技术估计了中国三种粮食作物的前沿生产函数，而 Xu（1998）对江苏农户，余建斌等（2007）对大豆，许海平和傅国华（2008）对海南天然橡胶，李谷成等（2007，2008）对湖北农户，亢霞和刘秀梅（2005）对粮食，曹暕等（2005）对奶牛和马恒运等（2007）对牛奶生产的全要素生产率增长利用 SFA 技术进行了分析和求解。石慧等（2008a）则在宏观农业上利用 SFA 技术对 TFP 增长进行了详尽分解，将其分解为技术进步、技术效率增进、规模效率和配置效率四个部分，李谷成等（2007）也曾利用湖北农户的微观数据进行了上述四个方面的分解，这应该是现有文献中迄今为止对农业 TFP 增长最为详尽的分解。总体看来，这些研究得出了重要的结论，对丰富农业全要素生产率领域的研究文献具有十分重要的意义，并可以为本书提供良好的借鉴。

相对于中国宏观经济和国外对农业 TFP 的收敛性检验而言，目前对我国农业 TFP 收敛性检验的文献还比较稀缺。例如，McCunn 和 Huffman（1998）对美国各州、Krishna（2004）对美国及分地区农业 TFP 增长的收敛性，Carlos 等（2006）对世界主要国家农作物与畜牧业的 TFP 增长收敛性进行了检验。从国内文献来看，胡华江（2002）及韩晓燕和翟印礼（2005）较早地做了一定研究，而姚万军（2005）应用单位根（Unit Roots）检定方法，赵蕾等（2007a，2007b）应用《全国农产品成本收益资料汇编》对分省的农业 TFP 增长收敛性作了检验，石慧等（2008a，2008b）则将全国分为八大地区，利用 SFA 技术对农业 TFP 的地区差距及发展趋势进一步深入研究。但是通过比较研究发现，他们各自得出的收敛性结论并不一致，存在认知上的冲突，需要进一步的分析。

1.5.2.3 农业全要素生产率增长因素分析

在对促进农业 TFP 增长的因素分析上，宏观上，研究者对制度变迁投入了最多的注意力。早期对农村经济制度变迁与农业增长的研究主要集中于家庭联产承包责任制上，如 McMillan 等（1989）、Fan（1991）、Lin（1992）、Kalirajan 等（1996）等，尤其是 Lin（1992）的研究最为经典。乔榛等（2006）、郑晶和温思美（2007）和杨正林（2007）等继续在 Lin（1992）的 Griliches 生产函数框架内对农村经济制度变迁研究作了扩展。McMillan 等（1989）还进一步对改革初期农产品价格改革的生产率效果进行了计量分析，黄少安等（2005）则通过相似分析检验了改革开放以前土地产权制度变化的影响，充分肯定了土地制度及所有权的作用，刘玉铭和刘伟（2007）则以黑龙江垦区为例，单独分析了家庭联产承包责任制的正面效果和负面效应，包括提高农民积极性，对规模经济、分工协作和统一服务的破坏等。除此之外，Huang 和 Kalirajan（1997）则认为即使不大规模增加农业投入，通过人力资本投资、市场化改革也可以确保粮食安全和生产率增长，而政府农业公共支出及财政支农支出对农业生产率的增长效应当然也不容忽视（魏朗，2007；等等），农业研发和基础设施建设也被广泛认为是影响农业生产率的重要因素，如 Fan 和 Pardey（1997a）、Fan 和 Zhang（2004）及王红林和张林秀（2002）等，其实农业生产率还受到自然环境变化的剧烈影响（Zhang, Carter，1997）。

微观上，农户规模被认为是影响农业生产率最为重要的因素之一。自从 Sen（1962，1966）对印度农业的研究发现农户规模与农业效率之间存在负向关系（inverse relationship，IR）以来，传统上关于农业由于一些农业资源的不可分性而存在明显规模经济的认识受到极大挑战，因为这一发现所具有的重大政策性含义，涉及农业发展的具体战略问题，所以对这种负向关系的存在性和解释吸引了众多研究者的目光，如 Berry 和 Cline（1979）、Binswanger 等（1993）、Assuncao 等．（2003）、Bizimana 等（2004）。不过，对这一问题及其解释的争议也一直不断，很久以来并未达成共识。例如，Nehring 等（1989）、Bravo-Ureta 和 Rieger（1990）、Kumbhakar（1993）等就曾表明两者的关系是正向的，而 Carter 和 Wiebe（1990）、Benjamin（1995）、Lamb（2003）等则认为他们之间关系很可能是非线性的；Bagi（1982）、Bagi 和 Huang（1983）、Bravo-Ureta（1986）、Moussa 和 Jones（1991）等则表明两者在统计上并不能建立显著联系。高梦滔等（2006）对中国案例进行了初步研究。另外，白菊红（2004）、李谷成等（2006）从人力资本的角度，孔祥智等（2004）从技术扩散的角度，Lerman 等（2007）从农场产权性质的角度，李谷成等（2008）从农户家庭禀赋的角度探讨了这些因素对农业生产率的影响和作用，并都得出了非常有意义的结论和建议。

正如张军等（2003）所指出，尽管全要素生产率理论存在着局限性，但对经济学家来说，没有比研究经济增长和全要素生产率变动更让人着迷的了，20 世纪 50 年代以来，对全要素生产率的研究进入一个持久繁荣的时期。因此，总体来说，对中国农业全要素生产率增长进行从微观、中观到宏观、从理论到实证的全面系统研究具有重要意义，这可以进一步丰富我国的经济增长特别是农业经济增长的全要素生产率研究文献。这里，需要补充说明的是，本书还有一定的文献综述部分分散于各章之中，因为那将更加有助于我们加深对各章中的具体研究问题的理解，考虑到问题的针对性而没有在这里予以列出，这里只是从全书整体性的角度进行了一定程度的归纳和总结。总体来看，这些研究对于我们加深对全要素生产率、农业 TFP 及其决定机制的理解具有重要意义，这也是本书开展研究工作的基础。我们主要根据这些前人已经进行的工作来确定本书的主要出发点，尝试着能够初步扩展以往的文献，从而做出一定的创新。因为全书的基调是实证，属于应用经济学的范畴，所以本书并不力求能够在相关研究方法本身的发展上有何重大创新，而只是希望能够对中国农业生产率研究的已有知识存量做一些自己边际上的贡献，以及一些扎扎实实的工作。对于这些贡献和本书存在的不足，7.3 节会予以总结。

第 2 章

中国农业生产率增长的历史
变迁与基本事实

作为识别我国农业生产率增长模式的第一步，本章首先对转型期我国农业增长的单要素生产率（一般包括劳动生产率和土地生产率）增长进行一般性描述和简要分析，对其所反映的资源利用和技术进步特征进行说明。在此基础上，本章重点是利用生产前沿面方法的非参数估计与分解框架（DEA 框架），对转型期我国农业总量全要素生产率增长进行估计和测算，通过将其分解为技术进步和技术效率两个部分来寻找其增长的源泉。然后，根据这一分解结果，重点分析转型期我国农业生产率增长的时间演变模式和空间分布模式，并利用现代经济增长理论中的经济收敛性假说检验（convergence hypothesis）对我国农业 TFP 增长的收敛性进行检验，以此作为分析其空间演变模式的依据。总而言之，本章首先提供了一个中国农业生产率增长方面的总体印象。

2.1 单要素生产率变化及资源利用特征

首先我们利用两种单要素生产率（single factor productivity，SFP）指标的度量方法即单位劳动力农业产出和单位土地面积农业产出（劳动生产率和土地生产率），来说明整个转型期我国农业资源禀赋与农业产出之间关系变化的历史变迁。同时，这还可以初步说明在我国特定农业资源禀赋条件下通过农业机械化、使用现代化学肥料、生物技术等促进各单要素生产率增长与成本节约的农业技术进步路径。

2.1.1 劳动生产率

农业劳动力作为一个相对可以自由流动的生产要素，其流向在很大程度上受劳动边际报酬率影响，这往往又直接与工资率挂钩。改革开放以来我国农业劳动力总量呈倒 U 形变化趋势，其中峰值出现在 1991 年，1992 年以前一直缓慢上升，从1992年开始持续下降。[①] 这是考虑了农业人口自然增长因素以后的结果，在其他条件不变的情况下，农业劳动力数量变化与农业部门所面临的外部条件有关，特别是农民所面临的非农就业与收入机会。这尤其反映在1992年整个宏观经济加速转型以后，工业化和城市化加速，整个农业劳动力总量是净减少的。

实际上同期整个农业总产出则一直是迅速增长的，并大大超过了人口数量的增长。这也是改革开放以来我国并没有遭受食物短缺危机的原因。只是随着经济发展和居民收入提高导致食物需求向着更高价值的农产品转移可能会引发供给上的结构性短缺。从宏观表现来看，农业产出与劳动力的综合变化就反映为整个转型期我国广义农业劳动生产率的持续上升，1992年（图2-1[②]）后这一上升趋势明显加快。

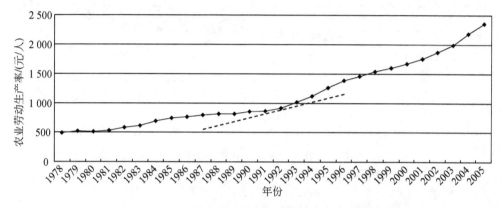

图2-1　中国广义农业劳动生产率变迁图（1978~2005年）

注：农林牧渔总产值/农林牧渔总劳动力，采用1978=100为基期的不变价。因为没有狭义农业口径的农业劳动力统计数据，故采取广义农业口径

资料来源：历年《中国农业统计年鉴》，经作者整理、计算而得

宏观上的表现可能会掩盖某些导致变量时序变化的具体原因。我国农业发展的一个重要特征就是从20世纪90年代中后期开始的全面结构调整，即从基本立足于"以粮为纲"的政策向自觉利用比较优势原则的方向发展。林、畜牧和渔业增长迅速，种植业内部结构也发生显著变化，蔬果、花卉等产业迅速成长。这也是对居民收入提高引起恩格尔系数降低和膳食结构发生变化产生的新需求的响应，农业向着相对高价值和高劳动力需求农产品转型。故整个广义农业产值增长

① 从国家统计局《中国统计年鉴》（历年）的相关宏观统计数据来看，无论是从农林牧渔业总劳动力人数还是从第一产业就业人数来看，都呈现出这一典型的倒U形特征。

② 另外需要指出的是，本书并未对广义农业与狭义农业进行刻意区分，那并非本书的重点，本书的重点是解释和分析问题。根据实证统计数据的可得性加以灵活运用是本书对广义农业和狭义农业进行区分的处理方式，我们认为只要能够说明需要说明的问题即可，而并非一定要执著于两者的区分。后文在面对相似问题时，也是采取相同处理方式。

在很大程度上还会得益于农业结构调整。来自于全国《农产品成本收益资料汇编》的微观农户调查数据同样表明，更为详尽的以劳动工作日来度量的农业各行业劳动生产率，除了在个别年份会出现短期产量波动以外，在整个转型期仍然是持续增长的。微观上主要粮食作物的劳动生产率增长情况可以参考图2-2。这就为我国农业劳动生产率增长提供了更加可靠的微观证据。

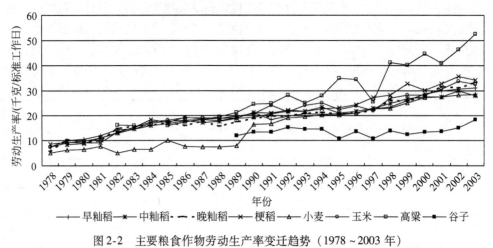

图 2-2　主要粮食作物劳动生产率变迁趋势（1978～2003 年）

注：因为《中国农产品成本收益资料汇编》（2004）在对其指标体系调整以后，不再对该指标进行调查，所以数据只能截止到 2003 年，但是这对我们的分析不会产生影响

资料来源：根据历年《中国农产品成本收益资料汇编》整理而得

　　不过，农业向着相对高价值和高劳动力需求农产品转型也对该部门的劳动力需求产生了新影响。除了农业产出转变本身对劳动力的需求增加以外，产出构成中由谷类作物向蔬果、水产品、家畜类等劳动密集型农产品生产的转变也增加了对劳动力的需求。但是农业机械化降低了对劳动力的需求，尤其土地密集型大宗农产品更是如此。更为重要的原因在于二元经济结构的持续存在影响到了农业劳动力的流向，农业报酬与非农就业报酬的巨大差异使得我国农业劳动力的大规模转移仍将持续。加上农业机械化进程加速和人口增长的减缓，可以预见未来我国农业劳动生产率还会持续上升。综合以上因素，我国农业劳动力的"过密化"、"内卷化"[①]问题将会得到有效缓解。从长远来看，农民收入的增长也依赖于农业劳动生产率的提高。

　　实际上农业劳动生产率（Y/L）还可以理解为土地/劳动（M/L）和土地生

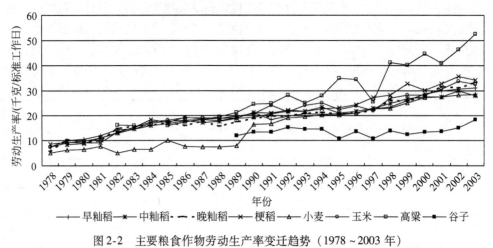

　　① 这是著名华裔学者黄宗智提出的一个概念，是指以单位劳动日边际报酬递减为代价换取单位面积劳动投入的增加，其动力来源于日益增长的人口压力，人口的增长推动农业密集化。通过"过密化"和"内卷化"带来的发展是有限的，生产越是密集化，就越是难于把劳动力抽出而走上通过资本化提高生产率的道路。详细情况可以参考黄宗智的《长江三角洲的小农家庭与乡村发展》、《华北的小农经济与社会变迁》等。

产率（Y/M）的乘积。

$$Y/L = (M/L) \times (Y/M) \qquad (2-1)$$

或

$$\ln(Y/L) = \ln(M/L) + \ln(Y/M) \qquad (2-2)$$

也就是说农业劳动生产率的持续增长可能会是土地/劳动和土地生产率综合互动的结果。

2.1.2 土地生产率

一般认为，农业土地是一个相对固定的生产要素，由一国先天的资源禀赋条件决定，例如我国农业资源禀赋的典型特征就是人多地少。但是耕地数量作为一个经济变量实际上在一个相当长的时期内还是会变化的。作为一种多功能性自然资源，为满足经济发展其他方面的需求，改革开放以来我国耕地数量变化的总体趋势主要表现为总面积的持续减少。截止到 2006 年 10 月 31 日，我国耕地面积为 18.27 亿亩，人均仅 1.40 亩[①]。为了遏制这种持续减少的势头，政府提出了以行政区"耕地总量平衡"为目标的保护政策和到 2010 年末必须守住 18 亿亩耕地红线。结合农业劳动力总量变化的倒 U 形特征，农业土地—劳动比率在 1992 年以前虽然存在局部波动，但总体趋势基本上是持续恶化的。从 1992 年开始这一比率基本上稳定下来（图 2-3）[②]，这也与 90 年代开始农业部门对机械化的依赖程度提高和对劳动力的依赖下降有关（图 2-4）。

根据式（2-1）或式（2-2），农业劳动生产率的持续增长应该主要是由土地生产率的增长贡献的。实际上在单位土地劳动投入不变的情况下，如果单位土地的产出取得了增长，那么劳动生产率就获得了提高。从宏观上看，农业总产出的增长一直非常迅速，其增长率大大超过了土地的增长率，这也表明了土地生产率

---

① 可以参考国土资源部公布的 2006 年度土地利用变更调查结果报告。1 亩≈666.7 平方米。

② 由于多方面原因，对于我国耕地总量一直缺乏较为权威的统计。其中，时间序列较长的有两个：一个是《中国统计年鉴》上的数据，另一个是国土资源部从 1987 年开始公布的耕地资源增减变化数据。一般认为国土资源部的数据较为接近我国耕地资源的真实数据，而前者则公认比实际面积偏小，需要进行修正。通常认为国土资源部 1996 年公布的土地利用详查数据较为接近我国的实际耕地面积，对于此问题的相关详细论述可以参考朱红波（2006）。限于本书的研究目的，我们并没有对 1996 年以前的数据进行修正，而直接采用《中国统计年鉴》（历年）上的数据，而 1996 年以后则采用的是我国于 1996 年 10 月 31 日土地利用详查以来所公布的数据。这也是为什么在一些年鉴上 1995～1996 年间全国总耕地面积突增 3500 万公顷（约 5 亿亩）的原因。这一问题对于我们分析时间序列上的变动趋势并不会产生实质性影响，1995～1996 年所产生的"折点"完全可以被忽略。因为即使是通过修正以后的各种耕地数量统计数据，如朱红波（2006）等，也都和《中国统计年鉴》上的数据一样表明了 1978～1995 年基本下降趋势（朱红波，2006），这一点在实际上也是毫无疑问的。对于本书其他地方在采用全国耕地面积数量时所出现的相同问题也是基于此相同原因的，这是人为统计数据上的问题，并不会影响我们的结论。

的增长。事实确实如此，无论是用单位耕地面积还是播种面积来衡量的狭义农业（小农业）总产值在整个转型期都取得了显著的持续增长（图2-5）。

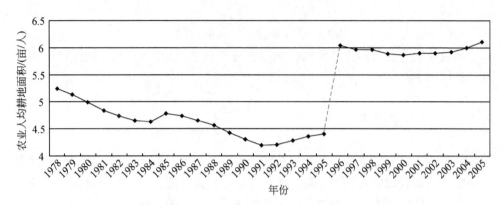

图2-3　中国农业人均耕地面积数量（1978~2005年）

注：全国耕地总面积/农林牧渔总劳动力。正如上页脚注所指出，1995~1996年间所出现的"折点"问题完全是因为人为统计数据调整所导致的，这并不会影响到我们对相关指标在总体变动趋势上的判断。限于本书研究目的，我们也没有必要对1996年以前的全国耕地数量进行修正，即使是修正以后的各种统计数据，如朱红波（2006）等，也都和《中国统计年鉴》上的数据一样表明了耕地总量在1978~1995年间的基本下降趋势（朱红波，2006）。单位为亩/人

资料来源：根据历年《中国统计年鉴》、《中国农业统计年鉴》整理而得；其中1996~2005年耕地面积来源于国土资源部、国家统计局、全国农业普查办公室"关于土地利用现状调查数据成果的公报"，1996年数据为1996年10月31日时点数

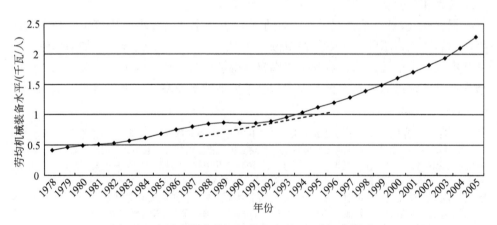

图2-4　中国农业劳均机械装备水平（1978~2005年）

注：农林牧渔机械总动力/农林牧渔总劳动力，以农业机械总动力计算，包括耕作、排灌、收获、农业运输、植物保护机械和牧业、林业、渔业以及其他农业机械，主要是用于农、林、牧、渔业的各种动力机械的动力总和，不包括专门用于乡镇、村组办工业、基本建设、非农业运输、科学实验和教学等非农业生产方面用的机械和作业机械。单位为千瓦/人

资料来源：根据历年《中国农业统计年鉴》整理而得

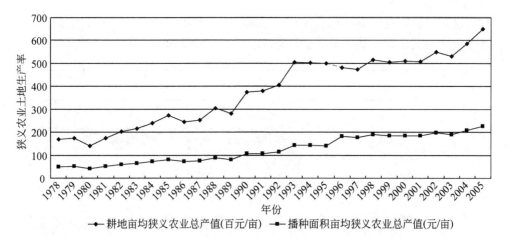

图 2-5　中国狭义农业土地生产率变迁图（1978～2005 年）

注：耕地亩均狭义农业总产值＝狭义农业总产值/全国总耕地面积，播种面积亩均狭义农业总产值＝狭义农业总产值/全国农作物总播种面积，采用 1978＝100 为基期的不变价。同样正如图 2-3 指出，耕地亩均狭义农业总产值 1995～1996 年所出现的"折点"问题完全由人为统计数据调整导致，这并不会影响我们对相关指标在总体变动趋势上的判断。为此，我们还采用了全国农作物总播种面积的度量来进行补充说明

资料来源：根据历年《中国统计年鉴》、《中国农业统计年鉴》整理而得。其中 1996～2005 年耕地面积来源于国土资源部、国家统计局、全国农业普查办公室"关于土地利用现状调查数据成果的公报"，1996 年数据为 1996 年 10 月 31 日时点数

　　来自于全国《农产品成本收益资料汇编》的微观农户调查数据同样表明，详尽的以农户为生产单位的单位播种面积来度量的农业内部各行业土地生产率在整个转型期是显著增长的，除了有个别年份出现短期的产量波动外，这种总的上升趋势是"一以贯之"的。微观上主要粮食作物的土地生产率增长情况参考（图 2-6），其他主要农作物的增长情况可以参见本章附录。根据一般的经济学理论，农业用地的报酬应该在其地价中得到反映，农业部门得益于技术进步和某些制度变革的作用所带来土地生产率的上升，预期土地价格在时序变化上也应该会总体上涨。但是由于农民模糊的土地产权以及农地流转市场发育不完全等原因，农地生产率价值上升这一点无法充分在土地价格中反映出来，这可能也是构成我国耕地总数量迅速减少的一个重要原因。另外，我们也无法获取我国相关土地价格的数据集。

　　土地虽然在宏观上是一个相对固定的生产要素，但是农业生产作为一个生物学过程，对土地的地理特性高度依赖，因此土地其实是一种非中性的农业投入。故可以通过充分利用比较优势原则，全面调整农业生产结构，特别促进优势农产品产业带向具有比较优势的地区集中，是今后提高农业土地生产率的重要方向。在微观上，如果通过完善土地产权机制（其实土地是可以通过市场进行交易的），就不会对农户的经营构成短期成本上的约束。可以通过建立和健全耕地流

转机制，促进农业的适度规模经营，形成农民合理的就业分化和专业化分工，这种专业化收益也是土地生产率获得持续增长的重要来源。

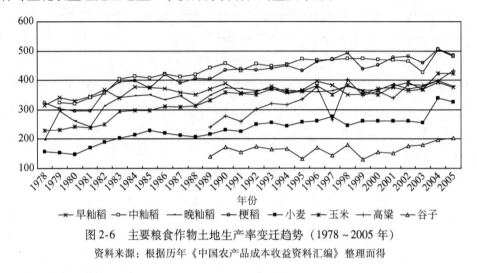

图 2-6　主要粮食作物土地生产率变迁趋势（1978～2005 年）
资料来源：根据历年《中国农产品成本收益资料汇编》整理而得

2.1.3　对劳动和土地要素的替代

从根本上而言，农业劳动生产率与土地生产率的提高依赖于农业机械化、现代生物良种和化学肥料等的使用而产生的要素成本节约，即现代工业品对农业劳动和土地投入的替代，这在本质上属于农业技术进步的范畴。在我国人多地少的特定资源禀赋条件下，促进农业单要素生产率的提高在根本上也依赖于技术进步。而且农业技术进步的收益也并非完全由农业部门和农民所得，从长期来看它主要通过降低农产品价格全面改善了食物的供给状况。在既定的制度和分配框架下避免饥荒的食物供给量下降（food availability decline，FAD）理论仍然是有效的，这通过农产品价格的下降增加了全社会消费者的福利。另外，对农业劳动的持续替代使得农业发展可以在相对较少的劳动力前提下成为可能，这就为非农产业的发展提供了较为廉价而充足的劳动力。而且相对于一般私人产品（private goods）而言，农业技术的最大特点就是其具有公共产品（public goods）属性，知识产权保护实施难度大。总而言之，从成本收益的角度分析，农业科研领域是应该纳入政府公共财政体系覆盖的重点范围。

30 年改革开放获得巨大经济增长的一个重要表现就是非农产业的迅速发展以及农民取得相对高报酬的非农就业机会。数以亿计的劳动力得以从农业部门转移，经济增长本身就是治理农村贫困的"良方"。但是农业部门本身的发展仍然需要一定数量的劳动力，农村劳动力在某些地区的过度转移产生的劳动力结构性变化，已经使得一些地区产生了"空心化"或"空壳化"。与此同时，我国农业机械化水平大幅提升，这一进程从 1992 年开始显著加速（图 2-4）。农业机械化是在农业劳动力大幅转移以后农业产出取得增长的重要原因，这种劳动替代型技术进步也是农业部门面对非农产业发展的办法，并直接导致了农业劳动生产率的提高。

在新形势下，农民通过使用机械动力来缓解劳动力不足的压力。农业机械化对农业劳动力投入的净影响也可以通过土地—劳动比率得到（图 2-3），随着广大农村劳动工资—机械租金比率的上升，农业部门对劳动力的依赖仍会继续减弱，更倾向于使用机械动力。从以人为本和提高人本身的经济价值及休闲价值来考虑，这也是有利的。不过要注意以下几点：第一农业机械特别是大型机械具有高度不可分性，其规模是非中性的，容易产生规模偏向效应；第二在农业收入分配上，这也意味着更少的农业就业和劳动者所获得收入份额降低，而分配给非劳动资源的收入份额增加，这往往由非农部门所得，可能会加剧城乡收入差距问题的恶化；第三其产生更多的往往是纯粹要素替代效应，非生产率的净提高，这种技术进步所蕴含的内在成本价格可能会对整个社会价格[①]产生偏离，不利于社会效率的提高，这一点也可以理解为对比较优势的偏离。所以大规模的农业机械化应当在整个宏观经济的稳定持续增长及其所能提供非农就业机会持续增加、农村劳动力的大规模转移的前提下进行，已有的农业机械化正是在这样一种前提下进行的。

大力促进农村劳动力向非农产业转移是我国经济发展的重要组成部分，也是农业增效、农民增收的重要出路，不应因为某些制度安排而受到限制（图 2-7）。一般的"积极自由权"范畴中也包含了就业和择业的自由（柯武刚等，2004）。

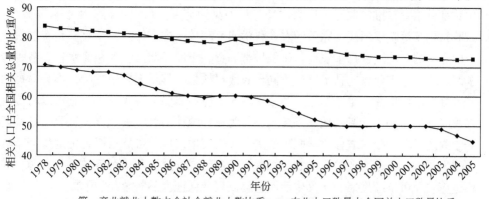

图 2-7　农业劳动力与农业人口占全国相关总量的比重（1978～2005 年）

资料来源：根据历年《中国统计年鉴》、《中国农业统计年鉴》整理而得

---

① 社会价格指的是生产要素资源对整个经济的机会成本，这往往由一国资源禀赋特征和比较优势决定。例如在我国这样劳动力充裕而土地和资本稀缺的经济体内，劳动力的社会价格低，而土地和资本要素的社会价格高。

即使在阿马蒂亚·森（2002）的理论中，经济条件和社会机会都作为重点的工具性自由来看待。自由的扩展具有更重要的建构性作用（constructive value）。现代人力资本理论也都将劳动力的自由流动和择业作为人力资本投资的重要内容（贝克尔，1987），突出反映在人的经济价值的提高。即便从实用主义的角度出发，劳动者的自由择业也是经济增长的一个必要条件，对农民增收和贫困治理具有重要的工具性作用（instrumental value），有利于广大农民充分分享整个经济改革的成果。所以促进农业劳动力的大规模转移不仅是实现农业机械化的必要条件，也是整个经济发展的重要组成部分，有助于加深我们对经济发展过程的理解。

土地要素与劳动力要素不同，其是制约我国农业发展的相对缺乏弹性的瓶颈因素，因此如何提高土地单产具有十分独特的意义。促进现代化学肥料、生物良种等对土地进行替代的土地节约型农业技术进步，使有限的农业土地获取最大可能的产出，是我国农业发展要经历的长期过程和发展方向。在政府效用函数中，对解放劳动力的农业机械化具有更大的权重。因为在经济发展的初期，以保障基本的食物安全为代表的"农业政策"在某种程度上要优先于促进农民增收的"农民政策"，解决基本的温饱往往放在第一位，特别对于中国这样一个曾经经历大规模饥荒的大国而言。事实确实如此，我国农业一直利用现代工业品如现代化学肥料（图2-8）和生物良种对土地要素进行替代方面做了大量工作，这有效弥补了耕地资源持续减少对农业带来的损害。

图2-8充分证实了农业化学技术进步对促进我国农业产出增长所起的作用。在现代生物良种方面，我们尚无法获得相关统计数据。但是众所周知，我国农业现代生物良种培育与推广取得了巨大成功，从中央到地方，从农业科学院、科研院所、试验站到高等院校形成的完整的农业科学研究和技术推广体系，一直都是我国农业引以为豪的。我国在许多农业科研领域都一直处于世界前沿，如杂交水稻、各种转基因作物等。农业生物技术进步不同于农业机械化，其是规模中性的，不会对社会收入分配产生扭曲，更多的是生产率净增长效应而非要素替代效应，它可以将传统农民与现代市场更加紧密地联系起来，作为一种纯粹的技术解决方案，只是某些营养学效应尚不清晰。农业化学肥料的进一步大规模使用，虽然对提高土地生产率具有很大帮助，但是需要慎重，农业面源污染已经成为整个环境污染的重要来源，并不适应农业可持续发展、居民生活质量提高以及保证食品安全[①]的要求。

---

① 在本书中食物安全与食品安全是两个不相同的概念。食物安全是从整个国民经济发展的角度出发，农业部门为整个国民经济提供的农产品数量能否适应国民经济发展需要的问题，特别对于我们这样一个曾经遭受特大饥荒的国家而言，能否解决居民的温饱问题相关，又更多地被称为粮食安全问题。食品安全是从居民的生活质量和消费水平角度出发，农业部门为城乡居民所能够提供的农产品质量上能否保证居民的身心健康及营养提高的需要，它更多地与能否保证居民的健康问题相关，经常也被称为农产品质量安全问题。

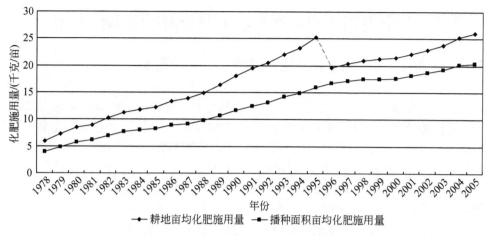

图 2-8　中国农业化肥施用量（1978～2005 年）

注：分别为农业化肥施用量/全国总耕地面积和农业化肥施用量/全国农作物总播种面积，单位为千克/亩。化肥投入，以本年度内实际用于农业生产的化肥施用量（折纯量）计算，主要包括氮肥、磷肥、钾肥和复合肥等。同样正如图 2-3 指出，耕地亩均狭义农业总产值在 1995～1996 年间出现的"折点"问题完全是人为统计数据调整所导致的，这并不会影响我们对相关指标在总体变动趋势上的判断。此外，我们还采用了全国农作物总播种面积的度量来进行补充说明

资料来源：根据历年《中国统计年鉴》、《中国农业统计年鉴》整理而得。其中 1996～2005 年耕地面积来源于国土资源部、国家统计局、全国农业普查办公室"关于土地利用现状调查数据成果的公报"，1996 年数据为 1996 年 10 月 31 日时点数

　　从总体情况看，单要素生产率增长以及资源利用特征与我国农业资源禀赋特征所决定的比较优势及其变化（动态比较优势）有关。相对于较缺乏弹性的传统生产要素而言，农业部门对现代工业投入品的反应能力是产出增长的关键。农业单要素生产率的增长主要与整个知识进步和工业化进程相关，这种工业化为农业发展创造了新的经济机会，但是农业机械和生物技术进步的发生并非没有成本，也不会自动发生，其中特别需要政府部门的主观能动作用，包括公共财政体系的覆盖。因为农业生产率的增长是给全社会整体消费者增加了福利，并非完全由农业部门保留。

　　需要补充说明的是，局限于数据资料的可得性，我们没有对资本要素在农业生产中的重要性进行讨论。来自蒙德拉克（2004）对 Crego 等（1998）所构建的世界 58 个国家的农业资本序列数据研究表明，农业的要素密集度测度虽然显示其是劳动密集型的，但是其固定资本—产出比率一直是上升的，显示了农业在较长时期内所经历的资本深化（capital deepening）过程，总体上朝着资本更加密集的技术方向发展，而且这一过程大大超过了总体宏观经济的资本深化过程。根据国际农业发展经验，以及中国农业发展经历的农业机械化加速、化学肥料的大量使用等过程，能否初步判断认为中国农业发展也经历了适当程度的资本深化过程。诚然，这一假设还需要更为直接的证据。

2.2 全要素生产率增长度量与分解的非参数框架

2.2.1 基于 DEA 的全要素生产率增长分解与度量

将每一个省级行政区当成一个生产决策单位（decision making unit, DMU）置于相同的技术结构下，运用由 Fare 等（1994）扩展的 DEA 方法来构造每一个时期中国农业生产的最佳生产前沿面，生产前沿面是评判单个 DMU 生产绩效优劣的基准（benchmark），落在前沿面上的 DMU 被称为"最佳实践者"（best practice），落在前沿面内部的 DMU，就被称为技术上存在非效率。把每一个 DMU 的实际生产点与生产前沿面进行比较，可以对技术效率变化（technical efficiency change, TEC）和技术进步（technological progress, TP）进行测度。第 1 章中已经指出，最佳前沿面的参考技术可以由三种等价方式表示：投入要求集 [input requirement set, $L(y)$]、产出可能集 [output possibility set, $P(x)$] 和曲线图（graph, GR）。本书采用基于产出（output-oriented）的角度来定义全要素生产率指数。

若干个时期 $t = 1, \cdots, T$ 的第 $k = 1, \cdots, K$ 个省份使用 $n = 1, \cdots, N$ 种要素投入 $x_{k,n}^t$，生产 $m = 1, L, M$ 种产出 $y_{k,m}^t$，每一组观察值都严格为正值，每一期的 DMU 数量保持一致。在不变规模报酬（constant returns to scale, CRTS, C）和要素投入强可处置性（strong disposability of inputs, S）条件下，参考技术可以被定义为

$$P^t(x^t \mid C, S) = \left\{ (y_1^t, \cdots, y_M^t): \sum_{k=1}^{K} z_k^t y_{km}^t \geq y_{km}^t, m = 1, \cdots, M; \right.$$

$$\left. \sum_{k=1}^{K} z_k^t x_{kn}^t \leq x_{kn}^t, n = 1, \cdots, N; z_k^t \geq 0, k = 1, \cdots, K \right\} \tag{2-3}$$

其中，z 表示密度变量，反映单个 DMU 评价技术效率时的权重，也是构造技术结构的参数。参考技术 P^t 包含了第 t 期所有投入、产出向量的可行集合。要素投入强可处置性 S 表示在既定产出条件下，所需各投入要素间可以相互自由替代。

基于产出的单个 DMU Farrell 技术效率被定义为既定技术结构和要素投入下，实际产出与最大产出的比率。

$$F_o^t(x^t, y^t \mid C, S) = \max\{\theta: \theta y^t \in P^t(x^t \mid C, S)\} \tag{2-4}$$

其线性规划模型为

$$F_o^t(x^t, y^t \mid C, S) = \max_{\theta, z} \theta^k$$

$$s.t. \sum_{k=1}^{K} z_k^t y_{km}^t \geq \theta^k y_{km}^t, m = 1, \cdots, M; \tag{2-5}$$

$$\sum_{k=1}^{K} z_k^t x_{kn}^t \leq x_{kn}^t, n = 1, \cdots, N; z_k^t \geq 0, k = 1, \cdots, K$$

定义产出距离函数（distance function）为既定要素投入和技术结构下，实际产出相对于参考的生产前沿面能够增加的最大比例，其正好为 Farrell 技术效率的倒数。从而定义参考技术 $P^t\,(x^t\,|\,C,\,S)$ 的产出距离函数为

$$D_o^t(x^t,y^t\,|\,C,S)=1/F_o^t(x^t,y^t\,|\,C,S)=\min\{\phi:(y^t/\phi)\in P^t(x^t\,|\,C,S)\} \quad (2\text{-}6)$$

因为技术效率的取值范围在（0，1）之间，所以当且仅当 $D_o^t\,(x^t,\,y^t)\,=1$ 时，该 DMU 作为"最佳实践者"处在生产前沿面上，技术上完全有效率；如果 $D_o^t\,(x^t,\,y^t)\,>1$，则该 DMU 处在生产前沿面内部，存在技术非效率。

如果我们引入跨期的动态概念，只需变动 t 即可，如 $t+1$ 等。则 TFP 指数可以定义为相邻两个时期的生产率变动：$\text{TFP}=\dfrac{y^{t+1}/x^{t+1}}{y^t/x^t}$。

在产出距离函数框架下，根据 Caves 等（1982）的推导，在时期 t 的参考技术下，基于产出的 TFP 变化可以用曼奎斯特生产率指数（malmquist productivity index）表示为

$$M_o^t=D_o^t(x^{t+1},y^{t+1}\,|\,C,S)/D_o^t(x^t,y^t\,|\,C,S) \quad (2\text{-}7)$$

与之对应，同样可以采用 $t+1$ 期的生产前沿面作为基准来衡量 $t\sim t+1$ 期的 TFP 变化。即在 $t+1$ 期的参考技术下，Malmquist 指数可以表示为

$$M_o^{t+1}=D_o^{t+1}(x^{t+1},y^{t+1}\,|\,C,S)/D_o^{t+1}(x^t,y^t\,|\,C,S) \quad (2\text{-}8)$$

按照 Fisher 采用 Paasche 指数和 Laspeyres 指数的几何平均值的思想，取两个不同时期的 Malmquist 指数的几何平均值作为真实值的高度近似。

$$M_o(x^{t+1},y^{t+1};x^t,y^t)=\left(\frac{D_o^t(x^{t+1},y^{t+1}\,|\,C,S)}{D_o^t(x^t,y^t\,|\,C,S)}\cdot\frac{D_o^{t+1}(x^{t+1},y^{t+1}\,|\,C,S)}{D_o^{t+1}(x^t,y^t\,|\,C,S)}\right)^{1/2}\cdot$$

$$=\frac{D_o^{t+1}(x^{t+1},y^{t+1}\,|\,C,S)}{D_o^t(x^t,y^t\,|\,C,S)}\cdot\left(\frac{D_o^t(x^{t+1},y^{t+1}\,|\,C,S)}{D_o^{t+1}(x^{t+1},y^{t+1}\,|\,C,S)}\cdot\frac{D_o^t(x^t,y^t\,|\,C,S)}{D_o^{t+1}(x^t,y^t\,|\,C,S)}\right)^{1/2}$$

$$=\text{TEC}(x^{t+1},y^{t+1};x^t,y^t)\cdot\text{TP}(x^{t+1},y^{t+1};x^t,y^t)$$

$$\quad (2\text{-}9)$$

这样，Malmquist 生产率指数可以被分解为 Farrell 技术效率变化（TEC）和技术进步（TP）。

TP（·）仍然为一个几何平均值，衡量的是生产前沿面 $t\sim t+1$ 期的移动，反映了技术进步的作用。TEC（·）衡量的是不变规模报酬（CRTS）和投入强可处置条件下，每个 DMU 在 $t\sim t+1$ 期从实际生产点到生产前沿面（"最佳实践者"）的追赶（catching-up）速度。

根据 Fare（1994），还可以通过构造可变规模报酬（variable returns to scale，VRTS，V）参考技术下的生产前沿面可以分离出规模效率（scale efficiency，SE）变化指数 SEC（x^{t+1}，y^{t+1}；x^t，y^t）和纯技术效率变化（pure technical efficiency change，PTEC）指数 PTEC（x^{t+1}，y^{t+1}；x^t，y^t）。

$$TEC(x^{t+1}, y^{t+1}; x^t, y^t) = \frac{D_o^{t+1}(x^{t+1}, y^{t+1} \mid C, S)}{D_o^t(x^t, y^t \mid C, S)}$$

$$= \frac{D_o^{t+1}(x^{t+1}, y^{t+1} \mid C, S) / D_o^{t+1}(x^{t+1}, y^{t+1} \mid V, S)}{D_o^t(x^t, y^t \mid C, S) / D_o^t(x^t, y^t \mid V, S)} \cdot \frac{D_o^{t+1}(x^{t+1}, y^{t+1} \mid V, S)}{D_o^t(x^t, y^t \mid V, S)}$$

$$= \frac{SE_o^{t+1}(x^{t+1}, y^{t+1})}{SE_o^t(x^t, y^t)} \cdot \frac{D_o^{t+1}(x^{t+1}, y^{t+1} \mid V, S)}{D_o^t(x^t, y^t \mid V, S)}$$

$$= SEC(x^{t+1}, y^{t+1}; x^t, y^t) \cdot PTEC(x^{t+1}, y^{t+1}; x^t, y^t)$$

$$(2\text{-}10)$$

一般情况下，使用 DEA-Malmquist 技术对农业全要素生产率增长分解经常在 CRTS 假定下进行，如 Coelli 和 Rao（2003）；Grifell-Tatjé 和 Lovell（1995）等。这也具有更多的实用价值，因为纯粹经济学上的规模经济①（economies of scale）概念对于农业生产而言只具有理论分析上的意义，而不具备实践价值。一般也认为农业规模报酬是不变的（Schultz，1964；速水佑次郎和拉坦，2000；艾利思，2006）。尽管如此，本章首先在 CRTS 条件下对中国农业生产率进行分解研究的基础上，还继续在 VRTS 条件下对 TEC 进行了研究，进一步在 VRTS 条件下将 TEC 分解为规模效率指数和纯技术效率指数两部分，以此作为整个 DEA 实证的补充。因为我们在 VRTS 下将 TEC 分解为 PTEC 和 SEC 两部分，并不会影响本章 CRTS 条件下对 TFP 的分解，将 TFP 增长分解为 TP 和 TEC 两部分是非常可靠的，这是考虑到本章整个分解的完整性做的附加工作，为方便与其他类似研究进行比较。

Malmquist 生产率指数等于 1 表示 TFP 没有发生变化，大于（小于）1 表示生产率状况改进（恶化）。对于 Malmquist 生产率指数组成部分效率变化和技术进步也是同样的解释。Malmquist 生产率指数的求解需要计算四个线性规划问题。Fare 等（1994）指出，在 CRTS $t+1$ 期参考技术下，给定投入 x^t，实际产出 y^t 与最大可能产出比值的线性规划解为

$$\left[D_o^{t+1}(x^t, y^t \mid C, S) \right]^{-1} = \max_{\theta, z} \theta^k$$

$$s.t. \quad \sum_{k=1}^{K} z_k^{t+1} y_{km}^{t+1} \geq \theta^k y_{km}^t, m = 1, \cdots, M;$$

$$\sum_{k=1}^{K} z_k^{t+1} x_{kn}^{t+1} \leq x_{kn}^t, n = 1, \cdots, N; z_k^{t+1} \geq 0, k = 1, \cdots, K \qquad (2\text{-}11)$$

同理，可以分别构造出其他相对应的三个距离函数倒数的线性规划解为

$$\left[D_o^t(x^{t+1}, y^{t+1} \mid C, S) \right]^{-1} = \max_{\theta, z} \theta^k$$

---

① 纯粹的经济学含义是指所有要素投入在按照同一比例同时增减时，其产出对应所发生的比例变化情况。

$$s.t. \sum_{k=1}^{K} z_k^t y_{km}^t \geq \theta^k y_{km}^{t+1}, m = 1, \cdots, M; \sum_{k=1}^{K} z_k^t x_{kn}^t \leq x_{kn}^{t+1}, n = 1, \cdots, N; z_k^t \geq 0,$$
$$k = 1, \cdots, K$$

$$\left[D_o^t (x^t, y^t \mid C, S) \right]^{-1} = \max_{\theta, z} \theta^k$$

$$s.t. \sum_{k=1}^{K} z_k^t y_{km}^t \geq \theta^k y_{km}^t, m = 1, \cdots, M; \sum_{k=1}^{K} z_k^t x_{kn}^t \leq x_{kn}^t, n = 1, \cdots, N; z_k^t \geq 0, k = 1, \cdots, K$$

$$\left[D_o^{t+1} (x^{t+1}, y^{t+1} \mid C, S) \right]^{-1} = \max_{\theta, z} \theta^k$$

$$s.t. \sum_{k=1}^{K} z_k^{t+1} y_{km}^{t+1} \geq \theta^k y_{km}^{t+1}, m = 1, \cdots, M; \sum_{k=1}^{K} z_k^{t+1} x_{kn}^{t+1} \leq x_{kn}^{t+1}, n = 1, \cdots, N; z_k^{t+1} \geq 0,$$
$$k = 1, \cdots, K$$

求解 VRTS 参考技术下相应比值的线性规划解时，对密度变量 z，（z_1, $\cdots$, z_k）施加相关约束条件 $\sum_{k=1}^{K} z_k = 1$ 即可。

有时候，还要求解非增规模报酬（non-increasing return to scale，NIRTS）参考技术下相应比值的线性规划解，则对密度变量 z，（z_1, $\cdots$, z_k）施加相关约束条件为 $\sum_{k=1}^{K} z_k \leq 1$。

2.2.2 基于产出的曼奎斯特生产率指数图解

图 2-9 中，$f_t(\cdot)$ 和 $f_{t+1}(\cdot)$ 分别表示在 t 期、$t+1$ 期的参考技术下由各自时期在 CRTS 条件下生产决策单位（DMU）所形成的生产前沿面，如 DMU $A(x^t, y^t)$ 和 DMU $B(x^{t+1}, y^{t+1})$ 等，生产前沿面的移动反映了技术进步（TP）的作用，而正是由于技术进步的作用，$t+1$ 期的 DMU（如 B）有可能会落在 t 时期参考技术条件下形成的生产前沿面的外面。

那么在 t 期参考技术下的 Malmquist 生产率指数可以表示为

$$M_o^t = \frac{Oc/Od}{Of/Oe} \tag{2-12}$$

对应在 $t+1$ 期参考技术下的 Malmquist 生产率指数可以表示为

$$M_o^{t+1} = \frac{Oc/Oa}{Of/Ob} \tag{2-13}$$

整个反映全要素生产率增长的 Malmquist 生产率指数为两个时期的几何平均值

$$M_o(x^{t+1}, y^{t+1}; x^t, y^t) = \left(\frac{Oc/Od}{Of/Oe} \cdot \frac{Oc/Oa}{Of/Ob} \right)^{1/2} = \left(\frac{Oc/Oa}{Of/Oe} \right) \cdot \left(\frac{Oa/Od}{Ob/Oe} \right)^{1/2} \tag{2-14}$$

那么，TEC $(x^{t+1}, y^{t+1}; x^t, y^t) = \frac{Oc/Oa}{Of/Oe}$，反映了技术效率的变化；

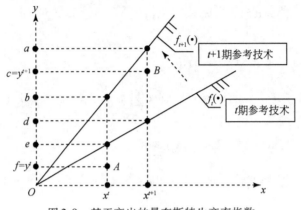

图 2-9　基于产出的曼奎斯特生产率指数

且

$$\text{TP}\ (x^{t+1},\ y^{t+1};\ x^t,\ y^t)\ =\left(\frac{Oa/Od}{Ob/Oe}\right)^{1/2}=\left(\frac{Oc/Od}{Oc/Oa}\cdot\frac{Of/Oe}{Of/Ob}\right)^{1/2}$$

反映了技术进步的变化。

这样，Malmquist 生产率指数同样可以通过相关图解，分解为 Farrell 技术效率变化（TEC）和技术进步（TP）两者的贡献。

2.2.3　基于产出的规模效率图解

基于产出的规模效率指数则可以通过图 2-10 表示。图中，$f_C(\cdot)$、$f_V(\cdot)$ 和 $f_N(\cdot)$ 分别代表 CRTS、VRTS 和 NIRTS 条件下 DMU 所形成的生产前沿面。在 VRTS 参考技术下，DMU 的实际生产点即使落在生产前沿面上实现了技术上的完全有效率，也不能保证实现规模上的完全有效率，而规模效率衡量的是生产决策单位相对于 CRTS 参考技术下生产前沿面与相对于 VRTS 参考技术下生产前沿面之间的技术效率的差异，反映了相对于 CRTS 参考技术生产前沿面的技术效率偏离。在文中下标 O 表示基于产出（output-oriented），C 表示 CRTS，V 表 VRTS，N 表示 NIRIS 的含义。

假定生产决策单位的实际生产点处于 A 点，那么其相对于生产前沿面 $f_C(\cdot)$ 的基于产出的技术效率为

$$\text{TE}_{O,C}=Oa/Oc \tag{2-15}$$

相对于生产前沿面 $f_V(\cdot)$ 的基于产出的技术效率

$$\text{TE}_{O,V}=Oa/Ob \tag{2-16}$$

如此，则基于产出的规模效率

$$\text{SE}_O=Ob/Oc=\frac{Oa/Oc}{Oa/Ob} \tag{2-17}$$

可以得出

$$TE_{O,C} = TE_{O,V} \times SE_O \qquad (2\text{-}18)$$

也就是说，技术效率（TE_C）可以被分解为纯技术效率（pure technical efficiency，PTE，TE_V）和规模效率（scale efficiency，SE）两部分。从图 2-10 中也可以看出，生产决策单位 E 才实现了规模上的完全有效率，即 $SE_E = 1$。

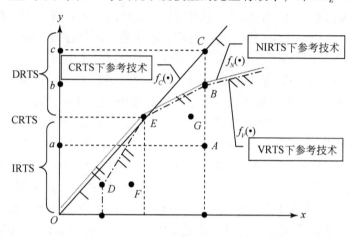

图 2-10　基于产出的规模效率的 DEA 度量

至于如何具体确定生产决策单位是处于规模报酬递增（increasing return to scale，IRTS）区域（如点 D、F）或者规模报酬递减（decreasing return to scale，DRTS）区域（如点 B、G），则需要引入 NIRTS 生产前沿面 $f_N(\cdot)$ 进行比较。如果 DMU 相对于生产前沿面 $f_N(\cdot)$ 的 TE_N 与相对于 $f_V(\cdot)$ 的 TE_V 相等，则该 DMU 处于规模报酬递减区域（如点 G），即 $TE_N = TE_V$；如果两者不相等，即 $TE_N \neq TE_V$，则该 DMU 处于规模报酬递增区域（如点 F）。

2.3　中国农业全要素生产率增长与源泉的时空演变

2.3.1　样本选择与数据处理

本节将利用 DEA-Malmquist 生产率指数方法对中国分省级行政区的农业 TFP 增长及其源泉进行度量。因为在宏观大农业口径范围内，投入序列变量太多，不好综合，如果采取 SFA 方法则容易导致多重共线性和函数形式的选择问题，所以在宏观上我们综合权衡以后采用 DEA 方法，就不会出现这一问题。因为反映的都是增量水平，两者的结果差别并不大，如李静等（2006b，2007）等。运用 DEA-Malmquist 生产率指数方法对中国农业全要素生产率增长进行测算和分解，主要是技术效率指数和技术进步指数两部分，并附加地将技术效率指数分解为规模效率指数和纯技术效率指数。

在对农业 TFP 增长的测算与分解中，按照 Coelli 和 Rao（2003）所提供的分析框架，确定主要投入和产出序列指标如下：

农业产出变量：1978 年不变价农林牧渔业总产值。采用广义农业总产值，主要因为可以与农业投入统计口径保持一致，现有投入口径中农业劳动力、机械投入、役畜等都是广义农业口径。而有些研究的处理方法是采用狭义农业总产值占广义农业总产值比重作为权重进行分离，由于要分离的投入指标较多，这样会存在一定的问题。本书则干脆都采用广义农业的口径来确定投入与产出序列。由于 DEA 框架依靠的是数据驱动的原理，通过数据结构本身特性来构造前沿面，没有生产函数那么高度严格的投入产出关系，求解出的 TFP、TEC 和 TP 等都是上年为 100 的环比变动指数，这实际上是一个相对量，即一个增量，反映的是总量趋势变化，因此采用广义农业口径对我们的实证结果影响并不大。Wu 等（2001），Coelli 和 Rao（2003）及陈卫平（2006a）等的研究中也采取了这一研究口径的处理方式，其结论表明这一处理方式在 DEA 框架中是合适和可靠的。另外，我们最后的实证结果与其他类似研究如计量经济学方法结果对比来看也是一致的。

农业投入变量序列包括劳动、土地、农业机械、化肥、役畜和灌溉 6 个方面：①劳动投入，以农林牧渔总劳动力计算，不包括农村从事工业、服务业等的劳动力；②土地投入，以农作物总播种面积计算，这比可耕地面积更能考虑对土地的实际利用率，因为在中国农业复种或休耕、弃耕等都是比较普遍的现象；③机械动力投入，以农业机械总动力计算，包括耕作、排灌、收获、农业运输、植物保护机械和牧业、林业、渔业以及其他农业机械，主要是用于农、林、牧、渔业的各种动力机械的动力总和，不包括专门用于乡镇、村组办工业、基本建设、非农业运输、科学实验和教学等非农业生产方面用的机械和作业机械；④化肥投入，以本年度内实际用于农业生产的化肥施用量（折纯量）计算，主要包括氮肥、磷肥、钾肥和复合肥等；⑤役畜投入，役畜在农村主要用于农业生产流动、农村运输及耕作，我们采用本年度内各省拥有的大牲畜数量中所包含的农用役畜数量计算，农用役畜是指大牲畜中实际用于农林牧渔生产的部分；⑥灌溉投入，以每年实际的有效灌溉面积计算，等于灌溉工程或设备已经配备的、能够进行正常灌溉的水田和水浇地面积之和。

2.3.2 时间演变模式

首先，根据前文设定的 DEA 模型对中国内地 28 个省级生产决策单位 1978～2005 年的平衡面板数据的农业全要素生产率增长进行测算和分解。从整体动态变化及其源泉来看，1978～2005 年的 28 年间，中国农业全要生产率经历了程度较为适中的增长，年平均总增长率为2.8%。丝毫不比同期中国整体经济和工业部门的全要素生产率增长水平逊色，甚至更高，这可对照颜鹏飞和王兵（2004）、郭庆旺和贾俊雪（2005）、王争（2006，2008）等的研究。从其他类似研究对比来看，顾海和孟令杰（2002）表明中国农业总要素TFP 1981～1995年年均增长2.97%，陈卫平（2006a）则表明农业TFP在1991～2003年年均增长2.59%。这些研究时间维度的扩展对比分析表明，我们测算出2.80%的增长率还是具有可比性和可靠性的。从测算结论来看，在整个中国农业转型过程中，农业全要素生产率增长非常显著，因为这是产出增长扣除掉投入增长以后剩下的部分，可以反映出整个农业的综合生产能力变化。所以，一般将我国农业看做传统落后的经济部门的观点是值得商榷的。根据Schultz（1964）改造传统农业的经典思想，经过改造的现代农业同样可以成为现代经济增长的重要源泉，为发展中国家经济体的现代化作出应有的贡献。

然而，农业部门全要素生产率增长的具体增长模式可能与整体经济或工业部门存在不同。1978～2005年，整个农业技术进步指数年平均增长率为4.3%，整个农业技术效率指数年均却下降1.4%，其中纯技术效率指数年均下降0.8%，规模效率指数年均下降0.6%，这说明，由于家庭联产承包责任制下一家一户分散经营的小农户生产方式占主导地位，农业经营规模偏小的问题仍然不断恶化。整体情况说明，我国农业全要素生产率的增长主要是由技术进步引起的，而非来自技术效率的提高。也说明生产率的增长主要来自于"最佳实践者"的"最佳实践"，代表了生产前沿面的向外扩张，具有明显的"增长效应"和"发散效应"；而由"落后者"对"最佳实践者"的"追赶"所产生的"水平效应"和"收敛效应"非常有限，这是转型期中国农业TFP没有获得更快增长的主要原因。从与其他类似研究对比来看，顾海和孟令杰（2002）对1981～1995年、陈卫平（2006a）对1990～2003年、李静和孟令杰（2006）应用HMB指数法对1978～2004年中国农业TFP增长内部构成的研究均表明，TFP增长主要是由技术进步推动的，技术效率的下降则对TFP增长造成了不利影响。对比从整体上表明我们的研究结论是非常可靠的。

整个农业技术进步与效率损失并存的现象表明，中国较为完整的农业科学研究体系在农业科研与技术创新方面的成功。除了要素贡献之外的前沿技术进步，还包括资本体现型（capital embodied）的技术进步，如现代农业生产要素如化肥、农业机械化等的成功推广应用。更为广义的农业技术进步还包括生产经营管理技术等人文社科性质的技术进步。但是这也部分地说明了中国农业在对现有资源的合理配置、现有前沿农业技术的适应性改良、扩散和推广应用方面并不成功。如果长期只依靠单纯的技术进步，而忽视既有资源的合理配置和技术效率的提高，那么结果必将造成农业生产的低绩效和资源的浪费。

从全要素生产率增长及其构成的具体时间变动模式来看，TFP增长对农业增长的贡献基本上是顺周期的，即与整个农业发展阶段和波动高度一致。大致可以将整个时间变动模式划分为 1979～1984、1985～1991、1992～1996、1997～2000和 2001～2005 年五个阶段（表 2-1 和图 2-11），这与中国农业增长的大致阶段划分也是基本一致的。

表 2-1　中国农业历年平均曼奎斯特生产率指数变动及其分解（1978～2005 年）

年　份	技术效率变化指数	纯技术效率变化指数	规模效率变化指数	技术进步指数	曼奎斯特生产率指数	年　份	技术效率变化指数	纯技术效率变化指数	规模效率变化指数	技术进步指数	曼奎斯特生产率指数
1978/1979	1.010	0.994	1.017	0.958	0.968	1993/1994	0.985	0.989	0.996	1.064	1.047
1979/1980	1.029	1.002	1.027	0.943	0.971	1994/1995	0.972	0.984	0.987	1.064	1.034
1980/1981	0.997	1.012	0.985	1.030	1.027	1995/1996	0.972	0.998	0.974	1.073	1.042
1981/1982	0.995	0.996	0.998	1.072	1.066	平　均	0.974	0.990	0.984	1.069	1.042
1982/1983	1.002	1.002	1.000	1.041	1.043	1996/1997	0.929	0.956	0.972	1.100	1.022
1983/1984	0.986	0.992	0.994	1.098	1.082	1997/1998	1.004	0.994	1.010	1.024	1.028
平　均	1.003	0.999	1.003	1.022	1.025	1998/1999	1.051	0.994	1.057	0.954	1.003
1984/1985	1.007	1.002	1.005	1.021	1.028	1999/2000	0.970	0.992	0.978	1.084	1.051
1985/1986	0.998	0.992	1.005	0.994	0.992	平　均	0.987	0.984	1.004	1.039	1.026
1986/1987	1.003	1.006	0.997	1.009	1.012	2000/2001	0.974	0.992	0.982	1.062	1.035
1987/1988	0.979	0.988	0.991	1.030	1.008	2001/2002	0.892	0.987	0.904	1.176	1.049
1988/1989	0.998	1.002	0.996	0.981	0.979	2002/2003	0.921	0.963	0.957	1.132	1.043
1989/1990	1.000	1.004	0.996	1.017	1.018	2003/2004	1.021	0.999	1.022	1.052	1.074
1990/1991	0.939	0.970	0.968	1.064	0.999	2004/2005	1.052	0.996	1.057	0.998	1.049
平　均	0.989	0.995	0.994	1.016	1.005	平　均	0.970	0.987	0.983	1.082	1.050
1991/1992	0.924	0.970	0.952	1.124	1.039	1978～2005 年					
1992/1993	1.021	1.011	1.010	1.024	1.046	总平均	0.986	0.992	0.994	1.043	1.028

注：本表中指数为历年各省级行政区的几何平均数，所取平均数亦为各年份的几何平均数

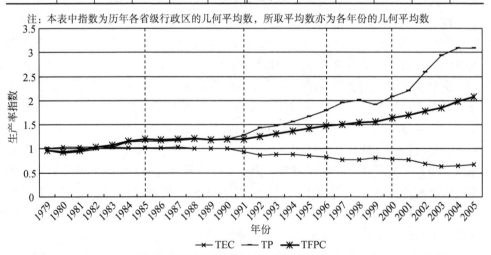

图 2-11　中国农业累积曼奎斯特生产率指数及其分解变迁示意图（1979～2005 年）

转型视角下的中国农业生产率研究

（1）第一阶段

在改革初期，除了最初的两年以外，农业全要素生产率迎来了第一个高速增长期，年平均增长为2.5%，如果不算最初两年，那么1980～1984年TFP年平均增长率高达5.43%。这应该与家庭联产承包责任制在最初的两年不被正式承认，而在后四年中突出发展、得到大范围推广有关。而且这一TFP增长是由技术进步和技术效率提高共同作用的结果，不过这一增长模式并没有很好地持续下去，在随后的年份中均表现为基本由技术进步单独驱动的增长模式。

（2）第二阶段

在经历了第一轮高速增长以后，农业TFP开始明显陷入停滞状态，年平均增长仅为0.5%，尤其1986年和1989年出现了负增长，这显然与中国农业增长阶段的变化特征高度吻合。整个农业增长从1984年开始在整个20世纪80年代后期的表现都很糟糕，从TFP增长的贡献源泉来看，这主要表现为技术的缓慢进步和效率的高度损失。

（3）第三阶段

在党的十四大明确了中国建立社会主义市场经济体制为改革目标以后，整个宏观经济一改前一阶段"治理整顿"时期的沉闷，进入转型加速期，农业发展也迎来了一个迅速增长期，全要素生产率年平均增长达4.2%，尤其技术进步速度更快。

（4）第四阶段

然而，从1997年开始，受整个宏观经济波动、通货紧缩以及农产品结构性买方市场等多种因素的影响，农业重新出现危机，全要生产率增长率重新放慢，这也是我国农业发展较为困难的一段时期。

（5）第五阶段

进入21世纪，党和中央政府提出要将解决好"三农"问题作为所有工作的重中之重，各种利农、支农和强农政策纷纷出台。农业全要素生产率也出现了高速增长，年均增长速度高达5.0%，农业重新焕发出前所未有的历史发展最好时机。虽然在2004年和2005年的最后两年中技术效率持续改善，大部分是规模效率改善的结果，但是如果这种"双驱动"模式能够持续，那么将有可能意味着中国农业增长模式正发生着转变。

是什么原因决定着农业生产率增长的时间演变模式？在不同的阶段不同的因素又是怎样在发挥着作用？有何差异？作为一个转型国家，中国已经发生了并仍然正在发生着大规模的制度变迁，其中农村经济制度变迁是整个大规模制度变迁的重要组成部分。结合前人的研究，如Lin（1992）等，本书第5章将重点从宏观农村经济制度变迁的角度来回答这些问题，深入讨论农业生产率时间演变模式背后的制度原因。

2.3.3 空间分布模式

在对我国农业 TFP 增长及其构成的时间演变模式进行分析的基础上,我们进一步对地区层面上农业全要素生产率增长及其源泉的具体空间分布模式进行探讨(表 2-2)。

表 2-2 中国各地区平均曼奎斯特生产率指数及其分解 (1978~2005 年)

地 区	技术效率变化指数	纯技术效率变化指数	规模效率变化指数	技术进步指数	曼奎斯特生产率指数	地 区	技术效率变化指数	纯技术效率变化指数	规模效率变化指数	技术进步指数	曼奎斯特生产率指数
上 海	1.000	1.000	1.000	1.141	1.141	湖 北	0.985	0.991	0.994	1.035	1.019
天 津	1.012	0.994	1.018	1.074	1.087	新 疆	0.987	0.990	0.997	1.030	1.016
北 京	1.004	1.000	1.004	1.073	1.077	广 西	0.985	0.986	1.000	1.030	1.015
广 东	1.001	1.000	1.001	1.052	1.053	四 川	0.986	0.998	0.988	1.022	1.008
高速组	1.004	0.998	1.006	1.085	1.089	宁 夏	0.972	0.958	1.015	1.034	1.005
福 建	1.000	1.000	1.000	1.043	1.043	江 西	0.978	0.987	0.992	1.026	1.004
江 苏	0.993	1.000	0.993	1.050	1.042	河 南	0.973	0.999	0.974	1.033	1.004
辽 宁	0.991	1.000	0.991	1.051	1.042	湖 南	0.976	0.985	0.991	1.028	1.003
青 海	0.986	1.000	0.986	1.052	1.038	贵 州	0.973	0.976	0.997	1.029	1.002
山 东	0.982	1.002	0.980	1.049	1.030	中速组	0.979	0.985	0.994	1.031	1.009
陕 西	0.988	0.991	0.997	1.041	1.029	黑龙江	0.981	0.996	0.985	1.017	0.998
吉 林	0.986	0.997	0.989	1.042	1.028	安 徽	0.968	0.984	0.984	1.031	0.998
浙 江	0.991	1.000	0.991	1.036	1.026	内蒙古	0.968	0.982	0.986	1.021	0.989
云 南	0.978	0.982	0.996	1.049	1.026	慢速组	0.972	0.987	0.985	1.023	0.995
河 北	0.982	0.996	0.986	1.041	1.023	东 部	0.996	0.999	0.996	1.061	1.056
甘 肃	0.992	0.998	0.993	1.029	1.021	中 部	0.978	0.991	0.987	1.032	1.010
快速组	0.988	0.997	0.991	1.044	1.032	西 部	0.981	0.986	0.995	1.034	1.015
山 西	0.979	0.986	0.993	1.041	1.019	总平均	0.986	0.992	0.994	1.043	1.028

注:本表中指数为各地区历年的几何平均数,所分四个组的各组平均数亦为纳入各组的省份的几何平均数。在东部、中部和西部地区划分中,按照一般的划分方法,东部地区包括北京、上海、天津、广东、福建、江苏、辽宁、浙江、山东和河北 10 个地区,中部地区包括吉林、湖北、黑龙江、湖南、山西、河南、江西和安徽 8 个地区,西部地区包括内蒙古、广西、陕西、新疆、甘肃、宁夏、青海、四川、云南和贵州 10 个地区

从农业全要素生产率增长的整体分布情况来看,省级层面上的差异非常明显。其中 TFP 增长最快的是上海,最慢的是贵州,内蒙古、安徽和黑龙江是下降的。大致可以将 28 个省级行政区划分为四组:高速组、快速组、中速组和慢速

组。纳入高速组的为原来的三大直辖市和广东省，它们的增长速率要远远高于其他地区，共同特点就是在保持农业技术进步的同时，技术效率也得到了有效提升，而且规模效率也得到了有效改善。从促进 TFP 增长的角度出发，结合时间演变模式，这种"双驱动"模式也是未来农业要继续保持可持续发展的关键。几乎所有的东部地区都被划入快速组，它们的共同特点就是由技术进步单独驱动 TFP 增长，技术效率则存在不同程度的恶化。粮食主产区中的中部六省则全部被纳入到中速组，它们作为中部崛起的主角，在过去的年份中农业 TFP 的增长表现不理想。西部地区则差异性较大，除了青海和陕西的表现较为突出外，大部分地区的表现较为糟糕。如果按照传统的东部、中部、西部三大经济区域来划分，东部地区的农业 TFP 增长水平最高，西部地区次之，而中部地区的农业大省表现则较为糟糕，农业增效任务最为艰巨。

从所有地区空间分布的整体情况并结合时间演变模式来看，那些农业 TFP 增长表现不佳的地区的共同特点是农业技术持续进步与技术效率损失共存，技术效率的持续恶化抵消了其技术进步的贡献。高速组的增长模式应该努力成为未来农业发展的重要方向。很显然，省级行政区农业全要素生产率增长的空间分布模式与地区经济发展水平存在着高度的相关性，即经济发展程度较高和基础条件较好的地区农业生产率增长相对较快，经济发展落后的地区农业生产率增长则相对缓慢。也就是说农业 TFP 增长的高低会受所在地区经济发展程度的影响，地区经济发展状况是影响农业生产率增长的重要因素。在典型的分税制财税制度安排及中央财政转移支付一定的条件下，地方经济发展程度越高意味着地方的财政支付能力越强，地方可以为农业发展提供更多的公共产品，如农业基础设施、技术服务体系建设等。但是这并不意味着一定仅仅存在着单向因果关系，反过来也可以问：地区经济发展水平的差异有多少是由地区农业生产率发展的差异贡献的呢？其中极可能存在着相互促进的双向因果关系，即所谓的"良性循环"。

2.4 中国农业全要素生产率增长的收敛性检验

虽然农业全要素生产率增长为转型期中国农业可持续发展做出重要贡献，但是其内部增长源泉中存在着较为明显的"增长效应"和"发散效应"，在省级层面的增长差异也非常明显，那么整个转型期农业 TFP 增长的地区差距又是如何演化的呢？TFP 增长的地区差异在农业发展地区差距不断扩大的过程中扮演了什么角色？我们应该如何看待这种 TFP 增长地区差距的不断变化？自从 Baumol（1986）、Barro 和 Sala-l-Martin（1991，1992）、Mankiw 等（1992）的开创性研究，针对经济增长收敛性①的研究成为经济增长理论实证分析的重点和热点内容。本节重点在科学求解农业 TFP 增长基础上，对其省级层面的收敛性状况进行检验，这在一定程度上可以看做是我国农业 TFP 增长在省级层面上空间演变规律的实证分析。

2.4.1　经济增长收敛性理论

所谓收敛性是指在封闭的经济条件下，对于一个有效经济范围的不同经济单位（国家、地区甚至家庭），初期的静态指标（人均产出、人均收入）和其经济增长速度之间存在负相关关系，即落后地区比发达地区有更高的经济增长率，从而导致各经济单位期初的静态指标差异逐步消失（刘强，2001）。这体现了落后的经济体向发达经济体的追赶过程（Islam，2003）。实际上，收敛机制只是新古典经济增长理论的一个重要推论，是索洛增长模型中资本边际报酬递减规律和规模收益不变的假定在起作用，而并未被后来的内生增长理论承认。因为内生增长理论中的技术进步是内生化的，受人力资本或 R&D 支出决定，而早期的 AK 类型经济增长理论还强调资本的社会边际报酬是不变的。因此在一定程度上对经济增长收敛性的研究可以实证检验新古典增长理论与内生增长理论孰是孰非，这也是其非常重要的一个主要原因。

收敛机制具体可以分为 σ 收敛和 β 收敛。σ 收敛是指不同经济体之间的人均收入或 GDP 等的水平差距（经常用标准差来衡量）随着时间推移具有下降的趋势，即 $\sigma_{t+T} < \sigma_t$。β 收敛是指初期人均产出水平较低的经济体在人均产出增长率等其他人均指标上比初期人均产出水平较高的经济体的增长速度要更快，即 $g_{i,t,t+T} = a + b\ln(y_{it}) + \varepsilon_{it}$。其中，$g_{i,t,t+T}$ 是经济体 i 在 $t \sim t+T$ 时期的平均增长速度，如果 $b < 0$，则被称为存在绝对 β 收敛；如果在上述回归方程中加入一组刻画经济体稳定状态的变量 X_{it}，如储蓄率、人口增长、开放程度以及腐败、民主程度等，即 $g_{i,t,t+T} = a + b\ln(y_{it}) + \eta X_{it} + \varepsilon_{it}$，并且仍然存在 $b < 0$，则被称为存在条件 β 收敛，其实这个方程也就是著名的 Barro 回归方程（barro regression or barro approach）。

其实 σ 收敛是针对产出存量水平的描述，能够反映区域发展偏离整体平均的差异及其不平衡的动态过程。其缺陷就是无法反映经济体之间的收入转移效应，这种收入转移效应在一个国家内部的不同区域之间差异还是很大的，变异系数（coefficient of variation，CV）克服了这种平均收入规模的影响，并且认为收入转

---

① 经济增长收敛性（convergence）研究在一些文献中又被广泛称之为趋同研究，与此对应的又存在着发散或者趋异（divergence）的概念。

移效应是中性的。β 收敛则是针对产出增量而言，绝对 β 收敛（unconditional convergence）比较的基准是其他经济体，如穷国能否赶上富国，而条件 β 收敛（conditional convergence）的比较基准是自身的稳定状态，即能否收敛到自身的稳定状态。例如，如果穷国的稳定状态低于富国的稳定状态，即使穷国收敛到自身的稳定状态，那么世界仍然不是"大同"的。Barro 和 Sala-i-Martin（1991）的实证结果验证了只有当不同经济体之间的稳定状态相同时，绝对 β 收敛和条件 β 收敛才会一致。正因为如此，随后又出现了"俱乐部收敛"（club convergence）的概念，即初期经济发展水平较为接近的经济集团各自内部不同的经济体之间，在具有相似的结构特征的前提下趋于收敛，比如穷国集团内部和富国集团内部存在着条件收敛，而集团之间却可能是发散（divergence）的，例如 Galor（1996）的研究。

应用经济增长的收敛性理论对中国经济及地区发展差距进行的研究非常多，而且在较早的时期就开始了，这些研究成果对于正确认识中国的地区发展差距问题具有十分重要的意义。例如，按分省级行政区人均 GDP 衡量的中国地区发展差距呈 1978～1990 年下降和 1990 年以后提高这样一个 U 形发展轨迹（如 Jian 等，1996；林毅夫等，1998），而并非是经典意义上库茨涅茨假说所预见的"倒 U 形"曲线；中国东部、中部和西部地区内部存在着地域性的"俱乐部收敛"现象，但是地区间的差距却仍在扩大（如蔡昉等，2000；沈坤荣等，2002）；等等。对此，刘夏明等（2004）和金相郁（2007）等进行了较为完整和详细的阐述，在此不再赘述。

理论上，新古典经济增长理论中技术进步（实证中是 TFP 增长的主要源泉）是外生的，假定各经济体面临着相同的技术进步，所以只有在新（内生）增长理论兴起以后针对生产率收敛性的研究才成为了收敛性研究领域的一个重要分支。正如本书前文综述，实证研究中也越来越认识到只有 TFP 的巨大差异才能解释跨国或地区间人均产出的巨大差异，并且越来越被作为一个"典型化事实"（stylized facts）来看待。正因为如此，对生产率的收敛性研究在国外开始受到了高度重视，国内对生产率收敛性的研究也日益兴起。但是正如文献综述部分指出，目前在农业领域，对我国农业 TFP 的收敛性进行分析的文献还是比较稀缺，得出的结论也并不一致，存在认知上的冲突。因此，我们在对我国农业生产率进行 DEA-Malmquist 指数分解的基础上，应用经济增长收敛性理论对我国农业 TFP 增长的收敛性进行检验，除了可以作为相关文献的补充和进一步验证，更重要的是可以对转型期我国农业 TFP 增长的空间演变模式进行讨论。

从 DEA 农业全要素生产率指数的分解结果来看，由于转型期农业 TFP 的增长主要由技术进步贡献，而技术效率是恶化的，从其宏观经济含义可以初步判断，整个转型期地区间的农业 TFP 增长情况应该是发散的，先进地区与落后地区间的农业 TFP 差距在不断扩大。我们同样选用的 σ-β 横截面分析的经典方法来验证我国农业生产率的收敛情况。从地区空间分布模式（表2-2）的分析来看，上海、北京、天津三大直辖市的表现异常突出，遥遥领先于其他地区，这可能会对全国农业 TFP 收敛情况的最终结论产生误判。近似文献往往将三大直辖市剔除后再进行收敛检验，如董先安（2006）等。我们认为这一处理方式对农业而言更加合理，按照一般文献的处理方式，收敛性检验中并没有包括这三大直辖市。从本书的最终结论来看，纳入这三大直辖市并不会影响我们的整体判断，只是加深了这些判断，因为最终结论农业 TFP 差距是不断扩大（发散）的。

2.4.2　σ 收敛检验

σ 收敛检验说明了不同地区之间全要素生产率差异变化的水平趋势，一般用标准差来表示，此外，我们还采用变异系数指标加以验证性说明。从图 2-12 中可以看出，从全国整体水平以及东部、中部和西部三大区域内部来看，在改革的初始阶段，各个地区的全要素生产率水平差距并不是很大，但是存在着持续扩大的趋势（σ 发散）。这一趋势在我们所划分的第一阶段和第二阶段中，也就是整

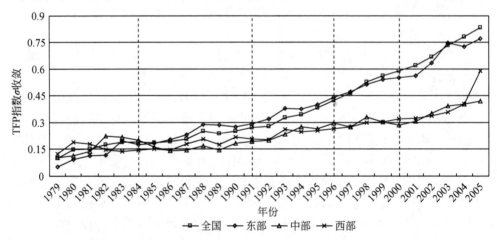

图 2-12　全国省级层面与三大地区内部农业累积 TFP 指数 σ 收敛示意图（1979～2005 年）

注：按照一般文献的处理方式，这里都没有包括上海、北京、天津三大直辖市，在东部、中部和西部各地区划分中，亦没有包括。按一般的划分方法，东部地区包括北京、上海、天津、广东、福建、江苏、辽宁、浙江、山东和河北 10 个地区，中部地区包括吉林、湖北、黑龙江、湖南、山西、河南、江西和安徽 8 个地区，西部地区包括内蒙古、广西、陕西、新疆、甘肃、宁夏、青海、四川、云南和贵州 10 个地区

个20世纪80年代表现得并不是很明显，在80年代中期还出现过差距缩小（σ收敛）的情况。这种生产率差距的加速扩大突出地表现在邓小平南巡讲话以后至今的第三、四、五阶段。从各地区生产率的变异系数表现（图2-13）来看，也清楚地表明了这一点。从东部、中部、西部三大区域内部的σ收敛检验初步判断，我国农业生产率总体上并没有出现所谓的"经济收敛俱乐部"情况，而"经济收敛俱乐部"现象只是在20世纪80年代中期局部出现过。但是这种区域内部的生产率差异在第一和第二阶段还是相当稳定的，并没有显著扩大的趋势。从东部、中部和西部三大区域的比较来看，中部地区和西部地区的生产率发散（divergence，或内部差距变化）情况及速度基本相同。标准差指数表明东部地区的发散速度与情况比中西部更快，但是在克服了平均收入规模影响以后的变异系数指标则表明东部地区内部的生产率发散情况与中西部地区并不存在太大的差别。整体情况说明即使从集约型增长方式角度来看，也清楚地表明了我国农业发展在这方面的非均衡性质。

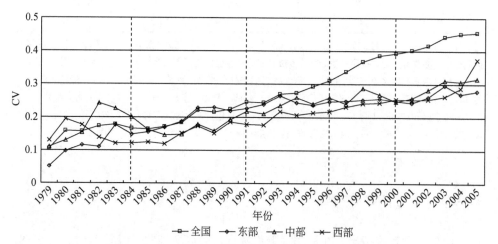

图 2-13　累积 TFP 指数的全国省级经济体及三大地区内部变异系数（CV）图（1979 ~ 2005 年）
注：相关地区的处理情况与图 2-12 相同

对 σ 收敛情况的进一步检验可以通过下式来进行：

$$\sigma_{\text{TFP}_{it}} = c + \lambda \cdot t + u_{it} \qquad (2\text{-}19)$$

其中，$\sigma_{\text{TFP}_{it}}$ 为 TFP_{it} 的标准差，c 为截距项，t 为时间趋势项，u_{it} 为随机扰动项。如果 $\lambda < 0$ 并且在统计上显著，那么说明农业生产率水平差异在逐年缩小，存在全要素生差率的水平收敛；如果 $\lambda > 0$ 并且在统计上显著，那么说明农业生产率水平差异在逐年扩大，存在全要素生差率的水平发散；如果 $\lambda = 0$，则说明农业生产率水平差异一直维持原有水平，既没有扩大也没有缩小。

我们从整体和分地区分时间段都做了相关回归检验。限于研究目的，我们只

报告了相关的 λ 数值及其显著性检验（表 2-3）。从中可以看出，相关统计检验进一步验证了前文得出的结论。即我国整个农业生产率增长的非均衡性质，并不存在 σ 收敛情况，而这种非均衡性质的扩大主要发生在 20 世纪 90 年代以来，即便是在东部、中部和西部地区内也都表现出了类似的相关性质。

表 2-3　σ 收敛性的 λ 值检验

年　度	1979 ~ 2005		1979 ~ 1991		1992 ~ 2005	
全　国	0.0261 *** (0.002)	0.1609 *** (0.029)	0.0119 *** (0.001)	0.0503 *** (0.003)	0.0421 *** (0.001)	0.3796 *** (0.087)
东　部	0.0258 *** (0.001)	0.2419 *** (0.048)	0.0201 *** (0.002)	0.0801 *** (0.005)	0.0343 *** (0.001)	0.5899 *** (0.148)
中　部	0.0104 *** (0.001)		0.0030 (0.003)		0.0141 *** (0.002)	
西　部	0.0114 *** (0.001)		0.0048 ** (0.002)		0.0189 *** (0.003)	

注：按照一般文献的处理方式，都没有包括上海、北京、天津三大直辖市，在东部、中部和西部各地区划分中，亦没有包括。按照一般的划分方法，东部地区包括北京、上海、天津、广东、福建、江苏、辽宁、浙江、山东和河北等 10 个地区，中部地区包括吉林、湖北、黑龙江、湖南、山西、河南、江西和安徽 8 个地区，西部地区包括内蒙古、广西、陕西、新疆、甘肃、宁夏、青海、四川、云南和贵州 10 个地区。其中全国和东部地区第 2 列报告的结果表示的是各自包含三大直辖市时所估计的结果，以作为补充和印证。其中，*、**、*** 表示变量的 t 检验值分别通过在 10%、5% 和 1% 水平的显著性检验，小括号内为标准误差

2.4.3　绝对 β 收敛检验

国外有学者曾指出，在使用横截面数据进行区域性收敛性检验时，得出的结论与所选定的样本时间跨度具有很大的敏感性。对此我们进行了全面的考虑，进行分地区分时间段的综合检验。绝对 β 收敛回归估计式为

$$\left(\frac{1}{T}\right) \cdot \ln\left(\frac{y_{iT}}{y_{i0}}\right) = a + b \cdot \ln(y_{i0}) + u_{i0,T} \tag{2-20}$$

其中，$b = -\left[\frac{(1-e^{-\beta \cdot T})}{T}\right]$；$y_{iT}$ 和 y_{i0} 分别指第 T 年和初始年份省级行政区 i 的农业 TFP 水平；$T = 26$，12，13 分别估计 1979 ~ 2005 年、1979 ~ 1991 年和 1992 ~ 2005 年的不同时间段，并且以连续时间的方式进行估计；而 β 即为收敛速度。具体估计结果可以参考表 2-4。

表 2-4　生产率水平的绝对 β 收敛性检验

年度		1979 ~ 2005		1979 ~ 1991		1992 ~ 2005	
全 国	b	0.0448 * (0.028)	0.0722 (0.052)	0.0081 (0.034)	0.0663 (0.051)	0.0356 * (0.019)	0.0577 *** (0.014)
	β	− 0.0297	− 0.0407	− 0.0078	− 0.0488	− 0.0293	− 0.0431
	R^2	0.101	0.070	0.003	0.062	0.132	0.395
东 部	b	− 0.0237 (− 0.256)	− 0.0055 (0.167)	− 0.0052 (0.152)	0.1866 (0.156)	0.0123 (0.013)	0.0449 * (0.025)
	β	0.0368	0.0060	0.0054	− 0.0980	− 0.0114	− 0.0354
	R^2	0.013	0.0001	0.0002	0.151	0.151	0.279
中 部	b	0.0416 (0.028)		0.0235 (0.047)		0.0314 * (0.015)	
	β	− 0.0282		− 0.0207		− 0.0263	
	R^2	0.270		0.040		0.435	
西 部	b	0.0200 (0.032)		− 0.0257 (0.031)		0.0025 (0.054)	
	β	− 0.0161		0.0308		− 0.0025	
	R^2	0.046		0.079		0.0003	

注：按照一般文献的处理方式，都没有包括上海、北京、天津三大直辖市，在东部、中部和西部各地区划分中，亦没有包括。按照一般的划分方法，东部地区包括北京、上海、天津、广东、福建、江苏、辽宁、浙江、山东和河北等 10 个地区，中部地区包括吉林、湖北、黑龙江、湖南、山西、河南、江西和安徽 8 个地区，西部地区包括内蒙古、广西、陕西、新疆、甘肃、宁夏、青海、四川、云南和贵州 10 个地区。其中全国和东部地区第 2 列报告的结果表示的是各自包含三大直辖市时所估计的结果，以作为补充和印证。其中，＊、＊＊、＊＊＊分别表示变量的 t 检验值分别通过在 10%、5% 和 1% 水平的显著性检验，小括号内为标准误差

从表 2-4 中可以看出，改革开放以来，通过加总估计出的全国农业生产率以及在东部、中部和西部三大地区内部均并不存在显著的绝对 β 收敛现象，因为所有回归系数都是不显著的。只有东部地区农业生产率存在着一定绝对 β 收敛的迹象，年收敛速度为 3.68%，即使有收敛的符号，但是并不显著，并不能轻易得出以上结论。在纳入了北京、天津和上海三大直辖市进行重新估计后，情形仍然如此。全国和中部、西部地区的农业生产率则呈现出发散的迹象，其中不包含三大直辖市的全国农业生产率发散情况还是比较显著，发散速度分别为 2.97%、2.82% 和 1.61%。以 1992 年邓小平南巡讲话和党的十四大的召开为断点的分阶段检验可能会弥补单纯地对整个改革开放阶段进行检验的缺陷，事实确实如此。分阶段检验表明，20 世纪 90 年代以来，全国农业生产率的发散迹象更加显著，年均发散速度为 2.93%，在纳入三大直辖市以后的重新估计中，显著性程度更高；虽然在整个 80 年代同样也是发散的，但是极不显著，年均发散速度为

0.78%。在中部地区也出现了类似的情况，即 90 年代以来的农业生产率是显著发散的，整个 80 年代虽然发散，但是并不显著。然而，东部和西部地区农业生产率的情况则有所不同，他们在整个 80 年代基本上都存在绝对 β 收敛的符号，90 年代以来则是发散的，不过他们表现并不显著，因此仍然不能得出肯定的结论。

所以，从改革开放以来的整体情况来看，我国农业全要素生产率并不存在显著的绝对 β 收敛，也不存在显著的绝对 β 发散情况。也就是说各地区的农业生产率增长水平与其初始状态基本无关，我国农业生产率既没有出现落后者对先进者的"追赶效应"，也没有出现所谓"穷者愈穷、富者愈富"的"马太效应"，现有的差距基本上保留在原有的差距水平上，这在整个 20 世纪 80 年代尤其如此。即便是如此，90 年代以来整个情况还是有所不同，全国整体及中部地区内部农业生产率水平出现了较为显著的发散情况。这可能说明了从 1992 年开始的市场化改革进程的加速使得各种促进农业生产率收敛的社会经济条件在市场化进程中被弱化，各地区间的农业生产率差异扩大；这可能也与整个市场取向的经济改革进程中明确提出采取"效率优先，兼顾公平"的改革战略有关。

2.4.4　条件 β 收敛检验

绝对收敛检验的结果并没有排除存在条件收敛的可能。由于我们缺乏刻画各个地区农业生产率稳定状态的相关统计数据，无法对相关变量进行控制，一种常用的有效办法就是使用面板数据（panel data）固定效应（fixed-effects，FE）模型。应用面板数据固定效应模型进行收敛性检验主要存在几个方面的优势：①能够尽量避免遗漏解释变量的问题，也避免了选择解释变量的主观性问题；②能够有效降低解释变量过多时引起地多重共线性问题产生的影响；③如果进一步采用双向固定效应模型（two-way fixed-effects，TWFE），不仅能考虑不同个体之间的不同稳态值，而且考虑了个体自身稳态值随时间发生动态变化的影响；④不需要在条件收敛检验模型中再加入其他控制变量，有效地克服了相关数据获取上的难题；⑤相对于随机效应（random effects，RE）模型而言，固定效应模型可以允许随机误差项与解释变量之间存在相关关系，恰恰在区域经济研究中误差项一般与解释变量存在较为显著的相关关系，随机效应模型则假定两者是不相关的（Wooldridge，2002）。

因此遵循 Miller 和 Upadhyay（2002）的思路，我们采用面板数据双向固定效应模型来进行相关条件收敛性检验。为了消除农业生产周期波动和气候变动等因素的影响，这里我们以 3 年为一个时期对 1979～2005 年进行划分，最终得到 9 个时期，并且将每 3 年的 TFP 平均值作为各个时期的生产率指数。条件收敛的检验方程设定为生产率的增长速度对上一年生产率水平对数的检验形式

$$\text{dln}y_{i,t} = \ln\left(\frac{y_{i,t}}{y_{i,t-1}}\right) = a + b \cdot \ln(y_{i,t-1}) + u_t \tag{2-21}$$

式中，$b = -(1 - e^{-\beta \cdot T})$，$y_{i,t}$ 是指第 t 年省级行政区 i 的 TFP 水平，T 为每个时间段包含的年数（3 年），β 即为收敛速度。

表 2-5 提供了我们对全国及东部、中部、西部三大地区 1979～2005 年农业生产率条件收敛的双向固定效应模型估计结果，在此采取了阶段平均的方法，因此我们没有进行分阶段回归。实证结果表明控制了截面和时间双向固定效应以后，从改革开放至今，农业生产率水平的条件收敛在全国及三大地区内部都是显著存在的，而且中部、西部、东部及全国的收敛速度依次递减。这也说明了在整个农业转型阶段我国农业生产率虽然并不存在绝对收敛现象，即全国范围内和三大地区内部各地区的农业生产率差距一直是客观存在的，并没有缩小的迹象，甚至在 20 世纪 90 年代以来还有所扩大。但是条件收敛的存在还是一种较为可喜的现象，这虽然不意味着绝对收敛的存在，但是意味着各个地区的农业生产率还是一直在朝着各自的稳定均衡水平收敛，只是由于各个地区的稳态水平并不相同，也就是说他们最终趋向的稳定均衡值并不在同一水平上，农业生产率差距才一直存在，并没有出现所谓的绝对收敛。

表 2-5　生产率的条件 β 收敛性检验

变 量	全 国	东 部	中 部	西 部
b	-0.1091*** (0.044)	-0.1718** (0.068)	-0.4006*** (0.111)	-0.2238** (0.100)
β	0.0385	0.0628	0.1706	0.0845
$Adj\text{-}R^2$	0.310	0.604	0.377	0.265

注：按照一般文献的处理方式，都没有包括上海、北京、天津三大直辖市，在东部、中部和西部各地区划分中，亦没有包括。按照一般的划分方法，东部地区包括北京、上海、天津、广东、福建、江苏、辽宁、浙江、山东和河北 10 个地区，中部地区包括吉林、湖北、黑龙江、湖南、山西、河南、江西和安徽 8 个地区，西部地区包括内蒙古、广西、陕西、新疆、甘肃、宁夏、青海、四川、云南和贵州 10 个地区。式（2.19）采用双向固定效应模型估计，对常数项的估计结果限于篇幅没有报告，而由于这样自变量个数较多，对自由度影响较大，因此我们在这里报告的是根据自由度调整后的 R^2 值。其中，*、**、***表示变量的 t 检验值分别通过在 10%、5% 和 1% 水平下的显著性检验，小括号内为标准误差

条件收敛的存在为进一步促成绝对收敛留下了政策空间，例如通过综合统筹全国东部中部和西部区域的协调发展以及城乡协调发展，加强农村人力资本投资，公共财政支出，基础设施建设和全面提高农业综合生产能力等等，促进各地区农业生产率增长的稳态值趋于一致，从而最终出现绝对收敛，这并非不可能，

而是非常有希望。局限于相关变量的数据可得性，我们的框架没有能够进一步说明控制稳态水平差异的条件，应提供更为具体的政策工具。这是我们的不足和需要进一步研究的方向。但是直接采取双向固定效应模型仍然说明了各地区农业生产率条件收敛的存在，具有非常重要的政策意义。

　　本节最后需要补充说明的是，一般收敛性研究文献中对于经济变量收敛性的相关研究都是对其水平值或水平的检验，而这里对转型期中国农业 TFP 的收敛性检验与大多数 TFP 增长收敛性文献类似，是对其增量水平的检验，这是需要注意的地方。实际上，全要素生产率在绝大多数情况是一个增量概念，因此我们对农业 TFP 增长的收敛性检验与大多数相似文献的处理方式一致。

第3章
中国农业生产率增长的行业基础

　　第2章从宏观角度对中国农业生产率在 DEA 的非参数分析框架内进行了全面度量和讨论，并就农业 TFP 的时间演变、空间分布和收敛性情况进行了检验，得出了一些重要结论。但是局限于实证数据上的可得性，上述工作都是在宏观分析框架内进行的，这种总量生产率的分析可能会因为缺乏更为具体的行业基础，而存在缺陷和不足，产生政策实践上的误导，因而需要在微观证据上寻求支撑。本章的主要工作就在于此，即尝试着利用《全国农产品成本收益资料汇编》中的微观调查数据来进行农业内部各行业的全面比较研究，为全书提供更为深刻的行业基础。具体而言，本章基于不同作物品种的行业面板数据，利用允许技术非效率和随机效应冲击同时存在的随机前沿生产函数模型，具体采用密集形式的 Cobb-Douglas 生产函数和时变（time-varying）非效率项分布形式，综合考察中国农业行业全要素生产率的增长与其分解。而有关农业各行业的单要素生产率增长考察在第2章中我们已经进行了初步论述，本章的重点是讨论农业内部分行业的全要素生产率增长与分解。而据我们所知，相对于农业总量 TFP 增长文献而言，目前对于农业分行业 TFP 增长的全面测算和分解文献还是相当地缺乏。

3.1　全要素生产率增长度量与分解的参数框架

3.1.1　基于 SFA 的全要素生产率增长分解与度量

　　研究者们一致认为 Meeusen 和 van den Broeck（1977）、Aigner 等（1977）、Battese 和 Corra（1977）的三篇文章是标志着随机前沿生产函数技术诞生的开创性文献，随后根据对技术非效率项分布形式的不同假定演化出诸多具体形式，并很快成为现代计量经济学中引人注目的一个分支，在经验研究中得到广泛应用。在基于生产前沿面方法的全要素生产率增长与分解中，随机前沿生产函数可以被定义为

$$Y_{it} = F(X_{it}, t) \exp(-u_{it}) \tag{3-1}$$

式中，Y_{it} 表示生产单位 i（$i = 1, \cdots, N$）在 t（$t = 1, \cdots, T$）期的实际产出；$F(\cdot)$ 表示生产前沿面上的确定性前沿产出部分，它代表了现有技术条件下一定

要素投入的最大产出；X_{it} 是要素投入向量，时间趋势项 t 测度技术进步，非负项 $u_{it} \geq 0$ 表示基于产出的相对于生产前沿面的技术非效率指数，衡量的是某个生产决策单位的技术效率水平，值得注意的是，该指数在式（3-1）中是随时间变化的。暂时将下标 i、t 省略，用 j 代表要素下标，即 X_j 表示要素投入 j。

使用对数化形式的 $F(\cdot)$ 对时间趋势 t 求偏导可得

$$\frac{\mathrm{d}\ln F(X,t)}{\mathrm{d}t} = \frac{\partial \ln F(X,t)}{\partial t} + \sum_j \frac{\partial \ln f(X,t)}{\partial X_j / X_j} \cdot \frac{\mathrm{d}X_j / X_j}{\mathrm{d}t} \tag{3-2}$$

式中，$\partial \ln F(X, t)/\partial t$ 即技术进步（TP），表示要素投入不变条件下前沿产出水平的变化，代表生产前沿面移动。右边第二项衡量的是既定技术条件下要素投入变化所引致的前沿产出变化。要素 j 的投入产出弹性可以被表示为 $\varepsilon_j = \partial \ln F(\cdot)/\partial \ln X_j$，则式（3-2）被转化为

$$\frac{\mathrm{d}\ln F(X,t)}{\mathrm{d}t} = TP + \sum_j \varepsilon_j \dot{X}_j \tag{3-3}$$

其中 $\dot{X}_j = \partial \ln X_j / \partial$，$t$ 表示的是要素 X_j 的变化率。

定义式（3-1）中生产决策单位的产出变动率 $\dot{Y} = \ln Y/\mathrm{d}t$，则 $\dot{Y}$ 的分解为

$$\dot{Y} = \frac{\mathrm{d}\ln F(X,t)}{\mathrm{d}t} - \frac{\mathrm{d}u}{\mathrm{d}t} = TP + \sum_j \varepsilon_j \dot{X}_j - \frac{\mathrm{d}u}{\mathrm{d}t} \tag{3-4}$$

根据 Solow（1956，1957）增长核算的思路，TFP 增长的贡献可以被解释为产出变动中未被要素变动所能解释的部分，故又有"索洛黑箱"之称，即

$$\dot{TFP} = \dot{Y} - \dot{X} = \frac{\mathrm{d}Y}{Y} - \sum_{j=1}^{n} S_j \frac{\mathrm{d}X_j}{X_j} \tag{3-5}$$

式中，$X \equiv (X_1, X_2, \cdots, X_j, \cdots)^{\mathrm{T}}$，是要素投入向量，如通常意义上的 K、L 等；S_j 是第 j 种生产要素对产出增长所作贡献所占的份额。例如，资本和劳动投入的贡献系数一般可由两种方法得到：①在完全竞争要素市场和规模不变的假定条件下，以劳动报酬和资本报酬占净产出的份额作为资本和劳动产出贡献系数的近似值；或者有的文献干脆进行先验设定，较常见的如资本系数取 0.6，劳动系数取 0.4。②采用现代计量经济学方法对生产函数进行估计，用估计出的产出弹性系数作为产出贡献系数的近似值，常见的函数形式有 Cobb-Douglas、Trans-Log、CES 和 VES 生产函数等。

一般采用①需要事先得知相关投入要素在生产要素市场的价格信息，但是这在实证中往往是不可得的，特别对于农业而言。所以较多的处理方式是直接采用②，即直接采用估计出各要素投入的产出弹性作为权重。其实，在一定条件（如完全竞争市场等）下，①、②是等价的。

根据式（3-4）、式（3-5），可以得出

$$\dot{TFP} = \dot{Y} - \dot{X} = \dot{Y} - \sum_j \varepsilon_j \dot{X}_j = TP + \left(-\frac{\mathrm{d}u}{\mathrm{d}t}\right) \tag{3-6}$$

令 TEC = − (d*u*/d*t*)，则 $\dot{\text{TFP}}$ = TP + TEC。

3.1.2 随机前沿生产函数的具体设定

农业生产函数实证研究的难题之一就是如何选择适当的生产函数形式，目前，最常用的是 Cobb-Douglas 生产函数形式，还有超越对数生产函数（trans-log function）形式也较为常用，其优点是考虑到了技术进步是否中性、弹性的时变性等，但是也存在参数过多引起自由度不足而产生多重共线性（multicollinearity）问题，使得参数估计的精度降低。目前有关中国农业生产的实证研究中（Fan，1991；Lin，1992；Zhang，Carter，1997；乔榛等，2006）大部分都采用了经典的 Cobb-Douglas 函数形式，中国农业科学院农业经济研究所设计的"我国农业科技进步贡献率测算方法"提出农业科技进步率也采用 Cobb-Douglas 生产函数测算[①]，实证表明 Cobb-Douglas 函数就已经能够较好地描述中国农业增长，并具有简洁性、易于分解和经济含义明显的特点。故本书也采取这一形式。

$$Y_{it} = A(t) K_{it}^{\alpha_K} L_{it}^{\alpha_L} M_{it}^{\alpha_M} \exp(v_{it} - u_{it}) \tag{3-7}$$

式中，$A(t) = \exp(A_0 + \delta_t)$，趋势变量 $t = 1$，T 代表技术变化，表示 t 时期全国该行业的前沿技术水平，δ 表示前沿技术进步速度；K_{it} 和 L_{it} 分别表示地区资本和劳动投入；M_{it} 表示土地投入；α_K、α_L 和 α_M 分别为各自产出的生产弹性，与 δ 一起成为待估计的参数。式（3-7）中误差项为复合误差项，由两个独立部分组成：v_{it} 是经典白噪声项（white noise），$v_{it} \sim iddN(0, \sigma_v^2)$，主要包括测度误差以及各种不可控的随机因素，如自然气候、运气等；u_{it} 是非负的，表示第 i 个省级行政区在第 t 年生产技术非效率项，即在给定的技术和要素投入条件下，实际所观察到的农业产出与潜在产出间的差距，并且独立于纯随机误差 v_{it}。所以，

$$\text{TE}_{it} = E(y_{it}|u_{it}, x_{it})/E(y_{it}|u_{it} = 0, x_{it}) = \exp(-u_{it}) \tag{3-8}$$

若 $u_{it} = 0$，则 $\text{TE}_{it} = 1$，表明生产决策单位 i 处于完全技术效率状态，落在生产前沿面上；若 $u_{it} > 0$，则 $0 < \text{TE}_{it} < 1$ 该状态为技术非效率，DMU_i 位于生产前沿面的下面。

对 u_{it} 分布的具体不同假定衍生出了不同变种的 SFA 模型。自 1977 年随机前沿生产函数提出以来，该领域的发展主要可以归纳为以下 5 种类型：①Kumbhakar等（1991）对 Zellner-Revankar 的随机前沿生产函数模型所进行的特殊化处理，把技术效率假设为其他解释变量的函数，同时考虑了分配和规模效率；②Reifschneider 和 Stevenson（1991）提出的随机前沿生产函数模型，假设技

[①] 农业部科技教育司于 1997 年 1 月 23 日发布"关于规范农业科技进步贡献率方法的通知"，将中国农科院农业经济研究所研究设计的"我国农业科技进步贡献率测算方法"作为农口测算农业科技进步贡献率的统一使用方法。下文中我们仍将继续详细介绍和参考该方法。

术效率不是其他变量的函数，例如模型中效率函数与随机误差均为非负值；③Huang 和 Liu（1994）提出的技术非中性前沿生产函数模型，其中假设技术效率受到生产单位的各种特征变量和这些变量与前沿生产函数中投入变量间的交互关系的影响；④Battese 和 Coelli（1992）提出的前沿生产函数模型，将技术效率项解释为时间变量的影响；⑤Battese 和 Coelli（1995）提出的包络数据的前沿生产函数，经常被简称为 B-C 模型，并提出了时间序列的效率模型。更为具体的相关文献综述可以参考 Battese 和 Coelli（1992）、Bravoureta 和 Pinheiro（1993）、Coelli（1995）。

在下一章考察农业技术效率的微观影响因素时，本书将采用 Battese 和 Coelli（1995）的"一步法"估计模型进行估计。由于本章的目的主要在于对农业全要素生产率增长与其分解进行考察，重点在于分析农业行业技术效率的时间变动趋势，因此采用 Battese 和 Coelli（1992）的设定，这又经常被称为 B-C 模型。其中，u_{it} 被定义为时变形式：

$$u_{it} = \beta(t) \cdot u_i \beta(t) = \exp[-\eta \cdot (t-T)] \tag{3-9}$$

式中，u_i 分布被假定服从非负断尾正态分布（Truncations at Zero），即 $u_i \sim N^+$（μ，σ_u^2）；η 为待估参数，表示技术效率的变化率。从（3-9）式容易推出 $\beta(t)$ 具有以下几个特性：①$\beta(t) \geq 0$；②当 $\eta > 0$ 时，$\beta(t)$ 以递增的速率下降，技术效率改善；③当 $\eta < 0$ 时，$\beta(t)$ 以递增的速率增加，技术效率恶化；④当 $\eta = 0$ 时，$\beta(t)$ 将维持不变，技术效率亦不变。

$$TEC = -\partial u_{it}/\partial t = \eta \cdot u_i \exp[-\eta \cdot (t-T)] = \eta \cdot u_{it} \tag{3-10}$$

由式（3-9）和式（3-10）所确定的 SFA 模型参数估计可以通过构造方差参数 $\gamma = \sigma_u^2/\sigma_s^2$，$\sigma_s^2 = \sigma_v^2 + \sigma_u^2$（$0 \leq \gamma \leq 1$），采取最大似然联合估计（maximum likelihood estimation，MLE）得出。前沿生产函数，不再存在随机冲击的效应。γ 反映的是复合随机扰动项中技术无效率项所占的比例，通过考察 γ 的大小可以判断上述模型设定是否合理。当 γ 接近于 0 时，表明实际产出与可能最大产出的差距主要来自不可控的纯随机因素造成的白噪声误差，而没有必要采用随机前沿模型，也就是说模型存在设定偏误；γ 越趋近于 1，则越能说明前沿生产函数的误差来源于表征技术非效率的随机变量 u_{it}，采用随机前沿模型也就越合适；但是当 $\gamma = 1$ 时，随机前沿模型也就变成了确定性前沿模型，不再存在随机冲击的效应。①H_0：$\gamma = 0$，表示完全不存在技术非效率项，用普通 OLS 法即可实现对生产函数的参数估计；②H_0：$\eta = 0$，表明技术非效率是非时变（time-invariant）的。

3.2　变量界定与数据处理

全要素生产率的测算结果在很大程度上受我们如何去定义投入产出以及如何

界定生产关系的影响，即对相关变量和生产函数的定义。3.1.2节已经定义了生产函数的形式，但是变量界定对农业问题尤其棘手，如农业的生产过程涉及多种投入，不如工业那么清晰明了，也无法获取可靠的固定资本存量数据等。由于本书全要素生产率及其分解涉及的都是增量概念，一般认为来自中国的统计数据在反映经济的变动和总体趋势上还是相当可靠的。本章利用的是由国家发展和改革委员会价格司领导和组织的全国农产品成本调查队每年形成的《全国农产品成本收益资料汇编》调查数据，数据采用典型调查、重点调查和抽样调查方法，具有高度的代表性，调查户一经确定，原则上5年内不做调整，如失去代表性确应调整的，每年调整的某品种调查户数量不超过全县承担该品种调查任务的调查户总数的1/4。特别由于本章将每一个省级行政区农业当成一个生产决策单位作为研究对象，所以此数据集多年形成下来在省际层面上便具有面板数据结构的性质特征，而采用面板数据结构可以克服其他数据结构估计随机前沿生产函数时存在的三大计量问题（涂正革，肖耿，2005）[①]，并具有其他方面的许多优势。各行业的省级行政区分布情况可以参见本章附录。由于许多农作物品种缺乏种植面积的相关数据，而《全国农产品成本收益资料汇编》提供的是全国分省农产品单位面积上的相关成本收益（投入产出）数据，因此我们在尝试利用该数据集对农作物生产率进行分析时必须对式（3-7）施加一定的假设条件及变形。

假定条件就是农业具有CRTS的性质。这里必须说明该假设的合理性。首先，必须强调纯粹的经济学上的规模经济（Economies of Scale）概念对于农业生产而言只具有理论分析上的意义，而不具备实践价值。其纯粹的经济学含义是指所有要素投入在按照同一比例同时增减时，其产出对应所发生的比例变化情况。这对于企业而言从长期来看是可操作的[②]，但是，除了在科研试验中，农业中所有要素投入按照相同比例发生变化实属不可能。尤其是一些农业投入例如拖拉机、收割机等大型农业机械具有高度不可分性（indivisibility）的特征，从而具有规模偏向效应；土地投入使家庭联产承包责任制下的农民缺乏流动性，在制度上两次确保土地使用权至少15年（第一次）、30年（第二次）不发生变化，十七届三中全会更是明确了其长期使用不变的性质，因此土地具有高度固定性的特征。所以农业规模在经济学上的意义与平常所讲的扩大农业经营规模实际上存在根本不同，这是需要澄清的。Coelli和Rao（2003）也曾指出，尤其在产业部门的层面上很难考虑到VRTS这一因素。

[①]　a. 模型的估计高度依赖于误差分布假设；b. 独立性假设过于苛刻；c. 技术效率的估计不具有一致性特征。

[②]　因为从长期来看，企业在投入成本上并不会存在固定成本（fixed costs）和可变成本（variable costs）的区分，长期内企业的成本都是可调整的，即可变的。

一般看法认为农业规模报酬是不变的（速水佑次郎，拉坦，2000；艾利思，2006）。已有的研究表明，农业规模经济的性质并不明显，如林毅夫（2005）对中国农业的实证以及 Schultz（1964）等的讨论。即使不考虑到实际条件，使用 DEA 技术完全可以区分出 CRTS 和 VRTS 两种技术性质，分离出规模效率因子（见 2.2 节），但是 Grifell-Tatjé 和 Lovell（1995）很快就证明了在 VRTS 假定条件下求解出的 Malmquist 指数来反映 TFP 变动是不正确的，Ray 和 Desli（1997）很快就确认了这一点，因此即使在使用农业 DEA-Malmquist 技术时也往往是在 CRTS 的假定下进行。[①] 农业部科技教育司（1997）"我国农业科技进步贡献率测算方法"："农业科技进步率 = 农业总产值增长率 − 物质费用产出弹性 × 物质费用增长率 − 劳动力投入产出弹性 × 劳动力投入增长率 − 耕地投入产出弹性 × 耕地投入增长率。"设定物质费用、劳动力和耕地的产出弹性分别为 0.55、0.20 和 0.25，反映了规模报酬不变的性质。在基于 Solow 模型的增长核算中，规模报酬不变的性质体现得更加清楚。

如此，结合《全国农产品成本收益资料汇编》的数据特点，须在规模报酬不变的假定条件下将总量生产函数（3-7）转化为针对土地生产要素的密集形式：

$$y_{it} = k_{it}^{\alpha_K} l_{it}^{\alpha_L} \exp\left[(A_0 + \delta t) + (v_{it} - u_{it}) \right] \tag{3-11}$$

式中，$y_{it} = Y_{it}/M_{it}$ 表示省级行政区 i 在 t 期的地均产出，$k_{it} = K_{it}/M_{it}$ 表示地均资金投入，$l_{it} = L_{it}/M_{it}$ 表示地均劳动投入。

另外，在农业生产函数中，较好的做法是使用各种指标的实物量，而非费用值。综上所述，确定投入产出指标以及进行相关处理如下：

1）产出变量 y：采用该年度各农作物品种单位面积上的主产品产量。这是指实际收获的农作物主要产品的数量，单位为千克/亩。

2）投入变量 k：采用该年度各农作物品种单位面积上所花费的物质费用表示。这是指直接生产过程中消耗的各种农业生产资料的费用支出，但是不包括其间所发生的与直接生产无关的期间费用，主要包括机械畜力作业、种子秧苗、化肥、农家肥、农膜、农药、水电灌溉、燃料动力、小农具购置修理费用和固定资产折旧等合计。主要因为在我国农业经济增长模型中，较为可靠的固定资本存量数据难以获取，也一直没有进行相关统计测算工作，一般以各分项投入计入，如农业机械、化肥、役畜和灌溉投入等。但是正如黑迪和狄龙（1991）所指出，农业领域内本质不同的资本产品没有共同的物质单位，必须在一定程度上进行适

---

① 这也就是本书第 2 章为什么只是在 CRTS 的假定基础上重点考察 TFP 增长与其源泉 TP 和 TEC 的重要原因，而只是附带地进一步将 TEC 分解为 PTEC 和 SEC 两部分，并没有过多地考察其表现和原因，因为目前文献仍然对 VRTS 条件下利用 DEA-Malmquist 生产率指数对农业产业的分解存在一定疑问，但是考虑到第 2 章 TFP 增长分解的完整性，本书仍然做了一定工作。

度综合，采用价值量来衡量以便于计算，这对宏观政策指导和行业研究尤为适用。鉴于本书的研究目的和农业部科技教育司（1997）等已有的大多数处理方式，我们这里采用物质费用这一指标进行综合。并可以减少多重共线性的困扰，扩大自由度。并直接采用对应分省级行政区的历年农业生产资料价格指数（基年＝100）将其折算成各自基期的不变价格，单位为元/亩，以剔除价格变动因素的影响。

3）投入变量 l：采用确定在给定产量时实际发生的劳动力投入，是指生产过程中直接使用的劳动力投入，包括生产过程中生产者（含其家庭成员）和雇佣工人直接劳动的天数。计量单位"标准劳动日"/亩，一个中等劳动力正常劳动8小时为一个标准劳动日。

本章所采用的具体估计方法为三阶段最大似然估计（three step maximum likelihood estimation），并运用了 Frontier Version 4.1（Coelli，1996）软件。本章进行的是行业比较研究，求导出各行业全要素生产率增长与其技术进步和技术效率问题，我们所提供的实证结果也都是关于时间和省级行政区的算术平均值，这对宏观政策导向以及行业比较具有重要意义，但是对微观个别农户意义上的政策含义引申应采取审慎态度（黑迪，狄龙，1991）。为了考证估计结果的稳健性，实际上，我们还进行了单产意义上 Trans-Log 函数形式的估计，结果并没有出现结构性变化。而且与第 2 章宏观层面 DEA 的分解与测度的对比情况也表明，我们的这一估计是可靠的。

3.3　中国农业全要素生产率增长与分解的行业基础讨论

尽管《全国农产品成本收益资料汇编》提供了较为详尽的行业数据，但是对于一些行业早期年份的数据仍然存在着相关缺失。我们先对存在较完整数据的行业进行了全部年份的初步估计，以期获取尽可能多的信息。这主要包括，1978～2005 年：早籼稻、晚籼稻、粳稻、小麦、玉米、大豆、花生、油菜籽和棉花；1980～2005 年：茶叶、苹果、柑和橘；1979～2005 年：中籼稻。这 14 个行业基本上拥有改革开放以来的全部数据。另外一些行业是从 20 世纪 80 年代末 90 年代初才开始有数据，考虑 1992 年邓小平"南巡讲话"和党的十四大正式确立社会主义市场经济体制的改革目标，1992 年前后中国经济运行机制发生了较大变化，本书对整个转型期时间段的一贯划分（如第 5 章）和第 2 章已经讨论单要素生产率与全要素生产率增长的实证证据，其他类似研究对于农业经济增长也一般在此进行阶段划分，如 Lambert 和 Parker（1998）、Cheng Yuk-Shing（1998）、农业部软科学委员会课题组（2001）等。对于这 14 个行业，我们还进行了 1978～1991、1992～2005 年两个子区间的分别观测，实证表明这两个子区间的估计差异还是非常显著的（参见本章附录）。在 1992～2005 年第二阶段的估计中，我们新加入的行业有高粱、谷子、烤烟、晾晒烟、甘蔗、甜菜和桑蚕茧，行业就已经达到 21 个，足以反映中国农业发展的全貌。本书的重点就在于对这 21 个行业 1992～2005 年的农业全要素生产率增长进行完整分解和比较。这十多年来，中国经济和制度加速转型，农业自身的转型进程大为加快，对于中国农业发展更加具有现实指导意义。

3.3.1 行业全要素生产率增长

从行业的年平均全要素生产率增长来看，1979～2005 年早籼稻 0.15%、晚籼稻 0.99%、粳稻 0.99%、小麦 1.03%、玉米 1.17%、大豆 1.39%、花生 1.46%、油菜籽 2.52%、棉花 1.87%，中籼稻 1980～2005 年增长 1.55%，1981～2005 年茶叶 0.26%、苹果 2.01%、柑 2.67%、橘 1.65%（表 3-1），14 个行业 1981～2005 年总平均为 1.39%。从总体水平来看，在整个经济转型期，水果、油菜籽和棉花等对劳动力吸收能力较强的经济作物相对增长较快，受耕地资源制约较强的土地密集型粮食作物相对增长较慢，其中早籼稻最低。但是，1992 年以前的增长结构特征却又非完全如此。1979～1991 年年均 TFP 增长率中，早籼稻下降 0.28%、晚籼稻增长 2.20%、粳稻 1.12%、小麦 0.70%、玉米 1.97%、大豆 0.64%、花生 2.85%、油菜籽 2.57%、棉花 3.65%，中籼稻 1980～1991 年增长 1.58%，1981～1991 年茶叶 0.78%、苹果下降 3.05%、柑下降 0.86%、橘 2.74%（表 3-1），14 个行业 1981～1991 年总平均为 1.19%。由此可见，在整个 80 年代土地密集型粮食作物与劳动密集型经济作物的生产率差距并不大，除早籼稻以外的谷类作物、花生、油菜籽、棉花等一起主导了整个 80 年代的农业全要素生产率增长，反而是除橘以外的水果生产率增长并不明显，甚至出现下降。

表 3-1　中国农业部门 1979～2005 年和 1979～1991 年
全要素生产率增长变化及其分解　　　　　（单位:%）

农业部门	1979～2005 年				1979～1991 年			
	TFP 增长率	技术进步率	技术效率变化	技术效率水平	TFP 增长率	技术进步率	技术效率变化	技术效率水平
早籼稻	0.15	−0.50	0.37	95.48	−0.28	−1.46	1.26	93.66
中籼稻	1.55	−0.70	2.02	82.29	1.58	1.38	0.19	87.00
晚籼稻	0.99	0.90	−1.37	85.10	2.20	−0.39	1.56	95.01

农业部门	1979~2005 年				1979~1991 年			
	TFP增长率	技术进步率	技术效率变化	技术效率水平	TFP增长率	技术进步率	技术效率变化	技术效率水平
粳 稻	0.99	0.22	1.02	79.01	1.12	3.91	-2.35	87.06
小 麦	1.03	0.77	0.21	82.45	0.70	-1.03	2.51	83.29
玉 米	1.17	1.48	-0.49	84.52	1.97	4.20	-2.07	78.06
大 豆	1.21	1.47	-0.02	86.61	0.64	3.20	-1.53	85.00
花 生	1.46	1.50	0.10	73.59	2.85	3.22	0.00	70.31
油菜籽	2.52	1.60	0.56	79.40	2.57	-0.24	2.49	71.10
棉 花	1.87	0.14	1.29	78.26	3.65	0.29	3.65	80.14
茶 叶	0.26	1.58	-0.61	67.80	0.78	-0.36	3.12	60.63
苹 果	2.01	2.15	0.24	82.39	-3.05	-1.67	-2.46	96.29
柑	2.67	2.35	0.22	92.74	-0.86	-2.96	0.96	77.30
橘	1.65	2.63	-1.39	91.81	2.74	2.05	-1.12	87.53

注：表中各指标变化率为各行业的年度算术平均值，其中中籼稻的基年为1979年，苹果、茶叶、柑和橘的基年为1980年，其他各行业的基年均为1978年

从行业的总平均变动趋势来看，1992年以前主要是以1984年为转折点。1979~1984年TFP增长率基本上处于平稳上升的阶段，这主要是因为家庭联产承包责任制重构了农业生产微观激励机制，宏观上第一轮农产品大幅度提价等制度变迁，使得农业生产力得到了极大解放从而促进了TFP的持续增长。1984年开始，TFP平均增长率持续下降。一般认为，这主要是因为家庭联产承包责任制的一次性增量效应已经基本释放完毕，改革重点开始转向城市，农业生产资料价格上涨导致农业贸易条件的恶化，以乡镇企业为代表的农村工业化进程加快，导致农业资源外流……20世纪80年代末90年代初，农业TFP开始出现恢复性增长，这主要是由于长期农业不景气引起中央政府对农业重新高度重视所致。我们将在第5章中详细地讨论影响中国农业生产率增长变动模式的宏观制度因素。1992年以后我们以全面的行业比较为基础进行变迁趋势分析[1]，实际上两个估计的变迁趋势基本上是一致的（图3-1）。

重点从20世纪90年代以来全面的行业比较来看。1993~2005年年均TFP增长最快的六大行业分别是：柑增长3.90%、甜菜增长3.17%、桑蚕茧增长

---

[1] 下文与此相同。

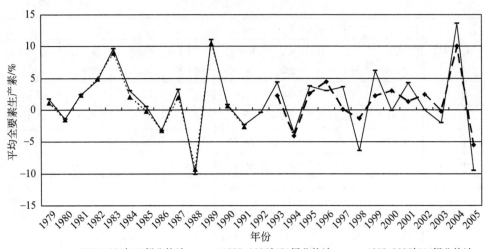

图 3-1　农业行业平均全要素生产率增长变迁示意图

资料来源：作者根据历年《全国农产品成本收益资料汇编》历史资料测算，图中数据取自各行业历年算数平均值

3.16%、棉花增长 2.93%、高粱增长 2.43%、油菜籽增长 2.39%；年均增长最慢甚至出现负增长的六个行业分别是：茶叶下降 0.64%、甘蔗下降 0.03%、烤烟增长 0.08%、晚籼稻增长 0.18%、中籼稻增长 0.22%、早籼稻增长 0.52%。其中，粮食作物年均增长 0.80%，北方高粱最高（2.43%），南方水稻作物都很低；油料作物年均增长 2.05%，油菜籽稍高于大豆和花生，但是三者水平都很高；烟叶作物都较低，年均增长 0.40%，晾晒烟 0.72%，高于烤烟；糖料作物年均增长 1.57%，北方甜菜显著高于南方甘蔗；水果年均增长 2.10%，柑最高。[①] 通过与前文的比较结合起来看，以谷类为主的粮食作物和以油料、棉花等为主的经济作物以及水果行业的生产率差距扩大主要发生在 20 世纪 90 年代以来。这主要与经济发展程度，人民生活质量提高，以解决温饱、保障粮食安全为主向质量型、效益型农业转变引发的农业生产结构性调整有关。全面的行业比较表明，农业内部不同行业之间的全要素生产率增长确实存在较大差异。从长期来看，由资源禀赋条件决定的潜在比较优势的发挥是影响农业全要素生产率增长的重要因素。详细的分解结果可以参见本章附录。

1993～2005 年 21 个行业总体 TFP 年均增长 1.34%，但是年度波动较为剧

---

① 粮食作物包括早籼稻、中籼稻、晚籼稻、粳稻、小麦、玉米、高粱和谷子，油料作物包括大豆、花生和油菜籽，烟叶作物包括烤烟和晾晒烟，糖料作物包括甘蔗和甜菜，水果包括苹果、柑和橘。另外本书中茶叶为各省绿毛茶、炒青、红毛茶、乌龙茶、紧压茶平均，还有少数年份苹果数据为内部分品种数据，亦采用平均化处理。

烈，甚至在某些年份出现倒退。这可能与这一段时期内我国整个经济运行的市场化、工业化和国际化进程加快，其间所经历的巨大制度变迁以及经济转型过程对农业发展产生的影响以及农业自身如何应对外部环境的剧烈变化有关，这些最终都会反映在全要素生产率的变化上，因此必然会导致农业 TFP 增长发生剧烈变化（第 5 章）。1997 年以前，农业 TFP 增长率总体处于逐年攀升和较高位运行的状态，除了 1994 年的下降以外。1997 年以后，增速开始逐年下降，这可能与整个宏观经济波动、农产品结构性"买方市场"以及农民负担问题恶化有关，1998年出现的负值与当年所遭受的严重自然灾害有关。21 世纪以来，农业 TFP 增长重新呈现高位平稳运行的态势，2004 年更是达到峰值 10.07%，这应该与中央政府新一轮空前力度的强农、支农和惠农政策有关，但 2005 年又下降了。结合1978~1992 年的变动，整体上，农业全要素生产率变动受到农村经济制度变迁、宏观经济波动以及宏观经济政策变化等多种因素的影响。其中，制度因素的作用尤为重要。

3.3.2 行业技术进步特征

因为本章采用的是 Cobb-Douglas 函数形式进行的估计，技术进步的作用主要与时间因素 t 有关，他代表了生产前沿面的位置变动，反映了在要素投入不变的条件下"最佳实践者"的"最佳实践"情况，体现为"增长效应"，综合反映了"先进"省级行政区与"后发"省级行政区的发散效应以及发展差距的扩大。技术进步的作用将直接推动全要素生产率的提高。具体在农业领域，一般认为，广义的农业技术进步既包括狭义的农业技术进步，即农业生产技术进步或自然科学技术进步，也包括农业经营管理技术或社会科学技术进步。本章所测算的正是广义的技术进步，因此具有非常广泛的实践内涵。

从行业的年均技术进步率来看：1979~2005 年，早籼稻下降 0.50%，晚籼稻增长 0.90%，粳稻增长 0.22%，小麦增长 0.77%，玉米增长 1.48%，大豆增长 1.47%，花生增长 1.50%，油菜籽增长 1.60%，棉花增长 0.14%；1980~2005 年，中籼稻下降 0.70%；1981~2005 年，茶叶增长 1.58%，苹果增长2.15%，柑增长 2.35%，橘增长 2.63%。从总体情况来看，除了早籼稻和中籼稻以外的农业各行业技术进步率还是非常高的，整体技术进步特征明显，尤其是经济作物和园艺作物。但是 1979~1991 年的估计表明，比较多的行业在整个 80年代的技术进步状态并不是十分理想，1979~1991 年，早籼稻下降 1.46%，晚籼稻下降 0.39%，粳稻增长 3.91%，小麦下降 1.03%，玉米增长 4.20%，大豆增长 3.20%，花生增长 3.22%，油菜籽下降 0.24%，棉花 0.29%；1980~1991年，中籼稻增长 1.38%；1981~1991 年，茶叶下降 0.36%，苹果下降 1.67%、柑下降 2.96%，橘增长 2.05%。其中，年总平均技术进步率为 0.72%。由此可以初步判断出整个 80 年代那些技术进步特征不明显的行业所取得的全要素生产率增长基本上是由效率驱动的，但是玉米、大豆、花生、橘以及北方粳稻的技术进步特征还是非常明显的，其 TFP 增长表现出典型的技术推进特征。

从 1993～2005 年全面的行业比较来看，上述 7 个技术进步率为负的行业 20 世纪 90 年代以来全部转为正值，这和其他行业一同表明了中国农业大规模的技术进步特征主要发生在 90 年代至今，农业科学技术创新的作用在加大。技术进步率增长最快的六大行业分别是：柑 5.59%，茶叶 5.27%，桑蚕茧 4.27%，甜菜 2.87%，苹果 2.77%，高粱 2.61%；年均增长最慢甚至出现负增长的六个行业分别是：中籼稻下降 0.70%，大豆下降 0.52%，晚籼稻增长 0.03%，棉花增长 0.13%，花生增长 0.16%，粳稻增长 0.36%。全部行业年平均增长 1.59%。其中，粮食作物年均增长 0.87%，北方高粱最高，南方水稻都较低；油料作物年均增长 0.65%，油菜籽最高 2.32%，高于花生和大豆；烟叶作物年均增长 0.93%，晾晒烟较高，为 1.29%；糖料作物年均增长 1.64%，北方甜菜显著高于南方甘蔗 0.40%，水果年均增长 3.21%，三者水平都很高见表 3-2。从总体情况来看，这与 3.3.1 小节的 TFP 增长的结果较为一致，较高的技术进步率往往与较高的 TFP 增长率并存，但是也存在少数相悖的行业，这肯定与技术效率的作用有关。

表 3-2　中国农业部门 1993～2005 年全要素
生产率增长变化及其分解　　　　（单位：%）

农业部门	TFP增长率	技术进步率	技术效率变化	技术效率水平	农业部门	TFP增长率	技术进步率	技术效率变化	技术效率水平
早籼稻	0.52	0.48	0.25	96.48	晚籼稻	0.18	0.03	0.45	88.88
中籼稻	0.22	-0.70	0.82	91.48	粳 稻	0.97	0.36	0.62	85.48
小 麦	0.71	1.69	-0.94	84.88	高 粱	2.43	2.61	0.18	82.14
玉 米	0.73	1.02	-0.43	71.05	谷 子	0.60	1.45	-0.29	82.67
大 豆	2.04	-0.52	2.17	86.34	油菜籽	2.39	2.32	0.32	90.18
花 生	1.70	0.16	1.56	79.51	棉 花	2.93	0.13	2.78	87.19
烤 烟	0.08	0.57	-0.50	87.72	晾晒烟	0.72	1.29	-0.13	60.67
甘 蔗	-0.03	0.40	-0.53	90.58	甜 菜	3.17	2.87	0.89	75.37
茶 叶	-0.64	5.27	-3.89	77.39	苹 果	1.74	2.77	0.46	97.12
柑	3.90	5.59	-1.54	89.51	橘	0.64	1.27	-1.96	84.23
桑蚕茧	3.16	4.27	-1.59	88.82					

注：表中各指标变化率为各行业的年度算术平均值，其中各行业的基年均为 1992 年

不过值得补充说明的是，从经济学理论上分析，一般不会发生前沿技术退步的情况，特别是针对微观经济主体而言，技术退步或生产前沿面的内移即意味着生产者的非理性，因为在当期选择了一种并不如前期的生产技术结构，理性"经济人"是不会如此选择的，否则违反了经济学的基本内在逻辑。但是我们这里进行的是省级层面的行业研究，这有可能会出现人为强制性的生产、种植结构调整问题，或者可以归结为宏观经济表现的微观基础问题。对于一些行业在20世纪80年代所出现的技术退步特征，我们坚持认为来自这些行业的实证仍然能够说明他们在技术结构选择上所存在的一定问题。

如何看待中国农业改革开放以来尤其是20世纪90年代以来所取得的前沿技术进步？一般认为，中国以中央和地方各级农业科学院和农业院校、中国科学院为代表的分散化农业科研体系是相当成功的，特别是在建立现代生物良种方面，许多农业科研领域都处于世界先进水平。前沿技术进步是全要素生产率增长和农业持续发展的直接推动力，考虑到我国的资源禀赋特征，未来中国农业能否实现可持续发展和农产品基本供需平衡的关键还在于能否实现持续的前沿技术进步，特别是提高农产品的单产数量。这高度依赖于土地节约型（对土地要素的替代）现代生物良种的开发以及相应的土地生产率的提高。长期以来，尤其是在改革开放以前，我国农业科研的重点主要集中于粮食作物的研究上，内容、种类相对单一。本章的研究发现，改革开放尤其是90年代以来，与人民膳食结构变化所产生的新的需求相适应，更多满足于人们生活质量提高和营养多元化需求的经济作物技术进步特征更为明显，而粮食领域的技术进步率反而较低，这与TFP增长的结果较为一致，反映了我国农业由保障食物安全（以粮食安全为代表）为主的产量目标向以全面提高生活质量的多种经营型农业和效益型农业转型，保障食品安全目标的权重提高（以农产品质量安全为代表）。但是，这对于粮食安全来说，是一个较为不利的信号，可能的原因是与改革开放以来粮食科研领域提供的能够大规模产业化的有效新技术较少有关，其前沿领域所取得的突破主要集中在60、70年代。与此相反，劳动密集型农产品领域的科研突破则更为明显，如在柑橘、油菜等新品种培育以及茶叶栽培技术上所取得的成果。因此，这表示我国农业技术进步呈现出的市场需求（市场赢利性）诱致性技术创新路径（即所谓的"施莫克勒－格利克里斯"假说）。另外，对于80年代一些行业所出现的技术退步现象，可以用"文化大革命"对这些作物品种的科研人力资本的破坏较其他行业严重来解释。许多科研人员被下放，一些行业领域的科研人力资本大伤元气，直到80年代初才有所恢复。当然，这也与这些行业品种的前沿科研技术本身没有取得重大突破有关。

除了育种技术变革外，前沿技术进步的来源主要还包括农业化学技术变革和机械动力变革。我国农业机械装备水平和化肥、农药等利用率的大幅提升（见

2.1节）也构成了农业技术进步的重要来源。但是一国农业技术进步模式的选择应当以本国的资源禀赋条件为基础。目前，中国农业还不适合选择大规模的、激进的劳动替代型技术进步道路。例如，大规模的农业机械化产生更多的是要素替代效应，而非生产率效应，因为农业机械的高度不可分性还会产生规模偏向，容易产生农村内部及城乡收入差距扩大的社会福利效应。但是这并非完全不可实行，或者更为现实的路径是一种渐进性农业机械化道路，因为中国的农业机械装备水平也一直是在稳步提高的，尤其自20世纪90年代以来加速（图2-1）。正如2.1节指出，大规模的农业机械化进程应当在整个宏观经济的持续增长及其所能提供非农就业机会增加、农村劳动力的大规模转移的前提下进行，否则会偏离我国农业内在的比较优势。因此，在一些经济发达地区的农村如东部沿海地区，率先实现农业机械化是可能的，也是现实的。农业化学技术进步虽然做出重要贡献（图2-8），也是土地节约型的，但农药、化肥等过度使用所造成的农业面源污染已成为环境污染的重要来源，这不利于农业的可持续发展和生活质量提高的需要，也与环境友好型社会、生态文明建设背道而驰。农业生物良种培育作为一种纯粹的技术进步，是可变投入密集型和规模中性的，需要劳动投入，还有利于消除传统农民的自给自足特征，提高产业化和市场化程度。90年代以来，我国农业科研体制主要朝着市场化方向发展，鼓励技术商品化，但科研经费短缺的问题并没有得到根本解决，导致了大量科研人员的流失，这将危害到中国潜在的长期农业技术进步能力。

国际农业前沿技术的大量引进也是整个农业技术进步的重要源泉。农业开放程度的提高扩大了整个农业新技术的供给。例如现代农作物良种就可以通过国际农业研究中心（IARC）以及一些地方性的研究机构所组成的世界性网络进行交换和共享。尤其是1994年8月开始实施的引进国际先进农业科学技术计划——"948"计划，这是我国第一个也是唯一一个以引进国际先进农业科学技术为内容的专项计划，为提升我国农业前沿技术水平做出了重大贡献。例如，20世纪90年代后期，柑橘品种的全面换代所引发的前沿技术进步，就是"948"计划引进国外良种的成果。截止到2004年，"948"计划共引进粮食、棉花、油料、糖、水果等优良品种和种质材料1.8万余份。随着农业国际化程度的不断提高，特别是农业科技的国际合作越来越密切，我国农业正确发挥后发优势，积极参与，通过引进、模仿和吸收，降低成本和风险，缩短研发周期，从而大幅提高农业前沿技术水平。其实，这与加强农业自主创新并不矛盾，新经济增长理论也证明了贸易可以促进生产率的增长（赫尔普曼，2007）。

广义的农业技术进步源泉还包括农业经营管理技术进步，这依赖于农业生产中农民主体性作用的发挥。农民会利用外部环境所提供的技术知识，改善经营管理水平，但是能否采用新技术是一项经济决策，必须考虑其成本收益和风险状况。长期以来，粮食生产的比较效益很低，新技术的获取成本和风险都比较高，这就降低了农民采用新技术的激励，并导致农业资源外流；相反劳动密集型农产品由于收益相对较高，其技术进步特征则较为明显。从长期来看，农业经营管理技术进步需要高素质的农民作保障，但人力资本投资具有明显的时间累积效应，因此加强对农民的人力资本投资、增加农村社会性支出如公共教育、医疗卫生和社会保障等对长期农业技术进步具有重要意义，这种对农民的投资及能力建设才是根本，我们将在第 6 章中更为详尽地讨论这一问题。要充分发挥农民的主体性能动作用，除了加强对农民的投资以外，还有赖于改善农业贸易条件、降低农业收入流价格以及加强农业保险、稳定土地产权等。

总之，持续地农业技术进步背后真正的驱动力主要包括农业现代生产要素特别是现代生物良种的培育、国外先进农业技术和农户经营管理技术，这三大因素直接影响了整个转型期中国农业技术进步率的高低。

3.3.3 行业技术效率及其变化特征

技术进步衡量的是"最佳实践者"的"最佳实践"情况，即假定生产单位是最优秀的，但是大多数生产单位实际上都处在生产前沿面内部，因此技术效率同样具有重要的实践意义，体现了前沿技术创新成果为广大生产单位所共享的程度，即"水平效应"，综合反映了"后发"省级行政区对于"先进"省级行政区的收敛效应（"追赶"）以及发展差距的缩小，同样成为全要素生产率增长的重要源泉。

从行业的年均总技术效率水平来看：1979～2005 年，早籼稻增长 95.48%，晚籼稻增长 85.10%，粳稻增长 79.01%，小麦增长 82.45%，玉米增长 84.52%，大豆增长 86.61%，花生增长 73.59%，油菜籽增长 79.40%，棉花增长 78.26%；1980～2005 年，中籼稻增长 82.29%；1981～2005 年，茶叶增长 67.80%，苹果增长 82.39%，柑增长 92.74%，橘增长 91.81%。从行业总平均变动趋势来看，呈现出典型的倒 U 形曲线（图 3-2），20 世纪 80 年代基本处于平稳上升状态，90 年代中期开始至今则基本上一直处于下降状态。1979～1991 年，早籼稻增长 93.66%，晚籼稻增长 95.01%，粳稻增长 87.06%，小麦增长 83.29%，玉米增长 78.06%，大豆增长 85.00%，花生增长 70.31%，油菜籽增长 71.10%，棉花增长 80.14%；1980～1991 年，中籼稻增长 87.00%；1981～1991 年，茶叶增长 60.63%，苹果增长 96.29%，柑增长 77.30%，橘增长 87.53%。粮食作物和同期技术进步不明显的行业普遍较高。

重点从 1993～2005 年全面行业比较来看，技术效率最高的六大行业分别是：苹果 97.12%，早籼稻 96.48%，中籼稻 91.48%，甘蔗 90.58%，油菜籽

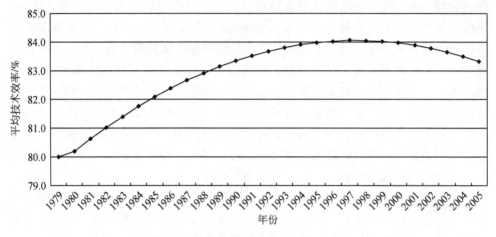

图 3-2 农业行业平均技术效率变迁示意图（1979～2005 年）

资料来源：作者根据历年《全国农产品成本收益资料汇编》历史资料测算，图中数据取自 14 个行业历年算数平均值

90.18%，柑 89.51%。年均技术效率最低的六个行业分别是：晾晒烟 60.67%，玉米 71.05%，甜菜 75.37%，茶叶 77.39%，花生 79.51%，高粱 82.14%。全部行业年均技术效率水平为 84.65%，其中，粮食作物平均 85.38%，稻谷作物较高，北方作物较低，总体水平较高；油料作物平均 85.34%，油菜籽高于大豆和花生；烟叶作物平均 74.19%，烤烟 87.72%，显著高于晾晒烟；糖料作物平均 82.97%，南方甘蔗显著高于北方甜菜；水果平均 90.29%，三者都较高，其中橘相对则较低（表 3-2）。总体上，技术效率分布表现出与同期技术进步、TFP 增长不尽相同甚至相悖的行业特征。例如，在一些技术进步明显的行业，高粱、甜菜、茶叶等技术效率都较低。

如何看待与前沿技术进步并不一致的农业技术效率行业特征？技术效率水平高低一般取决于两个因素：①前沿技术水平的高低，即衡量的基准（bench-mark）。②既定技术约束条件下对现有前沿技术的利用程度，即生产单位自身所处的实际位置。首先，生产前沿面对应于各生产要素的最优组合，如果行业技术创新力度非常大，那么生产前沿面就会大幅外移（生产可能性集合的扩张）；但是还特别会存在农业技术的"适宜性"问题，如果前沿技术创新仅仅是局限于少数生产单位，那么技术效率水平不会很高。然而，如果行业技术长期没有实现重大突破，技术非常成熟而且普及程度很高，那么恰恰相反，技术进步可能会较低而技术效率水平很高。较为理想的全要素生产率增长模式应该是"双高型"增长模式，即高技术进步与高技术效率并存，但是这在农业领域一般很难得实现。问题的核心是两者所蕴含的不同政策实践含义，即"转变论"和"改良论"（见 1.5.1 节），应当根据不同的全要素生产率增长特征对不同的行业采取不同的针对性政策措施，从而改进全要素生产率水平。

其实，对于全要素生产率变动产生影响的是关于技术效率的变动率，技术效率水平反映的是前沿技术的扩散与普及程度，其变动率反映了技术效率的变化趋势。根据 Battese 和 Coelli（1992）模型的设定，$TEC_{it} = \hat{\eta} \cdot \hat{u}_{it}$。其中，$\hat{\eta}$、$\hat{u}_{it}$ 分别表示相关变量的估计值。从行业年均技术效率变动率来看：1979~2005 年，早籼稻上升 0.37%，晚籼稻下降 1.37%，粳稻增长 1.02%，小麦增长 0.21%，玉米下降 0.49%，大豆下降 0.02%，花生增长 0.10%，油菜籽增长 0.56%，棉花增长 1.29%；1980~2005 年，中籼稻增长 2.02%；1981~2005 年，茶叶下降 0.61%，苹果增长 0.24%，柑增长 0.22%，橘下降 1.39%。1979~1991 年，年均早籼稻增长 1.26%，晚籼稻增长 1.56%，粳稻下降 2.35%，小麦增长 2.51%，玉米下降 2.07%，大豆下降 1.53%，花生增长 0.001%，油菜籽增长 2.49%，棉花增长 3.65%；1980~1991 年中籼稻增长 0.19%；1981~1991 年，茶叶上升 3.12%，苹果下降 2.46%，柑增长 0.96%，橘下降 1.12%。技术效率变化在整个 80 年代基本上表现出了与同期技术进步相反的特征，尤其是技术退步的行业效率驱动特征明显，只有苹果呈现出了典型的"双低"型特征。从整体情况来看，整个 80 年代的中国农业生产率增长表现出一定的效率驱动特征。一般认为，技术效率变化与制度变迁因素相关，可以认为家庭联产承包责任制的实施和其时农产品收购价的大幅提高等极大地调动了农民的生产积极性，促进了效率的提升（见第 5 章）。

重点从 1993~2005 年全面的行业比较来看，年均技术效率增长率最高的六大行业分别是：棉花 2.78%，大豆 2.17%，花生 1.56%，甜菜 0.89%，中籼稻 0.82%，粳稻 0.62%。下降比例最大六个行业分别是：茶叶下降 3.89%，橘 1.96%，桑蚕茧下降 1.59%，柑下降 1.54%，小麦下降 0.94%，甘蔗下降 0.53%。全部行业年均下降 0.06%。其中，粮食作物年均增长 0.08%，以稻谷作物较快，北方作物较慢；油料作物年均增长 1.86%，总体较快，而油菜籽很慢；烟叶作物年均下降 0.31%，烤烟下降 0.50%，晾晒烟下降 0.13%；糖料作物年均增长 0.18%，南方甘蔗与北方甜菜截然相反；水果年均下降 1.01%，只有苹果增长 0.46%。也就是说，整个 90 年代以来，有 10 个行业的技术效率是逐年退步的，除了棉花、大豆和花生以外，另有 8 个行业技术效率虽然取得了一定增长，但是其增长也是基本停滞的。这表明，中国农业大规模的技术效率退步特征主要发生在 20 世纪 90 年代至今，80 年代则存在明显的行业差异，对于 90 年代以来所发生的变化必须予以高度重视。

如何来认识 20 世纪 90 年代以来普遍的技术效率退步特征？技术效率状态直接反映了农业技术进步的社会制度环境，本章的实证结果一方面说明了同期大部分行业的生产前沿面一直在向外扩张，评价基准在不断提高；但是另一方面生产单位间技术效率的差距在扩大，农业区域发展差异化加剧。家庭联产承包责任制被长期稳定下来以后，虽然在名义上实行的是统分结合的双层经营体制，但是集体层次上原有的农技服务网络基本上处于瓦解状态，许多地方迫于财政压力以及对市场经济的片面理解，刮起"断奶"之风，造成计划经济体制下形成的行政网络"网破、线断、人散"，但新的农技服务网络尚没有完全建立起来。[①] 农业作为一个生物生产过程，对象是有生命的生物活体，具有强烈的地区适应性特征，由于受到生态环境和自然要素禀赋条件的限制，并不能直接转移，技术模仿与扩散不像工业那样简单，特别是农业技术在国际、地区间转移时，往往需要一个自然环境条件适应性研究和基础设施改良等的过程，而且现代生物良种还需要大量互补性、配套性农业投入。除了强化政府主导型的农业科技服务网络外，从政策含义上讲，技术效率退步还必须着眼于消除造成各种非效率因素的农村社会基础设施（social infrastructure）障碍。这可以通过提高农业产业化和市场化程度、扩大农业技术培训的范围、"干中学"、提高基础教育的普及性以及加强农村专业合作组织来加速前沿农业技术的扩散，促进农户间的比学赶帮，提高整体技术效率水平。另外，也必须加强农业技术进步与经济的结合，改变科研人员长期主要集中于农业科研院所、产业化龙头企业缺乏技术创新能力的不足，建立起产学研、官产学相结合的农业技术进步体系和现代农业产业体系，进一步提高农业科研成果的转化率和产业化水平。

3.3.4 行业生产率增长分解与讨论

综上所述，在本章所进行的行业估计中，改革开放以来中国农业所有各行业均经历了程度不同的全要素生产率增长，其增长速度同样丝毫不比同期中国整体经济和工业部门所获得的增长逊色，增长特征以及时间演变模式上的实证与第2章 DEA 分析框架的宏观研究结论相一致，可以相互印证和加强。除了稻谷作物[②]和棉花主要是由效率驱动外，各行业在整体上都表现出较强的技术推进特征，但是鉴于农业内部不同行业和在不同时间段上的具体增长表现存在不同，以及考虑到所蕴含政策含义上的差异，对此我们分别予以详细讨论。

在估计的 1979～1991 年 14 个行业中，总体来看，取得了程度不同的全要素生产率增长，为各自的行业增长做出重要贡献，除了早籼稻、苹果和柑等曾经出现下降以外（图 3-3）。各个行业的全要素生产率增长表现出不尽相同的行业增

---

① 这是改革开放以来中国经济改革过程中所发生的"无意造成的后果"的一个例证，特别是一些"不利的后果"事先应该是完全可以被准确预见的，这经常被称为"阿马蒂亚·森主义"。详见本书第6章对于这一问题的讨论。

② 包括早籼稻、中籼稻和粳稻。

长模式，需要区别对待。归纳起来，大致可以总结为三种模式：①"技术推进型"，包括中粌稻、粳稻、玉米、大豆、花生和橘6个行业；②"效率驱动型"，包括早粌稻、晚粌稻、小麦、油菜籽、棉花、茶叶和柑7个行业；③"双低型"，包括苹果。这表明，整个80年代农业技术进步和效率提升的作用都较为明显，只是在不同行业中其作用分布存在差异，但基本上都是"单驱动"模式，这是一个不利的信号。

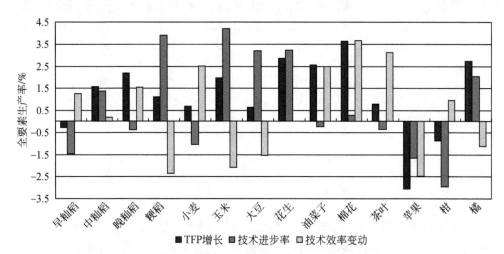

图3-3　中国农业分行业全要素生产率增长与分解（1979～1991年）

资料来源：作者根据历年《全国农产品成本收益资料汇编》历史资料测算，图中数据取自各行业历年算数平均值，1978年为1979年的基期

在估计的1993～2005年21个行业全面比较中，可以清晰看出不同行业较之20世纪80年代增长模式所发生的变化（图3-4）。归纳起来，大致也可以总结为三种模式：①"技术推进型"，包括小麦、玉米、高粱、谷子、油菜籽、晾晒烟、甜菜、茶叶、桑蚕茧、苹果、柑和橘；②"效率驱动型"，包括中粌稻、大豆、花生和棉花；③"双低型"，包括早粌稻、晚粌稻、粳稻、烤烟和甘蔗。可以发现，大部分全要素生产率增长率较低甚至下降的行业都是由于技术效率退步所导致，即使对那些"双低型"的行业，技术进步往往也做出了一定正的贡献，效率驱动特征并不明显。从总的情况来看，中国农业大规模的技术进步主要发生在90年代以来，但是技术效率的普遍下降也主要是集中在这一段时期。

综上所述，即使考虑到作为一种集约型发展模式，中国农业生产率增长也呈现出典型的技术推进特征，效率驱动特征不明显。这一特征在20世纪80年代表现得并不十分清晰，许多行业还是由效率主导的，但是自从90年代以来，这一特征表现尤为突出，技术进步主导了当时中国农业的生产率增长。这与本书第2章利用DEA-Malmqusit指数对中国宏观农业加总数据的分解得出中国农业TFP增

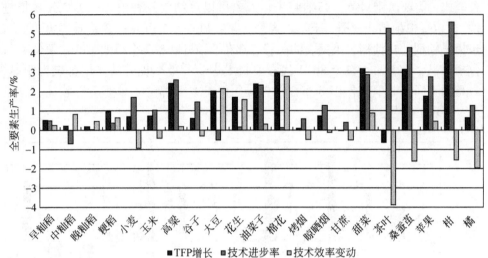

图 3-4　中国农业分行业全要素生产率增长与分解（1993～2005 年）

资料来源：作者根据历年《全国农产品成本收益资料汇编》历史资料测算，图中数据取自各行业历年算数平均值，1992 年为 1993 年的基期

长主要由技术进步贡献的结论是一致的，只是在行业之间这些特征仍然是不尽相同的，而且在具体的不同时间段上表现也并不完全相同。对此，本章提供了更加深刻的行业基础。

3.4　附　　录

各农作物品种种植地区情况（横截面样本明细）如下。

早籼稻：浙江、安徽、福建、江西、湖北、湖南、广东、广西。

中籼稻：江苏、安徽、福建、河南、湖北、四川、贵州、云南、陕西。

晚籼稻：浙江、安徽、福建、江西、湖北、湖南、广东、广西。

粳　稻：北京、天津、河北、山西、辽宁、吉林、黑龙江、上海、江苏、浙江、安徽、山东、河南、湖北、云南、宁夏。

小　麦：北京、天津、河北、山西、内蒙古、黑龙江、上海、江苏、浙江、安徽、山东、河南、湖北、四川、贵州、云南、陕西、甘肃、青海、宁夏、新疆。

玉　米：北京、天津、河北、山西、内蒙古、辽宁、吉林、黑龙江、江苏、安徽、山东、河南、湖北、广西、四川、贵州、云南、陕西、甘肃、宁夏、新疆。

高　粱：河北、山西、内蒙古、辽宁、吉林、黑龙江。

谷　子：河北、山西、内蒙古、辽宁、河南、陕西、甘肃。

大　豆：河北、山西、内蒙古、辽宁、吉林、黑龙江、江苏、安徽、山东、河南、湖北、云南、陕西。

花　生：北京、河北、辽宁、江苏、安徽、福建、山东、河南、湖北、广东、广西、四川、云南、陕西。

油菜籽：上海、江苏、浙江、安徽、江西、河南、湖北、湖南、四川、贵州、云南、陕西、甘肃、青海、新疆。

棉　花：河北、山西、辽宁、上海、江苏、浙江、安徽、江西、山东、河南、湖北、湖南、四川、陕西、甘肃、新疆。

烤　烟：河北、山西、辽宁、吉林、黑龙江、安徽、福建、江西、山东、河南、湖北、湖南、广东、广西、四川、贵州、云南、陕西、甘肃。

晾晒烟：吉林、浙江、江西、湖北、四川、贵州、云南。

甘　蔗：福建、江西、湖南、广东、广西、海南、四川、云南。

甜　菜：山西、内蒙古、吉林、黑龙江、甘肃、宁夏、新疆。

桑蚕茧：山西、江苏、浙江、安徽、山东、河南、湖北、广东、广西、四川、贵州、云南、陕西。

茶　叶：江苏、浙江、安徽、福建、河南、湖北、湖南、广东、四川、贵州、云南、陕西。

苹　果：北京、河北、山西、辽宁、山东、河南、陕西。

柑：福建、湖北、湖南、广东、广西、四川。

橘：浙江、福建、湖北、湖南、四川、广东。

第 4 章
中国农业生产率的微观增长因素分析

4.1 引　言

关于农户规模与农业效率之间的关系一直是国际农业经济学界研究的热点和重点问题。自从 Sen（1962，1966）对印度农业的研究发现农户规模与农业效率之间存在着负相关关系以来，传统上关于农业由于一些农业资源的不可分性而存在明显规模经济的认识而受到极大挑战。正如第 1 章文献综述部分所指出，对于农户规模与农业效率负向关系的存在性以及如何对其进行解释吸引了众多研究者的目光，但是关于这一问题以及如何对其解释，很久以来却并没有达成共识。由于这些研究大多是以发展中国家以及传统农业国家为研究对象，所以关于农户规模与农业效率之间的负向关系也经常被认为是传统农业的经典特征之一。

目前针对这种所谓的效率与规模的负向关系，已有的研究主要提供了以下几种解释：①要素市场不完全。包括大农户与小农户在其各自所面临的土地、劳动力市场以及资本信贷市场的差别。其中，尤以劳动力市场的差异所扮演的角色至为关键（Sen，1966；Carter，1984；Reardon et al.，1996；Newell et al.，1997）。②耕地质量及其利用程度的差异（Byiringiro et al.，1996；Lamb，2003；等等）。③农户异质性（heterogeneity）问题，如 Assuncao 等（2003）对农户本身管理能力、生产效率差别等难以观察的异质性的关注。④恰亚诺夫（Chayanov）的自我剥削机制。这与华裔学者黄宗智的"过密型"和"内卷型"农业理论具有某种相通之处。⑤农户面临组织内部交易成本、监督费用以及激励机制的差异。具有代表性的有 Eswaran 和 Kotwal（1985）等。而实际上大多数解释在某种程度上都具有一定的内在联系，其中要素市场特别是劳动力市场所扮演的角色非常重要。

关于发展中国家农业生产是否存在"小农户更加具有效率"的命题的争论涉及农业的具体发展战略、土地改革、农村社会的公平正义和以家庭经营为基础的小农经济的未来，具有很强的政策含义。这些问题对于中国尤为重要，因为从资源禀赋特征上讲，中国是一个典型的人多地少、农村劳动力充裕的发展中大国，而 1978 年农村集体化体制瓦解以后所实施的家庭联产承包责任制实质上就是一种立足于土地均分的小农户发展战略，小规模的农户家庭经营在农业生产中获得了统治性地位。Lin（1992）的研究证明，这一转变为当时的农业增长做出了高达 46.89% 的贡献，但 1984 年该制度的一次性突发增长效应基本释放完毕以后，随着国内农业生产波动、政治气候变化等，对这种包产到户的家庭承包责任制的质疑或否定就从来没有停止过，特别是近年来在一些经济发达地区要求实现农地流转、规模经营的呼声越来越高。

与之对应的另一方面就是，由于全国总耕地面积的持续下降和人口增长，近 30 年来总的宏观印象是我国农户的户均耕地规模一直处于不断下降之中，但是与此相伴的是户均农业总产值却在不断增加（图 4-1）。根据 Fan 和 Chan-Kang（2005）的一项研究表明，我国 1997 年 83% 的农户耕地规模要小于 0.6 公顷，而仅仅只有 0.24% 的农户规模大于 6.6 公顷，而根据 World Bank（2003）2 公顷的小农户定义标准，毋庸置疑，中国农业在本质上是以小农经济为主。

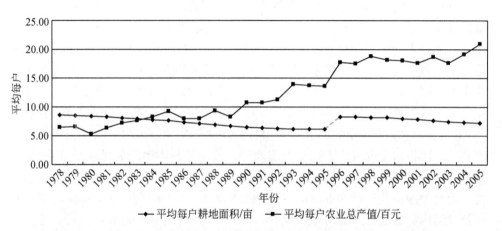

图 4-1　农户平均每户耕地面积和农业总产值变迁示意图（1978~2005 年）

注：其中农业总产值为狭义农业总产值，采用 1978 年＝100 不变价计算。正如 2.1.2 节脚注指出，1995~1996 年所出现的"折点"问题完全是因为人为统计数据调整所导致的，这并不会影响我们对相关指标在总体变动趋势上的判断。限于本书研究目的，我们也没有必要对 1996 年以前的全国耕地数量进行修正，即使是修正以后的各种统计数据，也都和《中国统计年鉴》上的数据一样表明了耕地总量在 1978~1995 年的基本下降趋势（朱红波，2006）

资料来源：根据历年《中国统计年鉴》整理而得，其中全国农户数量来自于"中国三农信息网（www.sannong. gov. cn）"，1996~2005 年耕地面积来源于国土资源部、国家统计局、全国农业普查办公室"关于土地利用现状调查数据成果的公报"，1996 年数据为 1996 年 10 月 31 日时点数

尽管中国经济经历了长达 30 年的高速增长以及庞大的城市化进程，并以此为基础转移了大量农村劳动力，而且这一过程在可以预见的将来仍将持续下去。但是由于历史上错误的人口政策、特定的资源禀赋条件以及典型的二元经济结构等其他原因，小规模的家庭农业仍然可能将会成为中国农业在未来一个相当长的时期内的显著特征。另一方面，正如黄宗智（2006，2007）所指出，中国农业现

今正面临着大规模非农就业、人口自然增长减慢和农业生产结构转型的三大变迁交汇的历史性契机。因此，各种思潮得以显现。有的主张在高度城市化下建立大规模农场，淘汰小农经济；有的认为应维持当前的土地承包制度，尤其是保证粮食生产的口粮地制度。一般农业经济理论也往往倾向于认为，扩大经营规模可以通过获取专业化劳动分工、要素替代效应和规模经济收益而使得生产更加具有效率，有利于提高农业生产率，但是这一认识在发展中国家因为面临着充足甚至过剩的农村劳动力而受到挑战，正如上文已经指出，许多实证表明农户规模与农业效率之间存在着反向（IR）关系。但是已有的文献却很少存在对中国案例的实证研究，如果小规模农户相对大规模农户确实享有效率上的比较优势的话，那么对于中国未来的农业政策和土地政策都具有重要的参考意义，或者是否具有重新思考的必要性。

不过，我们在总结已有的文献时发现，以往的研究在探讨农户规模与农业效率的负向关系时，农业效率往往都是由土地"单产"或者"单产价值"来衡量，也就是土地生产率，如高梦滔和张颖（2006）对中国的经验研究。需要指出的是，土地单产是一个单要素生产率（SFP）指标，并不能全面综合地反映整个农业生产过程，农业效率在生产过程中是一个多维的综合性概念，至少应包括劳动生产率、成本利润率以及能够全面反映综合生产状况的 TFP 和相关技术利用状况的 TE 等。广大发展中国家由于往往要优先确保国家的基本食物安全或粮食的自给自足，而将农业政策置于优先考虑地位，较多地强调单产数量或土地生产率，从而主要将农户规模与土地生产率联系起来。

但是中国农业正面临着新的历史性契机，30 多年来的经济增长使得居民食物消费结构和农业生产结构开始转型。"三农"问题的核心是农民问题，千方百计增加农民收入在根本上还是要依赖于劳动生产率的提高。过分强调农业政策而忽视农民政策，很可能会长期陷入黄宗智所总结的"没有发展（就劳动生产率而言）的增长（就总产量而言）"的劳动"过密型"和"内卷化"农业困境。因此单纯从土地生产率的角度探讨农户规模与农业效率的关系可能会有失偏颇，这尤其不适合新形势下建设社会主义新农村和促进农民增收的需要，现在国家应该是将政策重心逐渐从"农业问题"转向"农民问题"的时候了。因此，以往单纯从土地生产率角度来研究农业效率与农户规模之间负向关系的研究，需要放到一种更为宽阔的视野内来予以全面评价和检验，以适应新形势下农村发展的需要。在一种更为宽广的效率指标体系下，小农户是否真的还享有对大农户的比较优势呢？或者，这种负向关系是否仍然还存在呢？

因此本章所要关注的问题主要是全方位地从微观农户的角度，全面考察农业效率与农户规模之间的关系，但是除了农户规模以外，还会存在着其他农户特征变量对农户效率产生影响，必须加以分类控制和考察。故本章总的研究内容在于深入探讨农业效率的微观影响因素及其机理。我们将这些微观因素总结为农户家庭禀赋（household endowment），包括农户教育、技术培训和拥有的社会资本等多方面情况，这其中主要又以农户规模为考察重点。而除了继续考察农户土地生产率指标以外，我们主要是在一个更为宽阔的视野内重点考察了农户劳动生产率、成本利润率、全要素生产率以及技术效率为代表的农户多维度效率指标与以农户规模（用"农户耕地面积"度量）为代表的各种微观影响因素的关系，全方位从微观角度探讨农业效率的微观影响因素及其机理，全面检验中国是否确实存在着小农户相对于大农户更加具有效率上的比较优势这一实证性问题。对于已有的几种关于农户效率与农户规模之间负向关系的经济学解释并不试图加以检验。关注土地单产、其他相关效率指标与农户规模的关系，综合地对能够影响农户效率的微观因素进行检验和分析，是本章的重点。而据我们所知，关于中国案例的农户 IR 研究文献还是相当缺乏，本章除了希望能够丰富相关文献以外，还试图通过对相关农户效率指标的扩展来进行全方位考察，其中所得出的结论实际上同样可以为已经发现的单产与规模之间存在的 IR 提供相关经济学解释。

4.2　变量界定、数据处理与理论分析框架

4.2.1　理论分析框架

本章扩展了以往单纯以土地生产率衡量的农业效率与农户规模之间的"负向关系"（IR）的验证性研究，在此基础上进一步讨论农户劳动生产率、成本利润率、全要素生产率和技术效率同农户规模的关系，深入探讨和分析农户这些效率指标与其家庭禀赋特征为代表的微观影响因素的关系与机理，多维度地全面回答"小农户是否真的更加有效率"这一问题，包括农业效率的微观影响因素又是如何发挥作用的。另外，这里还需要对农户规模的定义予以澄清。实际上已有的相关研究都是用农户耕地面积来定义农户规模的大小，关注的中心问题是农户效率与耕地面积的负向关系，这包括耕地面积大小的最适规模、经济性等问题，但是这就很容易引起农户耕地面积大小与将农户视做一个整体生产单位的经济规模大小的混淆，并容易与经济学含义中纯粹的规模报酬概念相混淆。

本章所指的农户规模是特指以农户所经营的耕地面积来衡量的规模大小。这与微观经济学中一般将所有要素投入按同一比例同时增减所产生的规模报酬变化含义不同，一般认为这种经济学意义上的农业规模报酬是不变的，如 Schultz（1964）、速水佑次郎和拉坦（2000）、艾利思（2006）等，纯粹经济学上的规模报酬概念在农业经济领域中除了更多的是理论内容以外而非实用知识，因为农业投入中所有要素按同比例变化基本上是不可能的，如农业机械等固定资产、土地

投入的相对固定性等。对于这一点，本书在第 3 章中已经予以详细说明。另外，本章的农户规模概念与将农户作为一个整体看待的由于资源不可分性产生的成本节约的最优经济规模概念存在一定区别和联系，最优经济规模是指厂商理论中的 U 形长期平均成本曲线上的最低点，最优规模将长期平均成本降到最低，而这种意义上的农户最优规模必然要求特定农业技术条件下农户所实现的耕地面积是最低成本下确定的，这正是本章所定义的农户最优耕地面积。所以，农业规模经营并不等于土地规模经营，但土地规模是农业规模经营的重要基础。一般还认为，农业规模经营与农户家庭经营并不冲突。

另一方面，在明确了农户规模的含义以后，由于本章讨论的是土地生产率、劳动生产率、成本利润率、全要素生产率和技术效率等多维农户效率概念，在讨论这些指标与农户耕地规模的实证关系时，必然会涉及两种互不相关的农业规模经营概念。一种是从农业生产的规模经济出发，强调经营单位的总规模。例如，100 亩耕地、100 个劳动力的农场规模大于 1 亩耕地、1 个劳动力的农场规模，如果具有规模经济，那就意味着前者比后者平均成本低或者相同投入下产出会更多，其政策含义在于促进农场合并以获取规模经济，促进农业增产。另一种是从提高农民收入的角度出发，强调人均耕地占有规模。例如，100 亩耕地、100 个劳动力的农场规模其实并不比 1 亩耕地、1 个劳动力的农场大，大农户之所以大是因为人均耕地面积大，其人均产出（劳动生产率）会更高，其政策含义在于大规模转移农村剩余劳动力，减少农民数量，提高人均耕地规模，促进农民增收。因此，本章将在实证分析过程中对这两种"规模经营"进行具体区分，以讨论各自的政策含义。

在传统 IR 研究中，大多数采用经典方程——式（4-1）进行 OLS 估计：

$$\text{Efficiency}_i^f = C + \beta \ln OP_i + \varepsilon_i \tag{4-1}$$

式中，Efficiency 为相应农户土地生产率指标，OP 为农户实际投入生产的耕地面积，ε 为经典随机扰动项。如果 $\beta < 0$ 且显著，则可以判断出 IR 存在（Carter，1984；Heltberg，1998）。

但式（4-1）往往会因为忽略了其他影响农户效率的各种微观因素而受到批评，这些因素包括耕地质量差异（Lamb，2003）、农户异质性（Assuncao et al.，2003）、耕地细碎化程度（Wu et al.，2005）。根据前人已有研究和数据可得性，在式（4-1）的基础上我们引入了一些外生性控制变量来控制这些微观因素对农户效率的影响。同时我们将农户的这些微观特征变量定义为家庭禀赋，即农户的家庭成员以及整个家庭所拥有的包括了天然所拥有的以及其后天所获得的资源和能力，这个定义包含了农户所拥有的人力资本和社会资本内容，包括家庭成员的受正规教育程度、技术培训、个人经历、社会网络、资源可得性等。

因此，我们这里采用的具体估计式被定义为

$$\text{Efficiency}_i^f = C + \beta \ln OP_i + \sum_j \delta_j X_{ij} + \varepsilon_i \tag{4-2}$$

式中，X_j 为引入的各控制变量，表示家庭禀赋的影响，i 表示农户 i，其他变量定义不变。

首先，我们在式（4-2）的分析框架内探讨各农户效率指标与农户耕地规模及家庭禀赋的关系。其次，全要素生产率可以综合反映农业的全面生产过程，比单要素生产率的含义更加全面、综合。在测算农户农业生产的全要素生产率时，我们依然利用第 3 章采用的 Cobb-Douglas 生产函数形式来进行计算，该函数形式具有简洁性、易于分解和经济含义明显的特点，实证表明 Cobb-Douglas 函数已经能够较好地描述中国农业增长。

$$Y_i = A_0 e^{\eta t} K_i^{\alpha_K} L_i^{\alpha_L} M_i^{\alpha_M} \exp(\varepsilon_i) \tag{4-3}$$

式中，Y_i 为农户 i 的产出水平，K_i、L_i 和 M_i 分别为农户物质资本、劳动和土地投入，α_K、α_L 和 α_M 为各自产出弹性，t 为时间趋势项，η 为技术进步率。在对式（4-3）进行估计时，一般估计其自然对数化形式：

$$\ln Y_i = \ln A_0 + \eta t + \alpha_K \ln K_i + \alpha_L \ln L_i + \alpha_M \ln_{M_i} + \varepsilon_i \tag{4-4}$$

在式（4-4）的基础上，定义 $\text{RTS} = \alpha_K + \alpha_L + \alpha_M$，然后可以对要素产出弹性系数进行正规化：$\alpha_K^* = \alpha_K / \text{RTS}$，$\alpha_L^* = \alpha_L / \text{RTS}$，$\alpha_M^* = \alpha_M / \text{RTS}$。

则全要素生产率定义为

$$\text{TFP}_i = Y_i / (K_i^{\alpha_K^*} L_i^{\alpha_M^*} M_i^{\alpha_M^*}) \tag{4-5}$$

通过式（4-6），定量估计农户规模、家庭禀赋与全要素生产率的关系。

$$\text{TFP}_i = C + \beta \ln OP_i + \sum_j \delta_j X_{ij} + \varepsilon_i \tag{4-6}$$

并且，可以定义要素产出弹性之和 RTS 为规模报酬系数，这是衡量规模报酬状况的一般性测度指标，RTS 与 1 的比较可以反映出前文所提到的新古典经济学中所有要素投入按同一比例同时增减所产生的经济学意义上的纯规模报酬变化，这可以在实证对速水佑次郎和拉坦（2000）、林毅夫（2005）、艾利思（2006）等的论点或结论进行验证，即一般认为纯粹经济学意义上的农业规模报酬是不变的。

本章在以上框架内综合考虑了基于农户层面上的土地生产率、劳动生产率、成本利润率以及全要素生产率与农户规模、家庭禀赋等微观影响因素的关系。

技术效率则是最近以来的实证文献中，衡量生产决策单位效率状况的使用最多的效率指标之一，能够集中反映其潜在最大产出能力、资源利用效率和成本控制等多方面经营特征，是效率与竞争力的综合表现。考虑到农业生产中存在随机扰动的特点，且我们所掌握的样本数据量较大，变量的变异性较强，在微观上，本章采用与农业分行业讨论时相同的随机前沿生产函数方法（SFA）对技术效率进行估计，它能够在实现对生产过程进行精确描述的同时，考虑到随机误差对技术效率的干扰，还可以考察前文对全要素生产率估计时所产生的要素投入生产弹性估计结果的稳健性。其次，除了前文中评价转型期生产决策单位技术效率水平的高低和变迁趋势以外，通过解释技术效率差异背后的深层次原因，寻找技术效率的源泉具有更为重要的政策意义。

但是如果同样采取式（4-2）表示的"两步法"（two-step approach）框架来估计出各微观外生性因素对技术效率的影响：首先，估计随机前沿生产函数，得出生产单位的技术效率；其次，利用所得技术效率指数对与生产单位特征相关的变量重新进行多元回归，从而确定影响技术效率差异的外生性因素及其影响程度和方向（Battese et al.，1997）。但是这种传统的"两步法"在计量上会存在以下问题：第一步估计随机前沿生产函数时，假定技术非效率指数 u 独立于要素投入向量 X，否则估计不具有一致性；然而在第二步中，却又设定 u 并非是独立的，而是决定于一系列外生性向量 Z，此时，一般情况下并不能保证影响 u 的外生性因素 Z 不会与要素投入 X 高度相关。因此由于技术效率分布假设在两阶段的不同会导致参数估计的低效和有偏，这经常被称为"两步法悖论"。解决的办法是采用极大似然法或非线性最小二乘法进行一步估计，蒙特卡罗试验也证明了一步估计确实要优于"两步法"估计（Wang，2002）。"一步法"（one-step approach）的开拓者是 Kumbhakar 等（1991）、Reifschneider 和 Stevenson（1991）。Battese 和 Coelli（1995）仿照其方法，将技术非效率指数表示为一组外生性变量的函数，将一个纯随机扰动项植入随机前沿生产函数进行估计，从而得到解决，即 B-C 模型。我们采用该模型来一步估计出各外生性因素与技术效率的关系。

在式（4-3）的基础上，同样将随机扰动项 ε_i 表示为一复合扰动项 $\varepsilon_i = (v_i - u_i)$，即可以将平均生产函数转化成为随机前沿生产函数，同时考察技术非效率与纯随机扰动因素对农业产出的影响，从而求解出技术效率的作用。

$$Y_i = A_0 e^{\eta t} K_i^{\alpha_K} L_i^{\alpha_L} M_i^{\alpha_M} \exp(v_i - u_i) \tag{4-7}$$

与第 3 章的设定相似，式（4-7）中的误差项 $\varepsilon_i = (v_i - u_i)$ 为一复合误差项，由两个独立的部分组成：v_i 是经典白噪声项，$v_i \sim iidN(0, \sigma_v^2)$，主要包括测度误差及各种不可控的随机因素，如农业生产中的气候条件、运气等；u_i 是非负的，表征农户 i 的生产技术非效率项，且独立于纯随机误差 v_i。

但是，在 B-C 模型进行"一步法"估计时，可以将 u_i 具体设定为独立同分布、服从均值为 m_i、方差为 σ_u^2 的非负断尾正态分布：

$$u_i \sim iidN^+(m_i, \sigma_u^2) \tag{4-8}$$

$$m_i = C + \sum_j \delta_j \cdot Z_{ij} + w_i \tag{4-9}$$

式中，m_i 为技术无效率函数，e^{-m_i} 则反映了农户 i 的技术效率水平，m_i 越大，技术无效程度越高；Z_j 为决定农户技术效率水平的各微观层面外生性变量；δ_j 为对应的待估计参数，反映出各外生性因素对技术效率的影响，负值表示正的影响，正值表示负的影响；w_i 为纯随机误差项，服从均值为 0、方差为 σ_w^2 的断尾正态分布，如 $w_i \geqslant -(C + \delta_i \cdot z_j)$，这可以确保 u_i 的非负性质。

在此基础上，还可以求解出技术效率水平：

$$\mathrm{TE}_i = E(Y_i \mid u_i, X_{ij}) / E(Y_i \mid u_i = 0, X_{ij}) = \exp(-u_i) \qquad (4\text{-}10)$$

式中，X_j 表示要素投入向量，如果 $u_i = 0$，则 $\mathrm{TE}_i = 1$，即农户 i 处于完全技术效率状态，生产点位于生产前沿面上；如果 $u_i > 0$，则 $0 < \mathrm{TE}_i < 1$，这种状态为存在技术非效率状态，该农户生产点位于生产前沿面的下面。可以在此基础上求解出平均技术效率：

$$\mathrm{TE} = \frac{1}{n} \sum_{i=1}^{n} \mathrm{TE}_i \qquad (4\text{-}11)$$

式中，n 为样本数量。由式（4-7）～式（4-9）共同确定的随机前沿生产函数参数估计可以采用最大似然估计法（MLE）联合估计得到。似然函数利用了方差参数（Battese et al.，1977；Coelli，1995）：

$$\gamma = \sigma_u^2 / \sigma_s^2,\ \sigma_s^2 = \sigma_v^2 + \sigma_u^2 (0 \leqslant \gamma \leqslant 1) \qquad (4\text{-}12)$$

与第 3 章相同，γ 反映了整个复合扰动项中全部复合方差中技术无效率项所占的比例，通过考察 γ 可判断 SFA 模型设定是否合适，具体估计方法为三阶段最大似然估计（three-step maximum likelihood estimation）。同样，在式（4-7）中引入村级地理虚拟变量，并运用 Frontier Version 4.1（Coelli，1996）软件。

4.2.2 数据说明

本章实证分析所用到的数据全部来自农业部在湖北省 15 个村级固定观察点 1999～2003 年形成的年度统计数据，在剔除了有缺失数据、异常值和非连续观测[①]的农户以后，每年有 431 户农户，5 年共计 2155 个样本，形成微观面板数据。使用面板数据结构和大样本的优势进行回归，不仅信息量丰富，还可以利用固定效应模型剔除许多不可控的因素，如土地质量、农户不可观察的技能问题等，克服数据可获得性的难题；另外还可以缓解普通模型因为存在多重共线性和自相关所产生的压力；估计农户技术效率时采用面板数据尤其可以

[①] 论文所使用的数据虽然为农户固定观测点数据，但官方在实地调查和操作过程中实际上往往会每年调整 10%～15% 的农户，以保证观测的充分代表性和动态性。

解决横截面数据估计的非一致性问题①。因为本章在具体估计各效率指标与农户耕地规模及家庭禀赋实证关系的过程中，采用的是面板数据双向固定效应方法。这就要求各变量同时具有跨个体、跨年度的变化；否则，系数将不显著。

整个湖北经济水平适中，主产粮、棉、油、生猪等农副产品，是我国重要商品粮基地和老农业基地，地处我国中部、长江中游，承接东西，贯通南北，素有"九省通衢"之称，整个农村兼具东西农村的特点。其农业区域基本上处于亚热带，农业资源与劳动力资源比较丰富，但鄂西仍存在大量高山和贫困地区，15个观察村都属于农区村，也就是说家庭经营以种植业为主，2个位于城市郊区。4个平原村、7个丘陵村、4个山区村在所在县中的经济发达程度：3个中等偏上，10个中等，2个中等偏下。2个为当地县以上命名的小康村。所以，无论在区位选择还是经济意义上，本章所选样本均具有典型意义。但这毕竟是局限于湖北省农村的微观实证，鉴于我国东西部农村经济发展差距较大的客观事实，本章结论能否推广到东部沿海地区农村应该采取一定审慎态度。

本章对各农户效率指标估计采用的是面板数据双向固定效应模型，但在对农户技术效率进行估计时采用的是 SFA 一步法估计。对于式（4-7）～式(4-9)，采用三阶段最大似然估计。我们引入了村级层面上的地理虚拟变量 D 来尽量控制那些不同地理位置间（村级层面上）不能够明确测度和反映的因素的影响，而对于那些双向固定效应模型则没有引入。另外，最后需要补充说明的是，在估计农户 TFP 和 TE 的式（4-4）、式（4-7）中，我们采用湖北省农村居民消费价格指数和农业生产资料价格指数分别将变量 Y 和 K 对应折算成以 1999 年为基期的不变价格。②

4.2.3　变量定义与预期假说

根据上文确定的本章框架和分析思路，我们在基于微观农户的层面上将主要投入产出指标、农户家庭禀赋特征指标确定如下，并进行了必要的相关处理。

---

① Schmidt 和 Sickles（1984）指出，在采用横截面数据来研究技术效率和估计 SFA 模型时会存在以下问题：一是模型估计高度依赖于误差分布假设，二是独立性假设过于苛刻，三是技术效率估计具有不一致性。采用面板数据结构，可以轻易解决上述困难。

② 价格因素是在采用面板数据进行投入产出分析时所必须面临的问题。精确地讲，具体各种产出及投入要素间价格变动存在着差异，应该区别对待，采用相对应的价格指数处理，但往往由于价格指数数据的限制而采取官方公布的"一篮子"物品的价格指数进行剔除。本章按照一般的处理方式采用农村居民消费价格指数和农业生产资料价格指数对应进行处理。

4.2.3.1 农户投入产出变量

（1）产出变量（Y）

农户年内种植业经营总收入，这主要包括所种植的粮食作物和经济作物[①]，单位为元。由于一些农户在所种植的作物品种上存在差异，直接在产量层面上进行加总是不科学的，因此利用各品种的价格信息进行加总，即"价值量"表示，这也是大多数类似文献的处理方式。

（2）投入变量（K）

农户年内在种植业经营上所投入的物质费用数量，单位为元。鉴于本章研究目的和农业部在（1997）等前人已有的大多数处理方式，本章同样采用物质费用这一指标对这些投入进行综合，这在求解全要素生产率和技术效率时还可以减少多重共线性的困扰，扩大自由度。

（3）投入变量（L）

农户年内在种植业经营上所投入的劳动投工数量，单位为"标准劳动日"。一个中等劳动力正常劳动 8 小时为一个标准劳动日，这包括生产过程中主要生产者（含其家庭成员）和雇佣工人直接劳动的天数。

（4）投入变量（M）

对土地的利用为农业活动所独有，这也是农户家庭经营活动中重要的要素投入变量，我们采用农户年内种植业总播种面积来表示，单位为亩，这考虑到了复种指数因素的影响，在农业生产函数中比采用农户承包的总耕地面积更能体现人类对土地资源的利用效率。

（5）农户劳动力人数（farmer）

这是计算农户劳动生产率以及其他相关指标时需要用到的变量，采用农户家庭从事农业活动的主要劳动力人数表示。

（6）农户耕地面积（OP）

这是本章研究目的所对应的最重要变量，也是本章农户规模所对应的概念，用农户年内实际投入生产（承包）的耕地面积表示，单位为亩。从理论分析，规模经济效应应该是一个典型的倒 U 形效应，即规模过小或过大都可以被称之为"规模不经济"，而并非像传统观点那样认为经营规模会越大越好。规模过小不仅会因为固定投入与可变投入的比例失调而使得固定投入得不到充分利用，即达不到一些不可分性资源所要求的"最低规模"（minimum scale）而丧失规模报酬方面的收益，而且会丧失组织内部劳动分工、专业化协作和标准

[①] 粮食作物主要包括小麦、稻谷、玉米和大豆，经济作物主要包括棉花、油料、糖料、麻类和烟草作物等。

化等方面的优势。但规模过大也会因为要素边际报酬递减规律以及组织内部协调成本和监督成本等交易费用的上升而产生规模不经济。从成本节约的角度分析，存在一个使平均长期成本和短期成本最低的最优规模，并决定了此时的最优耕地面积。

但从实践角度以及前人的研究来看，中国局限于自身的资源禀赋条件，实际上实施的一种小农户发展战略，农户规模偏小，并不存在严格意义上的大农户，所以一般也就认为这种关系往往还处于一个单调的区间内而加以简化。例如，林毅夫（2005）研究技术扩散速度与农户规模的关系，高梦滔和张颖（2006）等其他相似研究都并没有考虑到这种倒 U 形关系，而直接将规模变量的一次项引入估计式。而目前绝大多数研究 IR 的文献也如此，一般认为这种关系是单调的。本章的研究目的也仅仅局限于探讨耕地规模与农户效率的这种单调关系，特别是在当前的小农户发展战略下，因此我们在对该变量进行自然对数化后直接引入估计，这反映的是一种非线性的单调关系。农户规模与农户效率的这种单调关系还需要通过实证检验来回答。当然，对数化也可以缓解截面异方差的影响。

4.2.3.2　农户家庭禀赋变量及相关理论假设

（1）劳均接受正规教育程度（education）

按照 Barro 和 Lee（1993）以及较为常用的方法，在微观上，采用劳动力在学校接受的正规教育平均年数表示农户的人力资本存量水平。这也更接近于人力资本的真实含义（陈钊等，2004）。按照中国的实际学制，每个农户劳均受教育年限具体可以表示为

$$education = (0 \cdot H_0 + 6 \cdot H_1 + 9 \cdot H_2 + 12 \cdot H_3)/farmer \qquad (4\text{-}13)$$

式中，H_j 表示各农户劳动力中各文化层次上人数，$j = 0$，1，2，3 分别表示文盲与半文盲、小学、初中、高中及以上文化程度。

教育作为人力资本投资的最重要手段，无论从微观还是从宏观、从理论还是从实践上，对生产率、经济增长或收入增长都会做出显著的贡献，这在理论上已经为大量的研究所证明。其作用一方面是通过其"内部效应"（internal effect），直接提高人力资源的质量和个人能力，激发技术进步和创新。另一方面突出地表现在其正的"外部效应"（external effect）［即 Lucas（1988）所指出的"外溢"作用］上，因为人力资本投资作为一种特殊的投资，可以提高周围生产要素的品质、改善人类生存环境等。当然，从阿马蒂亚·森（2002）的观点来看，人类资本投资则本身既是扩展人类自由的基本手段，也是人类发展的目的，同时具有工具性（instrumental）和构建性（constructive）的作用（见第 6 章）。

但是在实证中却也经常发现受教育变量对于生产率并没有起到积极作用（Temple，2001），这经常被归结为人力资本的度量差异（Krueger et al.，2001），

或者不同受教育程度差异对生产率的作用相互抵消（或正或负）而产生（李静，2006）。尤其与一般发达国家或传统农业国家都不同，中国是一个典型的二元经济体国家，也是世界上正经历着最大规模经济转型和制度转型的发展中国家，存在一定的特殊性。一个重要特点就是正经历着大规模的城市化和工业化进程，而农业本身也正努力适应着外界经济的剧烈变化，其中一个重要表现就是农村劳动力的大规模向外转移，至少从目前来看仍然处在"刘易斯转折点"来临之前。当前广大农村的一个重要特点就是农村青壮年劳动力特别是那些受教育程度较高的农村劳动力大量向城市和非农产业流动，由于农业比较效益过低而不愿意留守农村，使得农村劳动力结构发生急剧变化，整个劳动力素质呈结构性下降趋势。广大农村就曾大量出现"抛荒"、"386190 部队"等农村"空心化"、农民"老龄化"的迹象。例如，国家统计局农村调查总队农村住户劳动力抽样调查整理①就表明转移出去的劳动力受教育水平要明显高于留守农村的劳动力，实践也表明受教育程度与农村劳动力转移速度正相关。因此这就有可能出现受教育程度与农户效率关系不明显甚至为负的与经济学理论不一致的"悖论"现象。例如，Battese 和 Coelli（1995）的研究就出现教育程度对农户技术效率产生了负效应的情况。因此，受教育程度的作用对于正处于转型中的中国农业而言更加成为一个实证性问题，尤其是因为人力资本投资的收益更多地体现在其正的外部效应所产生的社会收益上，而在微观研究上则更多地体现了其能够内部化的私人收益，但是这种私人收益往往并不明显。

（2）非正规教育——技术培训（train）

本章设置了技术培训虚拟变量来测度农户参加农业技术培训的效果。在家庭劳动力中，如果有人受过职业教育或技术培训，就取 1；否则，取 0。毫无疑问，技术培训作为一种非正规教育手段，也是人力资本投资的重要内容，这对农民而言实际上也是一种在职培训，对提高农户能力和经济价值具有重要的工具性作用，可以使其更加了解农业技术的特点，掌握应用技术的能力，提高效率。尤其是农业反映了一个植物活体的生产过程，受自然气候条件以及周围生态环境、基础设施条件的影响很大，因此对农业技术的掌握往往需要一个经过自然环境条件适应性调整以及基础设施改良、"干中学"的过程。在这个过程中农业技术培训和技能教育可以充当重要的手段，而且也应该成为当前农民整体素质偏低的情况下发展现代农业、培养现代农民的主要手段。

（3）家庭背景——干部户（official）

本章设置了以户主是否为国家干部职工户和乡、村干部户的虚拟变量来测度

---

① 中国教育与人力资源问题报告课题组．从人口大国迈向人力资本强国．北京：高等教育出版社，2003. 55，60。

农户家庭背景情况对农户效率的影响，如果是则取为1，不是则取为0。我们认为干部身份通常与能力相关，只有能力更强的人才能被选为干部，这些能力也都与农户的生产决策行为能力相关。从人力资本的角度分析，能力越强的人利用和接受技术的能力越强，具有反应敏捷、善于捕捉市场机会、获取信息的特点。但这又有可能会与劳均受教育程度（education）变量存在共线性，因此在进行估计之前我们讨论了这两个变量的相关性，发现他们之间只存在着弱相关性，所以这对我们的估计结果不会产生太大的影响，特别是在本章采取的大样本情况下会自动解决这一问题，影响更小。除了可以表征个人能力以外，更为重要的是农户的干部身份可以给农户家庭带来"收入效应"①，即可以比普通农户获取更多的可支配性资源和市场信息等，与上层机构和技术部门具有更多的联系，具有更大的社会关系网络，是社会资本（social capital）的重要组成部分，这种"收入效应"与农户能力一样会给农户效率带来正效应。但是在农业比较效益低的情况下，农户的干部身份对于农户效率还会存在"替代效应"。即在假定干部型农户对休闲的偏好及其他条件不变的情况下，由于农户在其时间配置过程中扣除休闲时间后的总工作时间是一定的，在其效用最大化的条件下，可以预见干部户通常会比普通农户配置较少的时间和精力于农业经营活动，更多的时间被配置到各种地方行政事务上。除此之外，干部型农户一般会拥有更多的非农就业机会，从事农业经营的机会成本较高，专注于行政事务可以发挥其比较优势，或者会有其他报酬更高的非农就业机会。这就是我们所指的对农户效率可能产生的"替代效应"。所以总体来看，家庭背景因素对农户效率的总效应还取决于"收入效应"和"替代效应"力量的对比，在一般情况下"收入效应"的加强还有赖于农业比较效益的提升，并且可能会对不同效率指标的作用存在差异，总效应是不明确的，这还有待于实证结果的检验。

（4）耕地细碎化程度（land fragmentation）

耕地的细碎化耕种是我国人多地少的资源禀赋条件、家庭联产承包责任制下土地均分与双层经营体制的制度约束以及农地市场发育不完全的市场环境三者共同作用的结果，这不仅使得农户的经营规模普遍偏小，而且在农户内部承包的耕地也呈细碎化分布，一般被分成几块，经常按质量好坏、位置远近搭配，以兼顾地力和位置的差异。耕地细碎化应该是影响农户效率的重要因素。耕地细碎化的最大不足就是使得农户难以实现规模经营，通过增加田埂和沟渠面积，使得生产成本上升，很多诸如大型农业机械等具有不可分性特征的固定投入难以充分发挥作用，阻碍了先进机械设备和技术的推广，大多数条件下还难于有效地控制大规

---

① 本书对"收入效应"以及后面的"替代效应"加注引号，这是作者为了与一般微观经济学中经典的收入效应和替代效应相区别。这里的"收入效应"和"替代效应"是作者本人为了更加清晰定义和方便阐述而设定的，与一般微观经济学 Slusky 方程等中的收入效应、替代效应没有联系。

模病虫害的发生。因此绝大部分研究都认为耕地细碎化耕作会带来效率的损失（Simons，1987；Wan，Chen，2001）。

但是针对大多数发展中国家农业人多地少的现实，耕地细碎化往往有利于传统农业中农户发挥其善于精耕细作的比较优势，吻合劳动力密集、土地稀缺的资源禀赋条件，特别是传统农户积累了历时悠久的耕种经验，更加了解土地肥沃程度与要素特征，细碎化耕种使得农业技术的"适宜性"更强。一般认为，耕地细碎化为农户通过农地利用多样化和调整种植结构提供了分散市场风险与自然风险的机会，是风险规避型农户的一种有效手段。这些都可以看做是"舒尔茨假说"——"传统农业往往是贫穷而有效率的"作为传统农业特征的引申含义。另外，由于农业经营对劳动力需求的季节性特征非常明显，耕地细碎化还可以有效缓解农业劳动力季节性供给的不足（Fenoaltea，1976），这特别对有外出务工人员的农户有利。不过也有实证研究表明耕地细碎化并不会对农户效率产生显著影响，例如 Chavas 等（2005）。

本章以农户年末经营平均每块耕地面积来测度耕地细碎化程度，即 fragmentation = OP/NO，单位为亩/块。其中，NO 为农户年末耕地经营的地块数量，综合前文的讨论我们认为耕地细碎化变量对农户效率的总效应尚不明确。

（5）非农经营活动（nonfarm share）

农户从事非农经营活动是在实行家庭联产承包责任制后不再存在政治高压等人为约束条件下，面对农业经营比较效益过低的情况为捕捉获利机会的一种理性反应。从微观看，中岛千寻农家主观均衡论（Nakajima's farm subjective equilibrium）应该是农户模型（agricultural household model，AHM）的核心。在中岛模型中，农户的总时间可以分做三块：休闲、非农劳动和农业劳动。农户作为一个生产与消费的复合体，在效用最大化条件下如何分配三者的时间，也就是一个简单的一般均衡。农户根据其效用函数做边际决策。在宏观上典型的二元经济模型中，劳动力在农业部门与非农部门之间的流动，只有在最终扣除掉心理因素、风险预期、信息搜寻成本和交易成本等费用后，两个部门的工资率实现均等化才会达到均衡。在农户总的时间配置中，从事农业经营与非农经营活动存在着相互替代的关系。但二元经济体中非农就业的比较效益往往要大大高于农业，如果农户存在着非农就业机会，那么其从事农业经营会面临着较高的机会成本——非农就业报酬，农业劳动力会从农业部门大量流出。由于农业经营劳动力需求的季节性很强，因此在农村劳动力充裕的条件下反而可能会出现农业劳动力季节性供给不足的问题。但是如果处于停滞落后的传统农业社会，则一般不存在非农就业机会，那么从事农业经营不存在太高的机会成本；或者生产要素市场特别劳动力市场是二元分割的，劳动力由于各种壁垒措施而无法自由流动，那么农民往往会通过降低主观工资，强化劳动投入对其他要素的替代，即在既定土地面积上投入过多劳动的"自我剥削"的机制。

由于中国经济正经历着巨大的城市化、工业化进程，存在大量非农就业机会，农村劳动力得以大范围转移，特别是大量农村青壮年和高素质劳动力向城市和非农产业流动。外出务工农民兼营农业：一方面，在以实现土地均分为目的的家庭联产承包责任制下会使得以农户为生产单位的农业经营出现劳动力季节性供给和劳动时间投入不足，粗放经营。另一方面，会使得农业技术在留守的弱质农民群体中难以推广，不利于先进农业技术的扩散。但是解决"三农"问题，除了要将传统农业本身改造成为现代经济增长的源泉以外，在当前现实情况下的根本出路却始终在农外，单纯依靠农业自身的力量是不可能解决"三农"问题的，必须千方百计地减少农民。摆脱这种"两难"困境的根本出路在"农业政策"上还依赖于非农产业对农业"反哺"机制的建立，促成资源向农业的回流；在"农民政策"上还依赖于对农民的人力资本投资，提高农民自身参与发展的能力，这无论对于其从事农业经营还是非农产业经营，抑或对于整个社会价值的提升都是有利的（见第 6 章）。例如，Haggblade 等（1989）、Hazell 和 Hojjati（1995）、Goodwin 和 Mishra（2004）等的研究虽然将农户的非农活动看做是其对农村信贷市场不完善的一种反应，但是他们的实证表明，非农活动获得的更多现金流可以外移农户总预算约束线，通过资金重新配置来刺激农业投资，改善农业生产条件，这实际上就是一种"反哺"机制。而关于人力资本投资对于人类发展所具有工具性作用和构建性作用，尤其对农民发展的作用，已有文献给予一定关注，如森（2002）和刘民权等（2006）。

目前在我国这种"反哺"机制尚未建立的情况下，我们将农户广泛从事非农活动视为其对农业比较效益过低和农业劳动力供给过剩条件下的一种理性反应，这可能会给农业效率产生负效应。本章采用农户家庭全年总收入中非农收入所占的比重来测度这种影响，即 nonfarm share = 该年非农收入/家庭总收入。

（6）银行信用可获得性（credit）

农村资本信贷市场发达与否是影响农户家庭经营效率的重要变量，因为他决定了农户所面临预算约束线的位置，影响农户扩大经营规模以及资本替代劳动的能力。但是由于农户信贷的高额交易成本、缺乏抵押品以及道德风险等，很难达到市场出清条件，资本要素市场也往往是二元分割的，农村正规资本要素市场的不发达，而通常以发展小额信贷为主。例如，上文提到的 Haggblade 等（1989）、Hazell 和 Hojjati（1995）将非农活动看做是农户对农村资本市场不完善的一种反应。在一般对农户效率进行研究的文献中，并没有发现该变量被当做一个有效变量引入，认为其会对各单要素生产率或全要素生产率产生显著的作用。但是，在一般对农户技术效率文献中都重点研究了该变量的作用，只是其究竟会给技术效率带来何种效应，已有的研究结论却不尽相同。例如，Battese 和 Broca（1997）

对巴基斯坦农户的 SFA 估计中设置的信用哑变量给技术效率带来了显著的负效应，但 Chavas 等（2005）的对哥伦比亚农户的 DEA-Tobit 两步法估计存在显著的正效应。

类似于已有文献，本章的实证中也只重点估计了该变量对农户技术效率的影响，将农户信用可获得性设置为虚拟变量纳入分析框架，某农户如果在该年度曾经获得银行或农村信用社的贷款，不论数额多少，都设置为 1，否则取 0。在完全的资本要素市场条件下，农户是否进行信贷应取决于农业收益率与市场利率的对比，但能否获取信贷一般还与农户所掌握的社会资本有关。一般情况下，大农户更容易也更有机会去接近正规信用渠道，通过获取资金支持来扩大家庭经营规模，这有利于先进农业机械技术的推广应用，但却又可能丧失传统农户精耕细作的比较优势，技术的"适宜性"会有所降低。所以一般情况下该变量对技术效率的作用机制尚不明确，已有的研究结论也并不一致。

（7）市场化程度（market）

在对农户的定义中，一个重要特征就是农户不完全地参与市场，这突出地反映在其生产与消费的二元复合性质上。农户既是一个家庭，又是一个企业，没有完全融入市场交换，但是作为社会体系的一部分，不得不与其他经济体系发生交换关系。例如，艾利思（2006）就曾指出农民与市场的关系是一个连续的压力空间，他从中承担风险并获得参与市场的好处，延伸到为生存规避风险而保留非市场的生产基础。尤其在中国，农户既是传统自给自足自然经济力量的主要维持者，但又不得不接受外来市场经济浪潮的冲击，并不断对其进行适应性调整。除此之外，即使在农户家庭内部和农村社区非市场的力量也十分强大，许多交换并不是通过市场交易来定价，而是带有一种"道德经济"的互惠和共享含义。改造传统农业的一个重要方面就是如何提高传统农民的市场化程度，让其更深入地融入市场交换体系，分享市场经济改革的成果，这也是培育现代农民的应有之义。

我们用农户每年种植业经营总收入中被出售的部分所占的金额比重来反映农户的市场化程度。在新古典经济学参照系下，追求利润最大化是新古典企业的本质，因此可以预见农户的市场化程度应该与成本利润率指标最为相关，市场化程度愈深的理性小农面对市场价格的变化理应更精于成本收益计算以实现利润最大化的目标。但是，Schultz（1964）在其经典分析中指出，陷入低水平均衡陷阱的传统小农在其特有的约束条件下已经达到了最有效率的资源配置，即"贫穷而有效率"的假说。他的一个推论是，农户的效率应该是与市场化程度无关的，没有市场经济思潮的传统农业效率也会很高。本章在分析中引入了市场化变量来实证检验其与各效率指标的关系。

4.3 农业效率的微观影响因素实证与讨论

4.3.1 土地生产率与耕地规模的关系

农户土地生产率（efficiency[1]）与其耕地规模的关系是本章关注的重点，也是 IR 文献中所关注的内容。我们以土地"单产价值"来衡量土地生产率，即 efficiency[1] $= Y/OP$。依照前文分析步骤，利用式（4-2）作为基准模型对样本数据进行估计，估计结果参见表 4-1 中的第 2 列。实证表明以耕地"单产价值"衡量的农户效率与以耕地面积衡量的农户规模之间的 IR 是存在的，显著性程度很高，力度也很大。这充分说明了样本中小农户的土地单产效率要远远高于大农户，即 IR 在以湖北为代表的中西部农业中同样存在。如果将其视为传统农业的一种特征，那么实证从 IR 角度说明了中国农业仍然具有传统农业的特征。

实证估计表明，单纯从农户土地单产效率角度来看，小农户相对于大农户确实享有土地生产率上的比较优势。从两种农业规模经营的区分来看，大农户并不一定具有经营单位总规模上的规模经济特征，小农户土地单产高的原因需要从另外的角度来寻找解释。如果从农业政策角度确保解决农业问题优先的政策目标出发，换句话说，如果政策目标仅仅定位于保障基本的粮食安全，那么继续维持小农户发展战略是实现这种政策目标的有效途径，并不需要考虑农场的合并或者扩大农户耕地规模的问题。也就是说家庭联产承包责任制下的小农户相对于其他制度安排下的大农户发展战略享有土地生产率上的效率优势，使得其在当前时代背景下仍然具有存在的必要性和合理性，维持土地均分的家庭联产承包责任制仍然是满足粮食需求刚性增长、确保粮食安全的一种有效制度安排，在未来相当长的一段时期内也是完成工业化与城市化之前符合我国特定资源禀赋条件的一种制度安排。

表 4-1　各农户效率指标与农户耕地规模、家庭禀赋的实证关系

变　量	efficiency[1]	efficiency[2]	efficiency[3]	efficiency[4]	efficiency[5]
C	985. 478 *** (46. 147)	16. 164 *** (1. 406)	698. 044 *** (84. 166)	− 0. 104 (0. 065)	3. 499 *** (0. 518)
ln（OP）	− 235. 463 *** (24. 812)	2. 251 *** (0. 756)	483. 128 *** (45. 232)	0. 136 *** (0. 035)	0. 117 (0. 279)
劳均受教育程度	6. 391 (4. 807)	− 0. 440 *** (0. 147)	14. 837 * (8. 769)	0. 001 (0. 007)	0. 071 (0. 054)

	efficiency[1]	efficiency[2]	efficiency[3]	efficiency[4]	efficiency[5]
技术培训变量	105.195 *** (34.822)	2.457 ** (1.061)	102.065 * (63.477)	0.235 *** (0.049)	2.228 *** (0.391)
家庭背景变量	-32.874 (41.524)	-0.266 (1.266)	-87.031 (75.695)	-0.0002 (0.059)	0.246 (0.466)
耕地细碎化程度	-12.061 ** (6.082)	-0.631 *** (0.185)	-137.392 *** (11.088)	-0.042 *** (0.009)	-0.124 * (0.068)
非农经营活动变量	-203.272 *** (37.680)	-2.198 * (1.148)	-425.594 *** (68.696)	-0.163 *** (0.053)	-0.892 ** (0.423)
市场化程度变量	-51.480 *** (13.296)	-0.782 * (0.405)	-80.694 *** (24.238)	-0.063 *** (0.019)	-0.586 *** (0.149)
信用可获得性变量	-44.794 (47.941)	0.481 (1.461)	27.897 (87.393)	-0.011 (0.068)	0.720 (0.538)
Log-likelihood	-15097.80	-7575.20	-16384.01	-957.95	-5422.61
Adjusted-R^2	0.437	0.401	0.656	0.465	0.267
F-statistic	4.778 ***	4.259 ***	10.279 ***	5.227 ***	2.779 ***

　　*、**、***表示变量的 t 检验值分别通过在10%、5%、1%水平的显著性检验，小括号内为标准误差

　　资料来源：根据农业部在湖北省1999~2003年农村固定观察点的资料测算

4.3.2　劳动生产率与耕地规模的关系

　　从土地要素的角度考察农户效率与耕地规模之间的关系具有重要意义，尤其对中国这样一个人多地少的特定资源禀赋条件的发展中大国而言，依靠提高土地单产确保食物安全始终是农业政策的重点内容。但随着城乡居民收入的大幅增长，不仅其消费支出中粮食支出份额在下降，而且粮食消费结构也正经历着由植物纤维为主向兼重动物脂肪及高蛋白转变，居民消费结构的转变迫切要求农业生产结构也发生相应转变，特别是食品安全问题日益突出。其实，以确保增加农产品产量为主导的农业政策和以增加农民收入为核心的农民政策并非完全是内在统一的，无论是农业生产结构朝着更符合比较优势的畜禽、水、园艺等劳动密集型农产品转变，还是大规模转移农村劳动力以转变城乡就业结构，千方百计增加农民收入，从根本上还依赖于农业劳动生产率的提高。因此，在新的时代背景下深入考察农户劳动生产率与耕地规模的关系同样具有重要的政策含义。

　　我们分别构造了两个劳动生产率指标来检验其与耕地规模的关系，以夯实实

证基础。首先是基于农户实际劳动投入用工数量的劳动生产率（efficiency^2），即农户劳动用工生产率 efficiency^2 = Y/L；其次是基于农户劳动力数量的劳动生产率（efficiency^3），即农户劳动力生产率 efficiency^3 = $Y/farmer$。这样就更能全面反映受激励因素影响的劳动投入实际使用程度和基于人本思想的微观个体实际生产率的综合考量，利用式（4-2）的估计结果分别见表4-1第3、4列。实证表明，无论是农户"劳动实际用工平均产出价值"还是"劳动力平均产出价值"，用劳动生产率来衡量的农户效率与其耕地规模之间存在着高度显著的 PR，尤以农户劳动力数量衡量的"劳动力平均产出价值"（efficiency^3）正向关系力度更加突出、明显。

从农户劳动生产率或提高农民收入角度来看，大农户相对于小农户享有劳动生产率方面的比较优势。从两种农业规模经营的区分来看，大农户具有人均产出上的优势，这可能是因为耕地规模大的农户，其人均耕地面积也大，因此劳动生产率高。所以，如果从农民政策角度以提高农民收入为核心的政策目标出发的话，解决"农民问题"的有效途径是实施一种大农户发展战略，这依赖于大规模转移农村剩余劳动力，减少农民数量，从而提高人均耕地面积。当然，在我国特有的资源禀赋条件下，这依赖于整个国民经济的工业化、城市化进程及农村社会保障体系的建立。因此大力发展劳动吸收能力强的产业、确保就业优先理应成为整个宏观经济政策的主要考虑。这里的一个引申含义就是农户人均耕地规模过小是我国农村居民收入过低的重要原因。但是，不顾整个国民经济发展的程度与阶段，盲目实施大农户发展战略，会危及农村社会的公平正义，导致贫富分化。结合土地生产率的 IR 来看，现阶段继续维持家庭联产承包责任制有其合理性。但是，在一些经济发达地区率先探索各种农地流转的新形式、鼓励和支持农户间自愿进行各种转包、转让和互换等流转方式，不仅非常必要而且完全正确，也必将成为未来乡土中国的重要发展方向。

农户劳动生产率与耕地规模之间 PR 实际上为土地生产率与耕地规模之间 IR 的一种解释提供了实证证据，即小农户相对于大农户在单位土地面积上投入了更多的劳动。在缺乏非农就业机会或生产要素市场二元分割的条件下，小农户往往倾向于投入过多的自有劳动来对其他要素进行替代，以使单位土地上产出最大化。因为此时不能按照劳动力市场进行定价的农户自有劳动机会成本很低，但是其面临的土地和资本要素价格相对却很高，特别家庭劳动更容易与各种农业可变投入形成互补性，传统农业中更容易形成精耕细作的特点以提高土地利用强度。与此对应的是，农业生产存在对劳动进行监督和计量的天然性困难，随着农户规模扩大和雇佣劳动力增加，不仅监督成本、管理费用上升，而且必须要在劳动力市场上按照新古典法则支付工资。再者，大农户相对大农户也更容易接近于正规信用渠道。所以总体来看，大农户往往倾向于使用更多农业机械来对劳动进行替代，土地利用强度较低，而小农户则更容易形成"过密型"和"内卷型"农业。

本章实证中土地生产率、耕地规模之间 IR 与劳动生产率、耕地规模之间 PR 并存的结果表明，小农户劳动投入强度高的论点对于解释 IR 是站得住脚的。恰恰因为中国当前资源禀赋特征是劳动力要素丰裕、土地和资本要素稀缺，所以从整个社会价格而非私人价格角度出发，小农户的社会效率显然要高于大农户，这也是当前家庭联产承包责任制得以维系的重要原因。但随着资本积累的日益完成，要素禀赋结构逐渐升级和动态比较优势发生变化，农户耕地规模的逐步扩大将成为未来中国比较优势发生变化的重要结果。

4.3.3　农户成本利润率与耕地规模的关系

过去经济学中常将农民定义为"落后的"、"传统的"甚至"愚昧的"，或者还包括一些"道德小农"、"情感小农"的认识等，因此一般认为农民经济行为是非理性的，不会对价格变动或市场机会做出反应。但 Schultz（1964）颠覆了这一传统，他认为农民和其他经济主体一样，有着其目标函数及特殊的约束条件，在其自身特定约束条件下经已实现了资源配置的最优化，舒尔茨关于传统农业"贫穷而有效率"的假说对农业经济学发展产生了深远影响。"理性小农"假设将利润最大化生产动机加到了农民身上，那么其会精于成本收益计算，并可能对市场价格变化做出反应。因此我们在土地生产率和劳动生产率的基础上继续考察农户成本利润率与其耕地规模的关系，也就是说小农户与大农户在利润最大化动机及理性行为上是否存在差别。由于第 4.3.1 节与 4.3.2 节已经证明，大农户与小农户在面对各自劳动力成本差异时会产生经济决策行为的差别，而且因为小农户自有劳动的机会成本很低，劳动力要素市场因素在解释 IR 和 PR 的并存性时具有很强解释力。所以，我们构造了两个成本利润率指标对大小农户在面临劳动力成本上的差异进行区分，以便进一步为这种劳动力要素市场的解释提供佐证。这两个指标分别为包含了农户劳动力投入成本的成本利润率指标（efficiency[4]）

$$efficiency^4 = (Y - K - L \cdot P_L)/(K + L \cdot P_L)$$

其中，P_L 为劳动力价格，采用湖北省该年度农村劳动用工日工价（标准劳动力）计算；和不包含劳动力成本的成本利润率指标（efficiency[5]）

$$efficiency^5 = (Y - K)/K$$

利用式（4-2）得到实证估计结果分别参见表 4-1 中的第 5 和 6 列，实证表明是否考虑劳动力成本的成本利润率与耕地规模的关系表现截然不同。从我们计算的包含劳动力成本的农户成本利润率指标来看，绝大多数农户的成本利润率实际上为负值，也就是说从完整的会计成本核算角度，绝大多数农户的经营长期处于亏损或濒于破产状态。而且，从表 4-1 第 5 列可以清楚地看出包含农户劳动力成本的全面成本利润率与其耕地规模之间存在着显著的正向（PR）关系，虽然系数力度不大，但是高度显著。与此相反，从我们计算的不包含劳动力成本的农户成本利润率指标来看，农户成本利润率基本上都为正值，即长期处于盈利状态。而这种不包含劳动力成本的农户成本利润率指标同时也是规模无关的，这从表4-1第6列中 ln（OP）的表现可以清楚地看出，大农户和小农户并不存在成本利润率上的明显差别。

综合表4-1第5列和第6列来看，在考虑劳动力成本的情况下，大农户在成本利润率上享有相对于小农户一定程度的比较优势。在不考虑劳动力成本的情况下，成本利润率基本上与农户耕地规模无关。根据本章对劳动力要素价格 P_L 的定义，在假定大、小农户面临相同劳动力价格的要素市场条件下，即都以当年湖北省平均农村劳动用工日工价定价，而不考虑非农就业机会差异导致自有劳动机会成本差异的情况下，大农户的成本利润率在一定程度上要显著高于小农户；而在单纯对物质费用表示的资本要素投入的使用上，大小农户并不存在成本收益计算的差别。这再次证明了前文的判断，在全面考虑农户经营成本即考虑农民自有劳动力成本的条件下，小农户成本利润率没有大农户高，而且基本为负值（亏损）。因此，这可能意味着小农户在经营过程中确实存在着不计自身劳动力成本的"自我剥削倾向"，过度投入自身劳动力来对其他生产要素进行替代，形成劳动力要素的"过密化"。而大小农户两者在单纯对资本要素的使用上并不存在成本利润率的差别。

本章的实证并没有证伪"理性小农"假设，而恰恰进一步证实了其存在性。因为，无论大小农户都在努力实现其目标函数，或都有着利润最大化的追求，只是因为两者所面临的约束条件不同，才产生了经济决策（行为）的差异。尤其是两者在面临要素成本（特别是劳动力成本）上的差异影响甚大。正因为是"理性小农"，才使得其面对不同的经济环境（约束条件）做出不同调整和反应，产生了不同的经济结果。不过需要补充说明的是，从估计系数的大小来看，系数值的力度都不是很大。

4.3.4 全要素生产率与耕地规模的关系

单要素生产率指标有着其重要的政策意义，但是它往往只能够反映某种生产要素对产出的作用及变化情况。例如，农户土地生产率与劳动生产率在各自对耕地规模的估计时就得出了不一致（PR与IR并存）的结论。正因为农业生产过程需要同时使用多种生产要素，一般情况下各种要素之间可以相互替代，而要素价格会反映各自的稀缺性，特别当外部市场要素价格变化时农户会做出主动响应。例如，第4.3.2节就提到了小农户倾向于过度使用自有劳动来对其他要素进行替代。这种情况下需要一个能全面反映生产过程中要素综合使用情况的指标来反映农户效率，这在经济学中一般采用全要素生产率指标，即总产出与加权要素投入之比率。依照［式（4-3）和式（4-4）］分析步骤，我们首先通过面板数据双向固定效应模型来估计农户生产函数的各要素产出弹性，并求解出 TFP（式 4-5）以后，然后再估计式（4-2）和式（4-6），来考察农户全要素生产率与其耕地规模的关系。

从实证估计出的各生产要素投入产出弹性来看（表 4-2 中第 2 列），以播种面积表征的土地要素产出弹性最大，其次是以物质费用表征的资本要素的产出弹性，劳动投入要素的产出弹性最小，并存在一定程度的技术进步现象。这与对中国农业资源禀赋特征的一般观察相一致，即土地是农业生产中最为稀缺的生产要素，资本投入在农业发展过程中也扮演了重要角色（Wu et al.，2005），只有劳动力最为充裕，生产弹性值也最小，但是还没有出现所谓的"内卷化"迹象。从规模报酬系数 RTS 来看，Wald 约束检验表明 RTS = 1 的原假设并不能被拒绝，这为一般经济学意义上农业规模报酬不变的论点提供了证据。

利用式（4-2）和式（4-6）来估计农户全要素生产率与其耕地规模及家庭禀赋实证关系的结果可以参见表 4-2 第 4 列。从中虽然可以初步判断出农户全要素生产率与耕地规模之间可能存在一定程度的负向关系，但是这种负相关关系高度不显著，力度也较小。所以，我们认为农户全要素生产率与其耕地规模基本无关，即大小规模农户在全面综合利用土地、劳动和资本等要素投入方面并不存在明显的效率差异，不存在 IR 或 PR 的问题。考虑到全要素生产率的经济学含义，这实际上与前文实证估计出的农户耕地规模与土地生产率的 IR、与劳动生产率的 PR 的结论是一致的，因为各生产要素在一定程度的相互替代性，使得大小农户在全要素生产率上并不存在显著差别。

表 4-2　农户全要素生产率估计及其与耕地规模、家庭禀赋的关系

农户生产函数估计	系数及显著性	各外生性变量	TFP	efficiency[6]
$\ln A_0$	4. 173 *** (0. 157)	C	72. 903 *** (3. 812)	5061. 119 *** (540. 708)
α_K	0. 299 *** (0. 021)	$\ln\ (OP)$	− 1. 776 (2. 049)	− 270. 851 (290. 581)
α_L	0. 106 *** (0. 024)	劳均受教育程度	0. 614 (0. 397)	25. 634 (56. 332)
α_M	0. 552 *** (0. 032)	技术培训变量	18. 504 *** (2. 876)	− 184. 865 (407. 794)
η	0. 024 *** (0. 006)	家庭背景变量	− 1. 073 (3. 430)	861. 379 * (486. 283)
$RTS = \alpha_K + \alpha_L + \alpha_M$	0. 957	耕地细碎化程度	− 0. 953 * (0. 502)	− 72. 566 (71. 232)

农户生产函数估计	系数及显著性	各外生性变量	TFP	efficiency[6]
Wald Test (H_0：RTS = 1)	2.004 不能拒绝	非农经营活动变量	− 12.444 *** (3.112)	357.163 (441.323)
α_K^*	0.312	市场化程度变量	− 7.664 *** (1.098)	152.519 (155.713)
α_L^* α_M^*	0.111 0.576	信用可获得性变量	− 4.921 (3.960)	2325.498 *** (561.437)
Log-likelihood	− 830.486	Log-likelihood	− 9723.653	− 20390.630
Adjusted-R^2	0.826	Adjusted-R^2	0.256	0.482
F-statistic	24.513 ***	F-statistic	2.679 ***	5.536 ***

* 、** 、*** 表示变量的 t 检验值分别通过在 10% 、5% 和 1% 水平下的显著性检验，小括号内为标准误差

资料来源：作者根据农业部在湖北省 1999 ~ 2003 年农村固定观察点的资料测算

4.3.5　技术效率与耕地规模的关系

农户技术效率反映的是农户能够在多大程度运用现有前沿技术达到最大产出的能力，也是时下衡量效率最为常用的指标之一，综合反映了现有前沿技术的普及和应用程度。本节在 SFA 实证框架内采用 B-C（1995）模型，利用式（4-7）~式（4-9）对农户技术效率与耕地规模、家庭禀赋等各外生性因素的关系进行"一步法"估计。相对于传统"两步法"估计，只有"一步"参数估计才是有效和无偏的，实证结果参见表 4-3。

从生产函数的估计结果（表 4-3 第 2 列）来看，采用 SFA 模型与式（4-3）、式（4-5）和式（4-6）估计 TFP 时所采用平均生产函数模型的估计结果基本上一致。各生产要素产出弹性中，土地要素的产出弹性最大，其次是资本投入要素，劳动力要素的产出弹性最小，同样存在一定程度的技术进步现象。RTS（RTS = 1.004）系数也基本上表现出规模报酬不变的性质。从两个模型对比来看，式（4-3）、式（4-5）和式（4-6）关于农户生产函数的讨论是稳健（robust）的。不过，从复合方差中技术无效率项所占的比例 γ（$\gamma = 0.966$）来看，技术非效率项所占的比重较大，采用 SFA 模型在一定程度上要优于一般的平均生产函数设定，但从估计结果的对比来看，这些并不会影响到我们前面所得出的结论。

表 4-3　农户技术效率与耕地规模、家庭禀赋关系的随机前沿生产函数估计

前沿生产函数	估计系数	t 检验值	技术无效率函数	估计系数	t 检验值
$\ln A_0$	3.995 *** (0.141)	28.264	C	−7.227 *** (0.892)	−8.102
α_K	0.263 *** (0.015)	17.132	$\ln(OP)$	0.018 (0.133)	0.138
α_L	0.107 *** (0.018)	6.032	劳均受教育程度	−0.345 *** (0.034)	−10.068
α_M	0.634 *** (0.022)	29.151	技术培训变量	−2.437 *** (0.515)	−4.735
η	0.037 *** (0.005)	7.636	家庭背景变量	0.772 *** (0.139)	5.559
σ^2	2.769 *** (0.345)	8.026	耕地细碎化程度	0.034 * (0.023)	1.493
γ	0.966 *** (0.005)	188.906	非农经营活动变量	0.169 (0.204)	0.828
TE	0.786		市场化程度变量	0.662 *** (0.087)	7.583
Log-likelihood LR Test	−1109.321 354.540		信用可获得性变量	−0.539 * (0.416)	−1.295

*、**、*** 表示变量的 t 检验值分别通过在 10%、5% 和 1% 水平下的显著性检验；通常认为 LR 统计量渐近服从卡方或混合卡方分布；与一般估计方程不同，本技术效率方程中系数负号表示各外生性变量对技术效率有正影响，正号表示各外生性变量对技术效率有负影响；小括号内为标准误差

资料来源：作者根据农业部在湖北省 1999～2003 年农村固定观察点的资料测算

　　从技术无效率函数中可以看出，农户技术效率与其耕地规模之间的关系和全要素生产率的表现基本一致，即它们之间可能存在一定程度的负向关系，但这种负向关系高度不显著，力度也较小。因此我们认为农户技术效率与其耕地规模基本上是无关的，即大、小规模农户在对农业前沿技术的利用和实现最大潜在可能产出的能力上并不存在显著差异。一般而言，以机械动力变革为代表的农业机械型技术进步倾向于对劳动要素进行替代，是资本密集型的，因为其不可分性产生的规模偏向特征会对农户耕地规模提出一定要求，不过正如艾利思（2006）所指出，其净效益更多的是要素替代效应而非生产率效应；以育种技术变革为代表的农业生物良种技术作为一种纯粹的技术进步，是可变投入密集型和规模中性的，其本身和互补性投入都可以无限细分，不会对农户耕地规模提出要求，但尤其需要劳动投入，其净效益更多是生产率效应而非要素替代效应；以化学技术变革为

代表的农业化学型技术进步则倾向于对土地进行替代以提高土地生产率，其同样不会对农户耕地规模产生要求，是规模中性的，当然它需要注意的是其面源污染问题。总体来看，速水佑次郎和拉坦（2000）就曾认为现代农业技术更多趋于中性，规模变量不会成为一个有效变量进入决策系统；Khanna（2001）的实证也表明简单农业技术扩散与耕地面积没有显著关系，但复杂（如机械型）农业技术的采纳和扩散则与农户规模呈明显正相关关系。另一方面，前文 IR 的存在性表明，湖北农户仍然存在一定传统农业的特征，对于一些传统农业技术精华，如多种农作物轮作、综合经营和水旱结合等成熟普及型技术，小农户更善于发挥其精耕细作和自有劳动力机会成本低的比较优势，过度投入劳动力，尽可能地实现最大潜在产出水平。总体来看，以耕地规模衡量的大小农户在农业技术效率上并不存在显著差异，农户技术效率是规模无关的。

4.3.6 农户效率与家庭禀赋的关系

从农户家庭禀赋与各效率指标的实证估计（表 4-1 ~ 表 4-3）来看。劳均受教育程度变量对农户土地生产率、劳动力生产率、成本利润率、TFP 和 TE 各效率指标基本都产生了正面作用，其中对土地生产率、成本利润率和 TFP 的这种正面作用是不显著的，但该变量却对以劳动实际用工衡量的劳动生产率指标产生了显著负效应。所以，总体来看，劳均受正规教育变量与各效率指标的关系表现得并不是很稳健，出现正向关系不明显甚至为负的这一与正统经济学理论预期不一致的"悖论"。在以往实证研究中如 Battese 和 Coelli（1995）、Temple（2001）和李静（2006）等也发现了这种现象，已有研究大多将这种现象归结为人力资本度量上的差异、教育变量内部不同受教育程度对生产率作用的差异（或正或负）而出现相互抵消等原因。结合非农经营活动变量的表现来看，我们初步认为可能还存在另一种解释，即与整个农业发展处于转型期，被动受到外部经济环境剧烈变化影响的历史背景有关，除了农村劳动力本身普遍以文盲、半文盲为主外，受教育程度较高的农村劳动力也往往倾向于向城市和非农产业大规模转移，整个农村劳动力素质呈结构性下降趋势。

作为农民接受再教育的主要手段，农业技术培训变量给农户各效率指标均带来了显著正效应，而且力度较大。正如前文所强调，农业作为一个生物生产过程，对象是有生命的动植物活体，技术模仿与扩散不像工业那样简单，特别是农业技术在国际、地区间转移时，受生态环境和要素禀赋条件的限制，并不能直接转移，往往需要自然环境条件的适应性改良和基础设施等互补性投入的配套建设等。实证中农业技术培训变量的显著正向作用再次证明，开展农业技术培训可以提高农民掌握应用技术和家庭经营的能力，应当成为农民接受教育的主要形式。

而其作为人力资本投资的重要内容，同样具有所谓"内部效应"和"外部效应"，可以有效提高农户效率。

采用农户干部身份标志的家庭背景变量给各农户效率指标均带来一定程度的负效应，但除了技术效率外，这种负效应都不显著。该变量对技术效率产生的显著负效应可以通过干部型农户在家庭内部的时间和资源配置上面临的替代效应来解释，干部户的大多数时间和精力被配置到各种村庄事务的管理上，对自身农业经营往往无暇顾及。而且基层干部与上层联系紧密，掌握着更多可支配性资源和其他非农就业信息等，在转型期特别容易滋生腐败和寻租行为，如控制集体企业、土地转让，决定对果园、鱼塘等集体资产的承包等，相对于庞大的租金来源及各种非农就业机会而言，农业的比较效益很低，这意味着其从事农业经营的机会成本非常之高，以致技术效率非常之低。

与绝大多数研究对耕地细碎化耕种的认识一致，本章实证充分证明了耕地细碎化变量会对农户效率产生显著负效应。一般认为，耕地的细碎化耕种使得许多具有不可分性特征的固定投入难以充分发挥作用，而难以获取规模效益（Wan Cheng，2001）；通过增加田埂、沟渠用地而降低了农地的有效利用水平（Zhang et. al.，1997），以及难于有效控制大规模病虫害的发生、扩散等，从而导致农户效率上的损失。

同样，农户所从事的非农经营活动不利于农业效率的提高，实证中农户非农经营活动变量对各农户效率指标均产生了显著的负效应。这显然是农户在农业和非农活动之间配置资源（不仅仅是数量，更涉及质量）以追求家庭收益极大化的结果。由于农业和非农就业之间存在着明显的劳动报酬率差异（李实，2003），理性农民（Schultz，1964）在面临更优选择时，会毫不犹豫地做出有利于自己的理性选择，以使效用最大化。在农业比较效益过低和对其进行有效"反哺"的机制尚未建立的情况下，农业资源是净外流的，包括农村大量高素质青壮年劳动力的转移等，这些都使得农业经营相对粗放，从而给农业效率带来损害。

然而，以农户种植业经营总收入中销售金额所占比重来衡量的农户市场化程度变量同样都给各效率指标带来了显著负效应，这似乎与一般的理论预期也不大一致。市场化变量的负效应可能与样本中农户仍然具有传统农业的维生性质有关，其仅部分地参与本不完善的投入产出市场，具有生产与消费复合的二元经济性质，为规避风险而保留了非市场的生产基础。但是它也并非一个"孤立国"，始终是更大经济体系的一部分，因为存在交换关系而面临市场的压力，尤其是在经济和社会大转型过程中不得不被动地接受外来市场经济的冲击。从而产生维持生计与利润最大化动机的重合，这种传统农民向现代农民的过渡性质使得市场化变量对农户效率指标的作用均显著为负。

银行信用可获得性变量除了给农户技术效率指标带来了较显著的正效应以

外，在其他农户效率指标估计中都没有能够显著地进入模型系统，这与已有的大多数文献结论是一致的。该哑变量对农户技术效率产生了较为显著的正效应，这与Chavas等（2005）的研究结论相一致。

4.3.7 包括非农收入在内的农户效率的讨论

本章重点在于讨论农户农业效率与其耕地规模及家庭禀赋的关系，在一种更为宽阔的视野内全面讨论IR文献中的所谓负向关系，并得出了一些重要结论。但是，在非农收入已经成为农民收入增长主要来源的时代背景下，将农户收入及相应政策目标单纯限定于农业收入可能会有失偏颇，这在上文非农经营活动变量对农户各效率指标的负效应中已经初步得到了反映。作为补充，我们进一步考察了包括非农收入在内的农户总收入效率指标与其耕地规模及家庭禀赋的关系。为此，我们初步构造了一个可以反映农户总收入的效率指标 $efficiency^6$，$efficiency^6 = $农户总收入/农户家庭劳动力，这同样是一个劳动生产率指标，可以初步反映出农户总体收入的效率状况①，其中农户总收入为其非农收入与农业收入之和，农户家庭劳动力为其从事农业劳动力与非农产业劳动力之和。并且同样采用双向固定效应模型对式（4-2）进行估计，实证结果可以参见表4-2中第5列。

实证结果尤其是家庭禀赋变量的许多实证结果印证了前文的许多判断。第一，农户耕地规模变量的作用高度不显著，虽然负系数很大，但该效率指标表现出与耕地规模无关的特征，这对包括了农户非农收入在内的总效率指标而言并不难被理解。第二，与对各农业效率指标的作用不同，反映农户农业技术培训作用的技术培训变量也变得不再显著，农业技术培训对农户总收入效率的提升并不会产生多大作用。当然，与前文类似，劳均受教育程度变量的作用仍不显著，这可能与人力资本变量的不合适加总有关。第三，以干部身份标志的家庭背景变量给农户总收入效率指标产生了显著正效应，力度也很大，这应该与前文所提到的干部型农户掌握着更多的可支配资源、非农就业和寻租机会有关，而其农业收入占总收入比重较低。第四，农户耕地细碎化、市场化程度和非农经营活动变量原来对各农业效率指标的显著负效应，在对农户总收入效率指标的估计中都变得不再显著，基本上都体现出无关的性质。其中市场化程度和非农经营活动变量的系数为正，力度较大，我们预期随着非农收入比重的不断提高，非农经营活动变量将可能变成最重要和最显著的变量，而市场化程度变量的显著性也会得到明显提高。第五，与前文估计中银行信用可获得性变量均没有能够显著地进入模型系统

---

① 当然另一个重要原因就是，在构造包括非农收入的农户总收入效率指标时，局限于数据的可得性和实际操作的可行性，其他相关的效率指标并不那么容易被构造。

不同，该变量给农户总收入效率指标带来了高度显著而且力度极大的正效应，这应该与农户出于比较利益的差异，将所获融资更多地投放到非农产业项目上有关，而农业资源是净流出的，融资能力非常有限。总之，上述家庭禀赋变量与农户总收入效率指标回归时表现出的与各农业效率指标截然不同的性质，并不难被得到理解，这都可能都与农户总收入中非农收入所占比例的持续增长、农业与非农产业比较利益的显著差异有关，是农户在两者之间配置资源以追求家庭收益极大化的结果。

第 5 章
中国农业生产率的宏观增长因素分析

有效的制度是经济增长的关键（North et al.，1973）。新古典增长理论在制度既定的前提下分析经济增长的事实，因而只能识别出那些诸如要素积累和技术进步等最为直接的增长条件。特别作为一个转型国家，中国已经发生了并仍然正在发生着大规模的制度变迁过程，研究中国经济时着眼于制度变迁并将其当做重要的内生变量对待具有非常重要的意义。而农村经济制度变迁作为整个大规模制度变迁的重要组成部分，许多制度创新实际上还是从农村发轫出来，农村部门在很多时候为整个宏观经济充当了部分制度供给者的角色。与此同时，中国农业也取得了长足的进步和发展，但是在不同时间段却表现出了明显不同的增长特征（图2-11）。既然制度如此重要，那么在农村其又是如何影响着中国农业的增长呢？已有的研究已经充分证明了经济增长的差异往往要由"第三类要素"来解释（Chenery et al.，1986；Barro et al.，1995；Prescott，1998；Easterly et al.，2001；赫尔普曼，2007），即全要素生产率，而制度的作用往往又通过 TFP 的变动表现出来。本书在第 4 章已经从农户家庭禀赋的角度进行了农业生产率的微观增长因素分析，本章主要考虑从宏观经济制度变迁的角度，讨论中国农业生产率的宏观增长因素，寻找农业 TFP 变动背后的制度原因。

制度是一系列人为设定的、众所周知的行为规则，其目的在于抑制人们可能的机会主义行为，并依靠某种惩罚而得以实施，恰当的制度有助于增进秩序和实现节约，制度并非一成不变，尤其在长期内是如此。正如文献综述部分所指出，早期对农村经济制度变迁与农业增长关系的研究主要集中于家庭联产承包责任制的实施，尤其以 Lin（1992）的研究具有经典意义。但是改革开放 30 年来农村经历了远比改革开放初期更大规模、更为深刻的制度变迁过程，完全有必要对这些制度变迁作进一步实证考察和理论分析，以加深我们的理解和认识。以往的研究大多在完全效率假设条件下进行，并且大都采用的是 Griliches 平均生产函数框架，但是对于发展中国家尤其转型国家而言，这并不适宜，特别是在研究制度变迁与 TFP 的关系的时候，正是主要由于制度剧烈转型的原因才使得大多数生产决策单位处于生产前沿面的内部，而没有实现最优化生产。本章首先在时间维度上扩展了以往的研究，但是根本目的并非局限于此。在第 2 章利用 DEA 方法对中国农业全要素生产率增长进行估计与分解的基础上，本章利用面板数据双向固定效应模型，寻找整个农业生产率变动背后的制度原因、影响方式和程度。因此这也就并不需要对 DEA 本身进行显著性检验，有效避免了 DEA 方法不能直接进行显著性检验的不足，而我们的重点是实证研究农村经济制度变迁与整个农业生产率增长的关系。新制度经济学的致命弱点就在于经验验证的困难，本章也可以看做是对这方面的一个努力和尝试，包括如何对转型期中国农村经济制度变迁进行有效的数量化度量也是本章所做出的一大努力。

5.1 转型期农村主要经济制度变迁历史回顾与性质分析

正如第 1 章中已经指出，在形形色色的各种发展经济学流派中，只有工业化才是经济发展的中心，农业顶多只能被当做是促进工业化的手段，因此提出的也大多是具有城市偏向（city bias）或工业偏向（industry bias）特征的发展战略，而忽视了农业与农民本身的发展。实际上，在 21 世纪以来新一轮"重农惠农强农"政策出台以前，由于受这种传统发展经济学思潮的影响，中国的整个宏观经济发展战略也具有一定的城市偏向或工业偏向特征，虽然并不严重。目前理论界对于这两种偏向政策形成的解释主要有两种思路：①从国家实现现代化战略的途径与手段出发，一般的领导人和社会精英都坚信，这只有通过工业化才能够实现现代化，农业可以为工业化提供必要的剩余；②从政治经济学的角度出发，发展中国家的政治结构使得城乡居民在政治谈判地位和政策影响力上存在不对称，即所谓的"舒尔茨悖论"。我们首先在对转型期中国农村主要经济制度变迁进行简单历史回顾的基础上，从制度变迁性质和上述两种思路的角度对这些制度变化的性质进行分析和解释。

改革开放以前在重工业优先发展战略导向下，中国形成了扭曲要素和产品价格的宏观政策环境、高度集中的计划资源配置制度与毫无自主权的微观经营体制三者构成的三位一体的计划经济体制（林毅夫等，2003）。这在农村主要表现为牺牲农业发展工业的宏观政策环境、农业微观经营的人民公社化、农产品流通的统购统销、限制劳动力流动的户籍、口粮制度等一整套从财产权到人身自由权的较为完备的制度安排。这套体制为工业化提供了大量剩余，而农业本身也取得了一定增长，兴建了许多劳动密集型的农业基础设施项目。但是来自 Wen（1993）和 Tang（1982）的测算表明 1952~1978 年农业 TFP 指数下降了大约 25%，比实行合作化以前的 1952 年和家庭联产承包责任制后的 80 年代初期要低 20% ~ 30%，这表明该时期的农业综合生产效率比较低，其间还遭遇了 1959 ~ 1961 年较大规模的食物获取危机。

下面我们来看看改革开放以后整个转型期农村所发生的主要经济制度变迁

情况。

5.1.1 家庭联产承包责任制的实施、扩散与稳定

一般认为，农村经济转型乃至整个经济转型是从农业耕作制度的转变开始的。计划经济体制在农村最重要的微观构造就是"三级所有、队为基础"的人民公社体制，这种政社合一体制早已经被证明是一种具有功能性障碍的组织，绝大部分农民只处于"生存收入"的水平。

变革首先发生在农村，而且从人民公社体制的瓦解开始，这绝非一种偶然。首先，绝对贫困更容易诱发制度变革，特别是当经济行为主体的"生存权"由于自然灾害等原因受到威胁时，"穷则思变"，改革成本低，在集体行动中更容易消除"搭便车"的行为。城市则由于长期的城市偏向政策形成了较大的既得利益和惯性阻力，改革成本高。这些从家庭承包责任制首先发生在安徽和四川等少数遭受严重旱灾以及贫穷边远地区得到说明。其次，并不存在知识问题，已有社会知识厚度足以支撑这次变革，中国农民具有长达上千年的小农耕作和私人经济经验，"包产到户"、"包干到户"为基本形态的家庭联产承包责任制从来就不是新鲜事物，即使在极端的"文革"时期也从来没有停止过对人民公社体制的冲击①；最后，最为关键的原因是其典型的帕累托改进性质，几乎所有的改革参与者都会从改革中获益，农民可以解决温饱、提高收入，基层干部获得了更高的收入和地位，政府合法性增强、税收增加。

但是改革并非没有阻力，这主要来自于意识形态的僵化。因为在计划经济时代，家庭联产承包责任制一直以来被认为是违反社会主义性质的，而被排除在制度可选择集以外，即使到 1979 年的十一届四中全会仍然如此②，其间所引起的意识形态争论可以参考杜润生（2005）相关回忆录。但是由于实行家庭联产承包责任制的生产队绩效要明显高于其他生产队，一些地方政府也基本采取了务实的默认态度，最终"实事求是"取得了对"两个凡是"的胜利。制度变迁一旦开始，存在着明显的报酬递增和自我强化机制，会沿着同样方向进一步变化，但是这一过程并非自动的，往往需要一个政治过程。1981 年末，家庭联产承包责任制最终为当时的中央政府所接受；1982 年中央一号文件和"十二大"，正式肯定了以

---

① 其中家庭联产承包责任制作为一种运动，在全国范围内形成较大影响的有 3 次：①1956～1959 年对高级生产合作社的组织形式的摸索与探讨；②1959～1961 年农业大危机时期；③"文化大革命"时期。详细情况可以参考米鸿才，李显刚编的《中国农村合作史》。

② 1979 年 9 月，中国共产党十一届四中全会正式通过的《中共中央关于加快农业发展若干问题的决定》规定："除某些副业生产的特殊需要和边远山区、交通不便的单家独户外，也不要包产到户。"这种限制仍是严格的，但终究有所放宽。

家庭经营为核心的联产承包责任制；到 1984 年底实行家庭联产承包责任制的生产队比例已经高达 99.1%①。故其实施实际上经历了三个阶段：①1978 年春到 1979 年底政策上不允许，但是实践中由恢复转向扩散的阶段；②1980 年 1 月至 1982 年 6 月的突出发展阶段；③1982 年下半年至 1984 年底的普遍实施阶段（米鸿才等，1997）。

一般认为家庭联产承包责任制（household responsibility system，HRS）是一次典型的诱致性制度变迁，如 Lin（1992）等，但是实际上地方政府的最初默许、中央政府的务实态度、基层社区的集体行动都功不可没，其中还存在着角色转化的过程，因此诱致性与强制性制度变迁、自上而下与自下而上的改革并非割裂的，而是一个互动的过程。从更为一般的角度来看，农作制度的转变应该是"农民—社区—地方—中央"通过讨价还价、反复博弈、重新界定权利，最终达成新的契约的过程，并且涉及体制内的根本变革。

发轫于家庭联产承包责任制的首轮改革以 1984 年农产品大丰收和首次"卖粮难"结束，1985 年农业增长速度开始重新放缓。此时家庭联产承包责任制的一次性增长效应已经基本释放完毕，改革的重点转向城市。许多学者针对家庭联产承包责任制的成功、局限性或者其他考虑，提出了更为激进的土地私有化或者要求重新实现集体化的主张，这还包括永佃制、国有化等多种模式。

实际上在解决温饱问题以后，农民的生存权得到保障，要求更多的是发展权。由于农业的比较效益较低，因此农地的生产功能相对下降，但是这实际上也为农民从事非农就业活动提供了某种最后"保底"的选择，或者具有某种程度的"社会保障"功能，还有老一辈的农民因为具有浓浓的土地情结，而往往会将土地作为一种财富来看待。总而言之，如果当农地的经济价值回升时，其生产功能和财富功能就能立马显现。这已经为时下新一轮重农政策下普遍出现的土地纠纷所证明，或者当宏观经济出现波动，大规模农民工返乡时农地的这种生产功能和财富功能也会显现出来。而立足于家庭联产承包责任制、集体所有权与农民使用权相分离的双层经营体制可以有效保证"耕者有其田"的土地均分，在现有发展阶段有利于社会稳定，历史也证明土地的高度集中和兼并容易诱致王朝更替。同时为了让农民形成稳定的预期和增加长期投资，土地承包期在 1984 年延长 15 年的基础上，1993 年明确再延长 30 年不变，在党的十七届三中全会上更是明确土地的使用权要予以长期稳定不变，这其实已经具有一种永久的使用权性质。

尽管在一些经济发达以及城市化程度较高的地区要求农地流转、规模经营的呼

---

① 1980 年 1 月，只有 1.02% 的生产队采用家庭联产承包责任制，1980 年 12 月为 14.4%，1981 年 10 月为 45.1%，到 1983 年末，约有 97.7% 的生产队或 94.2% 的农户在家庭联产承包责任制下经营。

声一直不断，但是这种呼声所代表的利益并没有强大到足以打破现有利益格局的临界多数，目前的制度非均衡仍然具有可持续性。但是在某些具备条件或经济发达的地区先行进行试点是可行的，着眼于未来，这也是必需的，实现农业的适度规模经营是未来农业发展的重要方向。但是这一进程主要由中国经济发展在区域上的非均衡性质所决定，而整个中国的改革进程也向来具有试验和局部先行的性质。

5.1.2　农产品价格体制改革

中央政府主动对"文化大革命"时期农业长期停滞的最初响应实际上发生于十一届三中全会，正式决定提高农产品收购政府牌价，减少国家统派购的数量。家庭联产承包责任制的高生产绩效则有点出乎中央政府的意料，这次大规模的农产品政策性提价实际上标志着整个价格体制改革的开始。

国家于1953年开始以低价格强制统购农产品，改革前30年以"剪刀差"形式内隐蔽的"暗租"估计达6000亿元以上（周其仁，2002）。但是由于计划经济体制和"文化大革命"的失误可能会使得社会的稳定性和整个发展的可持续性受到挑战，中央政府的主动响应从调整价格机制开始。因为农产品提价可以直接增加农民收入，经济主体一般会对价格的边际变化做出反应，增加供给。1979年夏粮上市时，小麦、谷物等6种粮食的统购价格平均提高了20.86%，超购加价的幅度由30%扩大到50%，猪肉、鸡蛋和鱼的零售价格也提高了1/3。1984年较1978年农副产品收购价总体提高53.6%，年平均提高8.9%。而农业机械、化肥等农用工业品，逐步降低了出厂和销售价格。这使得农业投入产出价格扭曲得到缓解，农民获得更加完全的剩余索取权[①]。政府还开始减少粮食统购数量，恢复集市贸易，开展议购议销和定购合同，合同价格由政府与农民谈判达成，这有利于提升农民的谈判地位和交易能力，更容易形成对自己剩余产品的所有权。

此次农产品提价是一次典型的强制性制度变迁，而且是非帕累托改进式的。因为城市居民拥有强大的政治影响力，农产品的收购价上提的同时，在城市的销售价并没有发生变化，政府承担了这种购销价"倒挂"引起的巨额财政补贴。从绩效上看，农产品提价只是构成了当时农业取得成功的必要条件和有利环境，充分条件仍然是家庭联产承包责任制，"大包干"体制下农产品供给的增加使得此次提价不至于演变成为一种单纯的价格上涨现象。然而，沉重的财政负担和通货膨胀压力，政府的让利行为不可能持久，对城市部门的改革开始提上日程。而由于利益格局中城市居民拥有强大的谈判能力，这种农产品政策性提价的收益马

---

① 农民剩余索取权的获得主要来自于家庭联产承包责任制对产权结构的重新界定和激励改善，使得由于集体制产生的"搭便车"行为得到有效消除，外部性被内部化。但由于工农产品价格"剪刀差"使农业投入产出价格扭曲，这种对农业"暗税"形式的剥夺使得农民的剩余索取权仍然并不完全。

上就为随后而来的农村工业品价格上升所抵消。

尽管 1985 年农业增长速度开始放缓，粮食和棉花产量下降引起合同定购又恢复了强制性质，但是实践证明市场经济体制比计划经济体制的效率更高[①]，更有利于生产力的解放和经济发展，所以价格体制的市场化取向改革不可逆转。市场组织的缺乏使得小农经济与市场经济联结的交易成本非常高，单靠体制外的调整已经进入到边际收益递减阶段，必须对统购统销体制发起冲击。出于改革初期力量对比和改革成本考虑，这同样采取了"双轨制"的渐进过渡形式。按市场价出售的农产品 1978 年只有 6%，1985 年增加到 40%，1999 年增加到 83%（Lardy，2001）。1991 年末农产品收购价格总额中，国家定价只占 22.2%，2002年进一步下降到 5.5%。1993 年粮食销售价格全部放开，标志着统销制度退出历史。1999 年棉花购销体制市场化改革全面展开，2004 年全面放开粮食购销市场，至此所有农产品价格均通过市场供求机制形成。

根据速水佑次郎和神门善久（2003）对农业阶段的划分[②]，农产品价格支持性政策将成为农业调整问题阶段农业保护的重要手段，虽然目前我国的利益格局和改革红利尚未完全达到这一阶段，但是同样在某些具体农产品或某些地区率先进行试点未尝不可，这同样也是未来中国农业发展的必然趋势。农产品价格改革是整个价格体制改革的重要组成部分，除了同样采取由"双轨"并行逐步过渡到"市场轨"的渐进形式以外，还有一种较为明显的实用主义性质，表现出一定的工具理性，如 1978~1981、1985~1988 年等每当农业陷入困境时，政策性提价总成为支持农业的应急措施。中央政府为了平衡各种不同利益主体的利益需求，又不得不对城市居民补贴，承担起沉重的财政负担和通货膨胀压力，提价之后可能马上随之而来的就是农用工业品价格的上涨。由于各项制度安排的"共生性质"，这还可能会影响到整体改革进程的部署和推进。

5.1.3 以乡镇企业为代表的农村工业化进程

制度的一个重要功能就是界定产权，内化外部性，这包括"使用和处置经济资源并从中获取效用或收益的权利束"，如此，制度变迁就不仅仅只被理解为

[①] 值得说明的是，当时社会主义市场经济体制并未正式提出，直到 1992 年的党的十四大才正式提出了建立社会主义市场经济体制的改革目标。当时的提法包括，"公有制基础上有计划的商品经济"、"计划指导下的商品经济"、"以计划经济为主，以市场经济为辅"、"计划经济与市场经济相结合"和"有计划的市场经济"等多种提法，但是总体来看，这一过程都逐渐扩大了市场作用的范围，使其越来越在资源配置中发挥基础性作用。总的来说的话，所以可以称之为"市场化取向的改革"。

[②] 速水佑次郎通过国际比较分析表明，经济发展处于不同阶段，农业的主要问题也不相同，它在低收入国家是粮食问题，在中等收入国家是贫困问题，在高收入国家则表现为农业调整问题。详见速水佑次郎，神门善久的《农业经济论（新版）》。

"一种效益更高的制度（'目标模式'）对另一种制度（'起点模式'）的替代过程"，还可以被理解为"对一种更为有效益的制度的生产过程"，由外部条件如技术进步、制度可选择集变化引起的相对价格变化，会产生原有制度安排下无法实现的获利机会，如果不存在政治高压等人为约束条件，这种获利机会很快就会为理性"经济人"所捕捉。

乡镇企业（township enterprises）[①] 就是这样一次典型诱致性制度变迁，当时的中央领导人就曾毫不讳言这根本就是个意外[②]。计划经济体制在农村积累了大量公共财富，这是客观的，尤其是 70 年代形成了大量的社队企业[③]，为乡镇企业的发展提供了良好初始条件。1984 年社队企业正式更名为乡镇企业，1988 年止，企业数从 607 万个增长到 1888 万个，总产值从 16.98 亿元增长到 70.18 亿元，雇佣劳动力占农村总劳动力比重从 14.5%增长到 23.8%（Lin et al., 2001），是为起飞阶段。1989~1992 年，由于治理整顿和不良国际环境，乡镇企业进入极为困难的调整期。1992~1997 年进入第二轮高速发展期，到 1996 年底，全国 GDP 近 1/3、工业增加值近 1/2、财政收入 1/4、出口创汇 1/2、农民收入的 1/3 都来自乡镇企业，发展达到顶峰。1998 年至今，由于亚洲金融危机、通货紧缩、节能减排以及其先天不足在市场经济体制下日益显现，其发展进入一个较为艰难的适应性增长期，并总体上朝着私有化、民营化的产权方向发展。

对乡镇企业的成功有许多解释，如社会资本、比较优势、地方政府权力和特殊文化传统等，这里主要从制度变迁本身性质进行分析。乡镇企业一开始就是在夹缝中求生存的产物，并非来自政府的有意设计，而是制度自然变迁的结果，不仅是农民捕捉获利机会的理性选择，而且是农民面对城乡二元分割体制没有选择的结果。家庭联产承包责任制使得长期被隐藏的农村劳动力过剩问题显现出来，长期重工业优先发展战略使得劳动密集型消费品供给严重不足，农民收入增长导致对消费品、奢侈品的大量需求，这为投资于劳动密集型产业提供了远远高于农业的获利机会。集体干部既是国家在乡村社会的代理人，又是集体财产的法定代理人，享有大部分对企业经营的剩余控制权，这种剩余权机制使得乡镇企业获得

---

① 乡镇企业是指农村集体经济组织或者农民投资为主，在乡镇（包括所辖村）举办的承担支援农业义务的各类企业。在所有权上包括乡（镇、区）办企业、村办企业、联户办企业，以农民为主由多种经济形式联营的企业，乃至外商合资、合作的企业和一部分个体企业；在行业上包括工业、商业、交通运输业、建筑业、饮食业等；在规模上没有明确的划分，包括大中小各种类型。因此，在根本上它是一个地理概念，并不考虑所有权归属、行业以及规模等。本章所指的乡镇企业也是指农村地理概念的。

② 如改革开放的总设计师邓小平 1987 年就曾公开承认道："使我们大吃一惊的是乡镇企业的迅速发展，……乡镇企业异军突起。这些成就不是我们中央政府所能取得的。……这不是我所能想到的，也不是我的同事们所能想到的。这完全出乎我们的意料。"

③ 按有关统计，如果以 1970 年不变价计算，1978 年的公社、大队两级工业企业总产值（382 亿元）比 1971 年（77.9 亿元）增长 3.9 倍，年平均增长 25.5%，远远高于同期农业总产值年平均增长 4.25%的水平。

了优秀的人力资本，但是多层委托——代理关系使得基层干部的定位陷入困境，这也与企业资产的初始产权不清晰一起，为乡镇企业先天的治理结构缺陷埋下了伏笔。集体干部和广大农民一起成了制度变迁的初级行动团体。另一方面，财税体制的分权化改革也起到了重要作用，这种经常被称为财政联邦主义（fiscal federalism）的体制与政府治理结构中的官员垂直控制与评价体系中主要对经济指标进行考评的机制一起，促使地方政府进入一个"为增长而竞争"的阶段，尽量为乡镇企业提供良好的发展条件。诱致性制度变迁依赖于国家对制度可选择集的放松，中央政府一直采取了"解放思想，实事求是"的务实态度，这使得一些规范性变量日益成为经济系统的内生变量，中央与地方政府一起构成了此次制度变迁的次级行动团体。乡镇企业的帕累托改进性质使得其具有旺盛的生命力，尽管在资源配置和制度设计中遭受到各种歧视，但是仍然比国有部门获得了高得多的效率，这已经为许多实证所证明。就制度变迁本身而言，乡镇企业作为"体制外"的产物，是"增量改革"的重要组成部分，扩大了市场的力量，为国有部门的渐进式改革赢得了时间，并提供了制度借鉴。

1992 年在明确建立社会主义市场经济体制的目标模式以后，作为分水岭，改革战略开始明显发生变化，通过主动采取"命令和法律引入实行"的强制性变迁方式显著增加。长期"先易后难"、"避重就轻"的实用主义策略将成本较小的改革完成后，面对不可回避的存量调整，这时局限性就暴露出来。因为存量调整的非帕累托改进性质而产生的阻力，可能会使得改革陷入僵持。市场经济体制本身是一个完备的制度结构，其"内核"构建不可回避，各项制度安排（子制度）由于相互支持、互为条件的共生性质，子制度的不兼容可能会成为混乱与冲突的根源。樊纲和胡永泰（2005）将其称为"不协调成本"。当改革进入到攻坚阶段以后，国家作为强制力量和"暴力潜能"的垄断者，有意识、主动地推进改革，享有比较优势和规模效益，但是这并不否认某项具体制度变革本身的渐进和试验性质。农村部门的经济制度变迁也开始具有更多的强制性特征。考虑到对农业生产绩效的影响，这一阶段选取农村财税制度变迁和"入世"对农业的影响来进行分析。

5.1.4　农村税费改革

农村税费改革被誉为继家庭联产承包责任制以后农村最为重要的一次制度改革。如果将"剪刀差"看做一种"暗税"，那么农业税费就在以一种"明税"的方式长期为工业化积累剩余。[①] 农民负担除了税制上的农业四税[②]以外，实际上

---

① 国家税务总局统计，1949～2003 年国家累计征收农业税达 3945.66 亿元。
② 这主要包括农业税、农业特产税、耕地占用税、牲畜屠宰税和农村个体户承担的工商税等，并且基本上采取的是"增产不增税"的政策。

还要向乡镇政府和基层社区承担"三提五统"、各种集资摊派等负担，这主要是承担基层政府和社区所提供公共品的成本。从改革开放初期到 1988 年，农民收入增长一直要高于其负担的增长。1989～1992 年是治理整顿阶段，农民负担增长首次超过其收入增长。但是局势恶化主要发生在 1994 年的"分税制"改革以后，"分税制"基于原有的"财政包干"体制在增量上重新划分了中央与地方的利益关系，但这次改革的不彻底性使得省级以下财权事权关系不明确，地方财力纵向上移、事权相对下移，财权和事权的不对称使得制度性矛盾主要集中于地方基层。农业税属于地方税种，和其他摊派、收费一起构成了地方政府的重要收入来源，地方支出刚性导致农民负担问题愈演愈烈，并且往往还存在收入越低、税负越重的"倒挂"。问题的表象根源于制度设计及其所反映的利益格局，处于弱势地位的农民成为成本的最终负担者。不得不以各种恶性案件、群体性事件和自己所掌控的退出权即"用脚投票"等来作为威胁，这将损害到整个社会的稳定并可能引发农业危机。

20 世纪 90 年代末到 2000 年初，一些地方政府实际上已经就农村税费改革进行了各种各样的探索（周黎安，陈烨，2005）。2000 年初中央政府开始统一、全面、有步骤地推行农村税费改革，3 月 2 日，中央下发《关于进行农村税费改革试点工作的通知》，率先在安徽试点。2001 年 3 月 24 日，国务院发出《关于进一步做好农村税费改革试点工作的通知》，要求"扩大试点、积累经验"，具备条件的省份可以全面推开试点。2002 年 3 月 27 日，国务院发出《关于做好 2002 年扩大农村税费改革试点工作的通知》，决定河北等 16 个省级行政区为扩大试点地区，试点达到 20 个。2003 年 3 月 27 日，国务院发出《关于全面推进农村税费改革试点工作的意见》，要求"各地区应结合实际，逐步缩小农业特产税征收范围，降低税率，为最终取消这一税种创造条件"，改革在全国推开。2004 年 3 月 5 日，温家宝宣布："逐步降低农业税税率，平均每年降低一个百分点以上，五年内取消农业税"，3 月 23 日决定在黑龙江、吉林进行免征试点。2005 年 12 月 29 日人大常委会通过决议，2006 年 1 月 1 日起全面废止《农业税条例》。

这一制度变迁的性质从一开始就决定了其高度的复杂性，秦晖（2000）早就发出了能否跳出"黄宗羲定律"的警告。改革在存量上重构了"农民—社区—地方—中央"的利益关系，非帕累托改进性质使得利益受损者（主要是基层政府）可能成为改革的最大阻力，政府行为中的多层次委托—代理关系加剧了政府组织内固有的委托—代理问题，基层政府有可能只是暂时屈从于中央的政治高压，不可避免的机会主义行事，很难走出"食之者众，生之者寡"的陷阱，成为"积累莫返之害"。因此，改革远未随着农业税的取消而结束，问题转变为如何对利益受损者进行补偿以及如何减少补偿成本的问题。例如，中央政府承诺，自 2006 年起，每年安排 1000 亿元以上资金支持农村税费改革，每年通过转移支付补助地方财政 780 亿元，还推出了"三奖一补"的激励机制。值得注意的是，此次改革并非"孤军深入式"的单兵突进，而是有意识的采用了"平行推进"[①]的战略，以尽量减少子制度不兼容所产生的"不协调成本"。这包括乡镇机构改革、农村义务教育改革和县乡财政体制改革等。强制性制度变迁下中央政府的动机至为关键。30 多年的改革开放积累了大量改革红利，特别是步入工业化中后期，政府经济福利对农业贡献的依赖已经非常小，这使得取消农业税和对利益受损者进行利益补偿具备了现实可能性。由于我国的城市化进程长期滞后于工业化进程，农业人口仍然占据绝对多数，农民负担问题愈演愈烈，这将严重损害到中央政府保持社会稳定的努力。因此中央政府乐于从事制度变迁的供给，这也是对农民"用脚投票"所产生制度需求的主动响应，最终推动城市偏向政策的逐步转变。

5.1.5　农业公共支出强度变迁

与农业以各种方式为工业化提供剩余相比，对农业的公共投资长期明显不足。据有关估计，1950～1978 年累计"剪刀差"为 5239 亿元，农业税 819 亿元，但是财政农业支出总额仅 1577 亿元，农业净贡献 4481 亿元。改革开放以来也基本如此，财政农业投入长期不足并呈现出弱化趋势。八九十年代国家财政支农资金占财政总支出的比重都在 8.5% 左右徘徊，世纪之交下降到 7.4%，2003 年才有所回升，不仅低于发达国家，还低于许多发展中国家水平[②]。从其支出结构来看，其中还有相当大一部分为事业费，以 2004 年为例，事业费占总支出还高达 64.0%，这种非生产投入对农业的直接贡献不大。农业公共投入长期不足，与政府尤其是地方政府强烈的非农偏好和官员垂直控制下的政绩考核体系有关。农业作为弱质产业，比较利益低。受当时发展经济学主流思潮的影响，政府领导人和社会精英阶层大都相信只有通过工业化才能实现现代化。另外，农民居住分散等，造成集体行动成本过高。单个农民的产品只占农业产出的微小份额，使得"搭便车"现象严重，存在人数多但是政治影响力弱的"舒尔茨悖论"[③]。因此政府行为中表现出高度的"工业偏向"或"城市偏向"，分权化的财税体制设计加

---

①　这里借用的是樊纲和胡永泰（2005）最早提出"平行推进"战略的概念，与之对应的是"循序渐进"战略。这种区分并非整个休制渐进式改革与休克疗法式改革的区分，而是两种改革条件下各方面体制改革进程的步调问题，因此他与渐进式改革并不矛盾。

②　以上数据的计算均为该时间段国家财政支农资金占财政总支出比重的平均值，数据来源为《新中国 55 年统计汇编 1949—2004》。在发展中国家如印度、泰国等国，农业支出占财政总支出的比例均在 15% 以上，大大高于中国的农业支持力度。

③　对于此问题的详细展开论述，可以参考曼瑟尔·奥尔森《集体行动的逻辑》一书中的相关论证。

重了这一偏好，因为农业投入被划入地方支出。①

　　长期投入不足严重损害到农业的发展，问题的累积性质加上不利的外部条件，使得矛盾最终于 1997 年开始集中爆发。2003 年初的中央农村工作会议，开始提出要把解决好"三农"问题作为党和政府全部工作的"重中之重"来抓。与农村税费改革相配套，政府开始大幅度增加农业投入。2004～2009 年，连续出台 6 个中央一号文件，"多予、少取、放活"，"支农、惠农、强农"，建设现代农业，加强农业基础设施建设，全面推进社会主义新农村建设。农业开始享受到工业的"反哺"和公共财政的阳光。这同样属于一次强制性制度变迁，通过中央政府的主动让利来实现。② 其动机和现实条件也与农村税费改革相似，公共政策往往会在公平与效率之间追求一种均衡，长期"效率优先"的政策使得当前不得不追求公平多一点。

　　有一种颇为流行的观点值得商榷，即将工业化进程中的工农关系分为以农补工、工农业平等发展和以工补农三个阶段，如李溦（1993）等。实践证明，应对这一曾被广泛作为论据的理论予以重新思考。按照中央"两个趋向"③ 的论断，中国实际上并没有经历工农业平等发展，就直接由以农补工跨入了以工补农阶段。林毅夫（2003）等则认为当前政府财力尚无法支撑起对农业的大规模补贴，如果林的判断正确的话，那么中央为什么又要提出"以工补农"呢？而实际上当前农业不平等的贸易条件与城乡二元分割体制并未发生根本变化。因此"三阶段"论的必然性和科学性值得怀疑，问题的关键是要给予农业与农民以平等的发展机会，农民在平等的发展机会下会有效利用自身人力资本来为中国经济增长作出自己的贡献。万里提出："要相信农民会种田。""三阶段"论有为农业必须无偿给工业提供剩余的必然性提供辩护的嫌疑。当然，对"三阶段"论这一问题的具体讨论已经脱离了本章的主题。

5.1.6　农业开放程度变迁

　　随着经济开放程度的不断提高，农业也面临着新的机遇和挑战，特别是在加

---

　　① 政府的这一行为特征还可以通过粮食安全是否受到损害来作为评判。每当农业出现危机、粮食安全受到损害时，政府总是号召举国上下高度重视农业、支持农业，地方也往往会感受到来自中央的巨大压力；但如果一旦粮食供给状况稍有好转，政府就会开始放松对农业的支持。财政支农手段与农产品提价一样表现出高度的工具理性特征，因此政府农业支出也往往表现出相对于农业发展的"逆周期"特征。

　　② 一种观点认为，这一段时期，政府高度重视农业，增加农业投入，是在还历史的"旧账"，但这并没有改变我们所分析问题的性质。

　　③ 胡锦涛同志最早在十六届四中全会提出："纵观一些工业化国家发展的历程，在工业化初级阶段，农业支持工业，为工业提供积累是带有普遍性趋向。但在工业化达到相当程度以后，工业反哺农业，城市支持农村，实现工业与农业、城市与农村协调发展，也是带有普遍性的趋向。"在 2004 年召开的中央经济工作会议上，胡锦涛同志又明确提出："中国现在总体上已到了以工促农、以城带乡的发展阶段。"

入世界贸易组织以后。以前长期立足于自给自足和高度边境保护下发展，以满足国内需求为主，外贸依存度低，还经常通过贸易顺差换取外汇来支持工业。入世前就不少学者曾认为入世的最大风险是农业，中央政府也在不同场合表达了这一担忧。① 其实入世对农业的影响主要以 1999 年 4 月 10 日签署的《中美农业合作协议》为基础，因为美国是最大农产品出口国，谈判最为困难，根据非歧视性原则，这一协议也适合其他成员国。在中国明确做出重大让步② 的情况下两国于1999 年底达成入世协议，整个入世谈判进程取得突破性进展。2001 年 12 月 11日《中国加入世贸组织议定书》生效，正式成为 WTO 第 143 个成员国。到 2005年过渡期基本结束，无论关税水平或配额数量，中国事实上都已经成为世界上农业最开放的国家之一（程国强，2005）。中国作为发展中国家，赢得了对农业进行大量补贴的权利，但是也承担了一些不平等义务③。一些让步可能会增加社会总体福利，但是对农业和农民而言，却可能引起农产品的减产和农业就业机会减少。这主要是因为中国农业在本质上仍为小农经济，市场化程度低；资源禀赋特征也决定了我国在土地密集型等大宗农产品上不具备比较优势和价格上的国际竞争力。但是也有观点认为，正是因为农业对外贸易依存度低，而且中国农产品贸易具有大国效应等特点，所受冲击并不会太大。

从整体上看，加入 WTO 并没有构成事先预计那么严重的损害，但确实产生了重大影响。入世前农产品顺差年均四五十亿美元，入世后逐年减少，2004 年首次出现 46.4 亿美元的逆差，这几年逆差基本被延续。预计今后逆差可能会是一种常态（程国强，2005-9-27）。当然，这一影响对农业内部各产业的影响并不相同，特别是为劳动密集型产品出口提供了机遇。加入 WTO 反映了中央政府力图利用外国竞争来加快市场化进程的动机，当改革进入攻坚阶段后，阻力增大，外部力量也是一个重要的推动力。入世将使国内产业部门面临更大的竞争压力，硬化其预算约束，节省对市场制度的学习成本，也可以融入国际分工获取专业化和市场扩大的收益，但是必须承担开放国内市场所产生的成本。社会总体福利特别是消费者福利应该是增加的，但是对各产业生产者福利的具体影响并不完全相同，一些不具备比较优势的产业和计划经济体制下的既得利益集团可能会成为受损者，因此这一强制性制度变迁在具体实施上仍然采取了渐进式路径，有五年的过渡期，各产业的具体开放进程和程度也不一样，这使得受益

---

① 例如，江泽民同志曾多次讲道："我常常睡不着觉。"朱镕基同志曾坦言，加入 WTO 之后，"我最大的担心是农业问题"。时任国家计委主任的曾培炎同志认为："入世后农业是受冲击最大领域。"

② 中国首先承诺降低农产品关税，2004 年前农产品关税税率平均下降至 17%，美国关注的重点农产品税率降至 14.5%；其次放松对美国 TCK 小麦、柑橘、肉类进口的动植物检疫，做出重大让步；最后大幅度增加最低关税限额的农产品进口数量。

③ 农业市场准入方面的让步与承诺主要包括：关税减让；逐步增加大宗农产品的市场准入量；消除贸易垄断；取消出口补贴，履行 WTO 动植物检疫标准。

部分迅速扩大提供的收入增长可能会对缓慢受损的利益部分进行某种程度的"自我补偿"。

其中农业的开放程度较高，承担了较多的义务，甚至有较为极端的观点认为入世的市场准入承诺中是以牺牲农业来换取非农部门的利益的。然而无论如何，从制度变迁的性质来讲，虽然中央政府在谈判中很重视农民的要求，但是对农民主体而言这一制度冲击基本上是外生的，起码中国并没有出现类似于西方、韩国等大规模的农民游行示威活动，农民将自身利益的表达权利"委托"给了农业官员和谈判专家。这也可能与其所掌握的知识和信息有限、居住分散、组织程度低以及文化传统有关。当然这一影响对农业经济系统基本上是外生的。

5.1.7　其他主要经济制度变迁

这里较为简单地回顾了改革开放以来可能对农业生产绩效产生影响的经济制度变迁，并简单分析了其性质以及为什么可能会发生。本章重点从强制性制度变迁与诱致性制度变迁的角度对这些制度变迁进行了区分，然而对于另一个非常重要的农村经济制度变迁——农业产业化进程，我们并没有予以重点关注，这主要是考虑到实证时在宏观角度对农业产业化进程进行量化的困难，我们无法获取有关农业产业化进程的宏观统计数据。事实上，农业产业化（agricultural integration）进程是改革开放以来我国农业发展过程中所发生的重要经济制度变迁之一，这也是农民为了捕捉获利机会所自发进行诱致性制度创新。因为在土地均分的家庭联产承包责任制下，一直存在着一家一户分散经营的小农户生产与逐渐扩大的市场之间无法进行有效衔接的矛盾，交易成本非常高，另外农业与非农产业的利益分配矛盾也一直未能得到很好的解决。例如，农户处于出卖原料的地位，作为价格的被动接受者，很难得到正常的利润，也无法分享到农产品在加工、流通过程中增值的平均利润。为了顺利进入市场，打破不合理的利益分配机制，获取这些未来存在的潜在收入流，广大农民自发进行了形式多样组织制度上的创新，如市场连接型、龙头企业带动型、农科教结合型、专业协会带动型等。他们都可以被称之为熊彼特意义上的企业家，是制度创新的初级行动团体。而对此，中央政府和各级地方政府也采取了各种支持的态度和措施，用于帮助初级行动团体获取收入而进行了一系列制度变迁，构成了制度变迁的次级行动团体，并可能使得初级行动团体的部分额外收入转化到他们手中。总之，我们将农业产业化进程视做市场获利机会诱致下的一种诱致性制度变迁，因为在现有宏观统计下无法将其进行有效量化而没有纳入我们的实证之中，对于此一般进行的是微观案例实证研究。

正如前文所指出，我们这里并不打算囊括所有农村制度变迁的方方面面。比较重要的还有农村城市化（城镇化）过程，这与农村工业化类似，是理性主体捕捉制度非均衡产生的获利机会的诱致性制度变迁，也有政府主观强制性推动的作用。农业生产结构的调整，种植结构日趋多元化，这同样是理性小农面对高收入机会所做的理性选择，但是这以不能触及中央政府农业政策的底线——粮食安全为前提。而在我们的实证框架中仍然考虑到了这两个变量的影响。值得说明的是，本章将国家作为一个会进行成本收益计算的理性行为主体对待，特别当中央政府维持旧制度产生的维持成本高于该制度所能给本国居民带来收益总和时，将会面临国家的集体行动。并且其目标函数较为复杂，除了一般的经济收益外，维护社会稳定、获取政治支持都具有较高权重，各子目标间还存在一定程度替代性。但是这并不涉及复杂的"国家理论"和"公共选择"过程，对于本章研究目的而言，这一假定已经足够了。

5.2 模型、变量与数据

实证过程分作两步，我们援引第 2 章中的实证结果，将农业全要素生产率增长及其源泉作为整个农业生产绩效的度量指标，对上述各个制度变量进行多元回归，定量估计各制度因素对农业生产绩效的影响，即在一般文献中经常提到的所谓"DEA 两步法"，这是本章的重点内容。所使用数据同样为内地 28 个省级单位 1978～2005 年 28 年间形成的平衡面板数据（balanced panel data），所有样本均来自官方统计数据。

根据第 5.1 节对相关经济制度变迁变量的分析，我们将其进行定量化如下：①家庭联产承包责任制变迁，采用实施家庭联产承包责任制的生产队占总生产队数比重表示，原始数据取自 Lin（1992）[①]；②农产品价格体制改革，采用农业贸易条件计算，即农副产品收购价格指数[②]与农业生产资料价格指数之比率，具体都采用 1978 年不变价的指数，这可以综合考察农产品提价等价格改革和农业投入品价格变动对农民所产生的激励效果，也是衡量"剪刀差"的理想指标；③农村工业化，采用乡镇企业总产值占农村总产值的比重，农村总产值为农林牧渔总产值与乡镇企业总产值之和，本章中的乡镇企业是一个地理概念，并无所有权、行业与规模之分，用乡镇企业作为农村工业化的替代指标是合适的；④政府农业支持力度变迁，采用财政农业支出占财政总支出比重[③]表示；⑤农村税费改革，采用农业税

[①]　该文原始数据可以从林毅夫发展论坛 http：//jlin. ccer. edu. cn/article 直接下载。

[②]　由于统计指标的调整，从 2001 年开始该指数改用农产品生产价格指数替代。

[③]　国家财政用于农业的支出主要包括支援农村生产支出、农林水利气象等部门事业费、农业基本建设支出、农业科技三项费用、农村救济费以及其他支出项目。

征收量[①]占农林牧渔总产值比重计算；⑥入世对农业的影响，采用农业开放度表示，因为主要考虑到农业进口的冲击，所以按人民币对美元的年平均汇价折算后的农业进口值占农林牧渔总产值比重计算，考虑到指标的科学性，还采用了农业对外贸易依存度（农业进出口总值/第一产业 GDP）作为验证。

另外我们还控制了下列因素：①城市化比率，即城市人口占总人口比重；②农村工业化与城市化交互项，尽管城市化远远滞后于工业化，但是两者间的交互作用还是可能存在的；③农业结构调整系数，采用粮食作物面积占总播种面积表示，这主要是考虑到地区间种植结构可能朝着更符合比较优势方向发展；④受灾率，反映不可控的气候影响，因为农业生产绩效受自然环境影响很大，Zhang和 Carter（1997）的研究证实了这一点。

由于 DEA 求解出的农业全要素生产率及其源泉的变化指数是以上年为 100 的环比变动指数，这实际上是一个变动量，因此我们将其都转化为 1978 年为 100 的累积增长指数作为第二步多元回归中的被解释变量，以第 5.1 节确定的制度变迁指标作为解释变量，定量估计其对整个农业生产绩效变动可能产生的影响以及方向[②]。基本估计式为

$$Y_{i,t}^k = \beta_0 + \beta_j X_{i,t}^j + \varphi_i D_i + \varphi_t D_t + \varepsilon_{i,t} \tag{5-1}$$

式中，$k = 1，2，3$ 分别表示农业全要素生产率，技术进步和技术效率因子；$j = 1，2，L，J$ 分别表示各经济制度变迁变量以及各控制变量序号；$i = 1，2，\cdots，28$ 表示中国内地各省级行政区；t 表示时间年份；$\varphi_i D_i$ 是不可观测的省级行政区特定效应，目的在于控制省级行政区的固定效应；$\varphi_t D_t$ 是不可观测的时间特定效应，包含了没有包括在回归模型中而与时间有关的特定效应，是一个不随省级行政区变化而变化的变量；$\varepsilon_{i,t}$ 即为经典的随机扰动项。

基准模型采用的是面板数据双向固定效应（two-way fixed-effects，TWFE）模型式 5-1），采用面板数据双向固定效应模型，首先可以有效消除普通模型存在的自相关问题；其次可以有效控制那些不随时间或不随截面变动的因素；最后可以降低多重共线性对回归结果的影响。因为所包含个体成员是所研究总体的所有单位，仅仅对样本自身进行分析，所以选择固定效应模型是合适的（李子奈等，2000）。[③] 本章实证估计表中所提供常数项为公共常数项，表明了各省级行政区

---

① 这里所指的农业税征收并不仅仅指单纯的农业税，主要包括牧业税、农业税、农业特产税、耕地占用税和契税等。现有的省区统计口径还不能单独分离出单纯的农业税数量，实际上从较早的时间段开始耕地占用税和契税就已经成为农业四税中的大头。

② 另一种处理方法就是对自变量进行一阶差分，但这往往会损失掉许多有用的信息，衡量的是制度变迁的短期效应。另外实证分析中采用的是固定效应模型，其实质可以达到进行一阶差分后采用 Pool OLS 估计一样的效果，详见 J. 约翰斯顿，J. 迪纳尔多的《计量经济学方法》。

③ 实际上更为严格的 Hausman 检验 H_0：采用随机效应模型比固定效应模型更优，表明回归中至少均在 10% 的水平上被拒绝，而支持采用固定效应模型。

的公共形态。省级虚拟变量表示截面固定效应,度量某些不可观测的省级特征,时间虚拟变量表示时间固定效应,度量某些时间特定特征,限于整个篇幅而没有提供其估计系数。系数的协方差形式采用截面 SUR(PCSE[①])方法估计。

5.3 农村经济制度变迁与农业生产率增长的实证估计和解释

从制度变迁层面上讲,到底是什么原因在决定着整个农业生产率的时间变动模式?在不同阶段这些制度因素又是发挥着怎样的作用?有何差异?在第 2 章进行农业 TFP 及其源泉时间变动模式进行分析的基础上,本章实证中将重点回答上述问题。即重点讨论农村经济制度变迁对整个农业生产率增长变动可能产生的影响,这是经验研究的重点内容。解释变量主要包括前文所确定的经济制度变量,考虑到实际制度变迁的时间维度和数据可得性,每一阶段解释变量并不完全相同(表 5-1 ~ 表 5-4)。根据上文对转型期农村主要经济制度变迁的理论分析和第 2 章中对中国农业生产率增长时间变动模式的大致划分,本章将实证划分为 1979 ~ 1984、1985 ~ 1991、1992 ~ 1996、1997 ~ 2000 和 2001 ~ 2005 年五个阶段分别进行估计。从整体情况来看,变量的表现都还基本符合理论预期,对此我们分阶段进行讨论,而对于少数不符合理论预期的变量进行单独分析。

5.3.1 第一阶段:1979 ~ 1984 年

在改革开放的初始阶段(表 5-1),可以清楚地看出家庭联产承包责任制为农业生产率增长起到了正向作用,但是并不显著,而这种正向作用主要显著地表现在对农业技术效率的促进上,对技术进步的作用亦不显著。这突出地说明了家庭联产承包责任制并不是作用于由少数"最佳实践者"省级行政区所主导的生产可能性集合(production possibility sets,PPS)的扩张上,而是主要作用于大多数"技术落后者"省级行政区所在的实际生产点努力向生产前沿面的靠近上,即主要作用于技术进步不变的情况下各个省级行政区技术效率的提升上,以此来促进农业生产率的增长。因为农作制度的转变主要是通过微观激励机制的重构而有效地消除了农业生产过程中的"搭便车"问题,内部化了人民公社体制所产生的外部性,农民的边际努力与边际收益直接挂钩而大大提高了其生产积极性,这也就从根本上解决了农业生产和管理上监督的天然性困难,而此阶段的农业前沿生产技术并没有取得显著性突破,HRS 主要是通过提高技术效率的增进而对农

---

① 即面板数据修正标准差(panel corrected standard errors,PCSE)。

业生产率增长发生作用。

表 5-1　农村经济制度变迁对生产率增长与构成的影响（1979~1984 年、1985~1991 年）

变量名	1979~1984 年			1985~1991 年		
	TP	TEC	TEP	TP	TEC	TEP
常数项	184.0343***	84.3360**	176.6493***	256.2667***	148.4517***	351.9839***
	(33.565)	(41.586)	(41.947)	(31.835)	(22.754)	(53.921)
家庭联产承包责任制	-0.0179	0.0595**	0.0303			
	(0.039)	(0.030)	(0.045)			
农业贸易条件	0.1258	0.0873	0.2141*	0.0399	-0.0202	-0.0185
	(0.087)	(0.144)	(0.126)	(0.072)	(0.032)	(0.056)
农村工业化进程	-0.9292***	-0.6017***	-1.6606***	-1.6313***	-0.4419***	-2.5886***
	(0.294)	(0.196)	(0.373)	(0.208)	(0.127)	(0.305)
农业公共投资比重	0.0362	-0.0867	0.2784	-0.4104	1.4045***	0.9398
	(0.439)	(0.709)	(0.692)	(0.615)	(0.411)	(1.235)
农村城市化进程	-2.5426**	-0.6025	-3.0841***	-4.8024***	-2.1731***	-9.8586***
	(1.134)	(0.853)	(1.016)	(1.073)	(0.722)	(2.238)
农村工业化与城市化交互项	4.1791***	0.5372	5.1693***	6.9266***	1.6998***	11.5311***
	(0.843)	(0.418)	(1.126)	(1.045)	(0.343)	(1.641)
农业结构调整系数	-0.5816**	0.4375	-0.3094	-0.3111**	0.0611	0.0530
	(0.287)	(0.286)	(0.325)	(0.138)	(0.105)	(0.106)
受灾率	-0.0065	-0.1136*	-0.1031	-0.0180	-0.0903***	-0.1227
	(0.037)	(0.063)	(0.070)	(0.037)	(0.031)	(0.082)
省级虚拟变量	yes	yes	yes	yes	yes	yes
时间虚拟变量	yes	yes	yes	yes	yes	yes
样本数	168	168	168	196	196	196
年数	6	6	6	7	7	7
Adj-R^2	0.8650	0.7882	0.8131	0.9510	0.9241	0.9415
对数似然值	-495.449	-534.932	-566.8941	-654.826	-561.865	-747.8697

注：括号内数字为参数估计值的标准误差，***、**和*分别表示该参数至少在1%、5%和10%的水平显著

对农业生产率的增长起到显著正向作用的还有农产品的政策性提价变量，虽然对其他两个变量的正向作用并不是很显著，这说明了当时中央政府的主观努力通过改善农业所面临的外部贸易条件为整个农业生产率增长起到了重要作用，而理性小农是会对外部市场环境的变化做出反应的。以上两个变量的表现证明了第一阶段农业的成功以及生产率的增长中家庭联产承包责任制和农产品的政策性提价都功不可没。Lin（1992）测算出家庭承包责任制对当时农业增长的贡献为46.89%，张卓元（1998）表明农产品提价的贡献为15.96%。这个估计与他们的结论基本上是一致的。

农村工业化进程此时主要是以计划经济集体化时代遗留下来的社队企业为主，由于对其性质和发展前景尚不清晰，所以经常受到抑制和政策性歧视，但是其对农业所产生的较为严重的负面影响就已经显现出来，对农业生产率、技术进步和技术效率的作用均为负并且统计上高度显著。其实这并不难被理解，在工业对农业的"反哺"和资源回流机制尚未建立的情况下，农业的比较效益和劳动力边际生产力都很低，从事非农产业意味着更高的收入机会，大量资源从农业领域流出，这包括优秀的人力资本（青壮年劳动力）、资本投资以及其他生产要素等，还包括在微观层次上农户对其劳动时间配置的调整等。基于相似原因，农村城市化变量也对农业生产率、技术进步和技术效率都产生了较为显著的负效应，因为农业资源是净流失的。这一宏观上的实证估计结果与本书第4章中的微观上的实证证据也是一致的。问题的根本解决之道还在于构建工业对农业的"反哺"机制，促进各种资源的回流。而且两者的交互项作用显著为正，这似乎说明了我国农村工业化与城市化进程之间的作用是互补的。

而农业公共投资强度变量的作用基本上是不显著的，对技术效率的符号也与一般理论预期并不一致，我们将其放在最后与粮食作物比率、受灾率一起进行单独讨论。

5.3.2　第二阶段：1985～1991 年

由于家庭联产承包责任制（HRS）的一次性增量效应到 1984 年已经基本上释放完毕，并且被作为我国农业的基本经营制度而稳定下来，一直没有发生变化，因此在后文中的估计中不再包含该变量。农业在经历了第一阶段的第一轮高速增长以后，从 1985 年开始又重新陷入困境，对此不同学者主要将其归结为家庭经营的规模过小、模糊的土地产权、农业公共投资减少等多方面的原因，我们试图从当时的制度变迁视角来进行解释。

负作用首先表现在农业贸易条件变量上，其对农业生产率与技术效率的负作用虽然并不十分显著，但是却符合当时的实际情况。1985 年开始实行的加权平均比例定价的合同定购，虽然保证了农民出售农产品的平均价格，但是却降低了边际价格，Lin（1992）表明这一变化使得向农民支付的边际价格下降了 9.2%。1987～1988 年作为整个抑制通货膨胀努力的一部分，政府还开始对主要农产品的市场价格设置上限，甚至在一些局部地区还出现了严重的"打白条"现象。当然还有一部分原因是由于第一阶段的农产品供给相对过剩所造成的。但是与此同时农业的投入品价格却开始大幅上升，1985 年改革的重点开始转向城市，工业品被允许以市场价格出售。这些都造成了农业所面临的外部贸易条件的恶化。不过，这种负面影响对于那些少数处于生产前沿面上的"最佳实践者"省级行政区所主导的农业前沿技术进步却影响力有限，而主要是作用于绝大部分"技术落后者"省级行政区所代表的技术效率的提升上。农业贸易条件的恶化同时还加剧了各种资源从农业领域向非农产业领域的转移，包括优秀的人力资源，这往往与农业技术进步最为直接相关的，农村工业化和城市化变量对农业生产率、技术进步和技术效率都产生了极其显著的负影响。

正如前文所指出，1984年社队企业正式更名为乡镇企业，并获得了中央领导人的高度赞扬与正式肯定以后，其发展迎来了第一个高峰期，与此同时农村城市化进程也大大加速，并形成互补效应。这一进程通过农村劳动力的大量转移有利于城乡二元经济结构的转化和整个宏观经济的效率提升，促进农民增收，但是在没有合理农业资源"回流"机制的情况下，如公共财政对农业的投入、补贴以及农业机械化装备水平的提升等，农业在此过程中并不一定能够增效，反而造成了农村的"空心化"。在此阶段，不只是私人和地方政府投资，就连农村信用合作社的非农贷款份额也开始大大超过农业份额，大规模的农村青壮年劳动力流失……尽管乡镇企业从一开始就被定义为必须承担支援农业的义务，但是这一反馈机制由于农业的比较效益过低而实际上往往非常有限，Sicular（2000）的研究表明了这一点，当然这并不包括一些微观上的案例，我们这里提供的仅仅只是整个宏观上的表现。农业公共投资变量的表现此时发生了变化，我们仍暂不作分析。从整体来看，第二阶段农业生产的低绩效主要是因为农业贸易条件重新恶化和以乡镇企业为代表的农村工业化以及城市化进程突飞猛进所致。

虽然在1989～1991年转入治理整顿阶段后，农业开始出现恢复性增长，但是从农业TFP及其组成来看，其增长模式并没有发生根本性变化，可以认为这一恢复性增长主要因为政府对农业重新予以高度重视增加投入所致，而非全要素生产率的提高，事实上也确实如此。更为深刻的经济制度变迁发生在1992年，从生产率变化和制度变迁的角度出发我们将这三年划入到第二阶段之中。

5.3.3　第三阶段：1992～1996年

无论用什么样的词汇来形容1992年的历史转折意义都不为过，邓小平的南巡讲话和党的十四大使整个宏观经济的市场化取向改革明显加速。

首先，农产品价格体系的市场化改革进一步深化，其间农产品统销制度彻底退出历史，实现了购销同价和"保量放价"，市场定价份额越来越大，政府还多次提高了粮食、棉花的收购价格①，这大大高于同期农业生产资料价格的上涨速

① 自1992年4月1日起，粮食定购价提高幅度达44.7%，1993年出台最低保护价；1993年9月1日、1994年9月上旬和1995年，棉花收购提价幅度分别达10%、64.85%和28.7%；1991～1996年，农副产品中政府定价比重由22.2%减少到16.9%，政府指导价由20.0%减少到4.1%，市场调节价由57.8%增加到79.0%。

度（表5-2）。农业贸易条件的相对改善提高了农业的比较利益，给农业生产率、技术进步和技术效率都起到了正向作用，虽然并不显著。农村工业化变量仍然给农业生产率和技术进步产生了严重而显著的负影响，对农业技术效率的作用则不显著。正如前文所指出，乡镇企业在进入到第二轮高速发展期以后，真正是实现了"三分天下"，尤其1996年《乡镇企业法》的颁布标志着其发展达到巅峰。因此在农业对资源相对吸引力较弱的情况下，实现农民增收的同时要保证农业增效，还依赖于工业对农业"反哺"机制的建立。至于城市化变量的作用此时为什么会为正，虽然这在统计上是不显著的，但我们认为机制尚不明确。

表5-2　农村经济制度变迁对农业生产率增长与构成的影响估计（1992～1996年）

变量名	TP	TEC	TEP
常数项	261.6431 * * *	64.0586 * *	187.1423 * * *
	(69.128)	(32.303)	(63.647)
农业贸易条件	0.0201	0.0694	0.1986
	(0.160)	(0.054)	(0.230)
农村工业化进程	-1.0421 * * *	0.0696	-0.8890 * * *
	(0.344)	(0.151)	(0.275)
农业公共投资比重	-0.3461	-1.0141	-2.3442
	(1.088)	(0.621)	(1.852)
农业税负比重	-0.0362	-0.7685	-5.4672 * * *
	(0.944)	(0.621)	(1.555)
农村城市化进程	0.2864	1.0462	2.2415
	(0.990)	(0.660)	(1.665)
农村工业化与城市化交互项	3.0952 * * *	-1.5467 * * *	0.6205
	(0.910)	(0.505)	(0.900)
农业结构调整系数	-1.2658 * * *	0.2691	-0.7262 * *
	(0.456)	(0.206)	(0.324)
受灾率	0.0062 *	-0.0740	-0.0718
	(0.096)	(0.051)	(0.184)
省级虚拟变量	yes	yes	yes
时间虚拟变量	yes	yes	yes
样本数	140	140	140
年　数	5	5	5
Adj-R^2	0.9830	0.9431	0.9830
对数似然值	-475.1574	-395.1046	-523.7522

注：括号内数字为参数估计值的标准误差，* * *、* *和*分别表示该参数至少在1%、5%和10%的水平显著

20 世纪 90 年代前期，农民负担过重开始成为一个严重的问题，我们此时开始引入了农业税负变量来进行度量。[①] 实证表明该变量对农业生产率产生了力度较大而且显著的负面影响，而对农业技术进步和技术效率的作用虽然为负，但是并不怎么显著。农业税负占农业产出的比重上升，在其初次分配格局中就直接大大缩小了农民的利益空间，这大大削弱了农民扩大再生产的能力和积极性，并且加剧了农业部门与非农部门的比较利益差异，而这些最终都直接体现在对农业生产率及其构成的负作用上。

5.3.4 第四阶段：1997~2000 年

1992 年开始的宏观经济过热虽然在 1997 年实现了"软着陆"，但是却从此进入到了另一阶段，主要表现有通货紧缩、增长下滑、失业增加等。"农民真苦，农村真穷，农业真危险"（李昌平，2002）以及农村"三乱"等成为农村利益失衡的集中体现。

由于上一阶段粮食连年增产加上宏观经济的不景气和通货紧缩，造成"谷贱伤农"，尽管国家按照保护价大量收购，但是农业贸易条件变量还等是对绝大部分"技术落后者"省级行政区所代表的农业技术效率产生了负作用，不过同样对少数"最佳实践者"省级行政区所主导的农业前沿技术进步影响力却有限。总体来看，该变量的影响是不显著的，对于生产率亦是如此，这可能与中央政府此时一直强调要按照保护价收购农产品、维护农民的种粮积极性有关，加上农用工业品市场也同样遭遇到了通货紧缩，农业贸易条件并没有发生明显的恶化。受整个宏观经济不景气和结构性买方市场的影响，整个乡镇企业此时进入到一个艰难的适应性调整阶段，发展减缓，并希冀通过所有制结构转型和技术升级来应对有效需求不足和市场环境的变化，许多已经转移出去的农村劳动力也回流到农村和农业，农民收入增长速度连续四年下滑。可能与此相关，农村工业化对农业发展的负面影响减弱，而主要体现在绝大部分"技术落后者"省级行政区所代表的农业技术效率上，而对少数"最佳实践者"省级行政区所主导的前沿技术进步作用甚至还显著为正，这可能与其农村总产值中乡镇企业所占比重较高而受到乡镇企业发展萧条的影响较大有关。不过此时的城市化进程并没有受到多大影响，其作用依然为负，尽管不显著。

值得注意的是，此时农业税负变量对农业技术效率产生了显著的负影响，这种负作用也主要作用于大部分"技术落后者"省级行政区上，而同样对由少数

---

① 当然，另一个重要原因是我们尚无法获得较为早期的农业税负数据，衡量农业开放变量的数据也如此。幸运的是，这两个变量在早期阶段的缺失并不影响本章的理论分析和整体框架，我们的分析也正是基于数据可获得性而设计的。

"最佳实践者"省级行政区所主导的农业前沿技术进步作用为正，这可能与以经济发达省级行政区为主体的"最佳实践者"农业税负并不严重有关，而恰恰是经济较为落后的省级行政区农业税负更加严重，即前文所指出的"倒挂"现象，其对生产率的作用则不显著。另外，我们开始引入了农业开放度变量来衡量国外农产品进入国内市场对农业可能产生的影响。实证表明这一变量给农业前沿技术进步产生了正的作用，国外农产品的进入通过经济竞争有利于减少无知、扩散知识和抑制错误等，但是可能因为中国农业在本质上仍然为小农经济，根本就无法与规模化、公司化的国外农场竞争，还不具备参与竞争的基本条件，而且资源禀赋条件决定了我国在大宗农产品上不具备比较优势和价格竞争力，进口增加还可能加剧农产品的"卖难"问题，总之，给农业技术效率产生了负影响。这也可能是因为舆论一开始就过分强调 WTO 对农业的冲击，心理恐慌和预期不稳定影响到农民生产积极性提高。[①] 不过这些影响在我们的实证中并不怎么显著，这大概与国内市场准入的渐进性质有关，可以从下一阶段中 WTO 过渡期内该变量所产生的显著的负面影响中得到说明。我们采用农业贸易依存度所做的另一个估计结果也是如此，而且其他所有变量的参数都没有发生明显变化，这同时表明了我们的整个估计是稳健（robust）的。但由于是整个宏观统计数据上的估计，因此我们的实证并不排除我国在劳动密集型产品，如蔬果、园艺产品等的比较优势和出口潜力，尤其是对这些主产区和出口地区而言，该变量对农业生产率、技术进步和技术效率的影响很可能会显著为正（表5-3）。

表5-3　农村经济制度变迁对农业生产率增长与构成的影响估计（1997~2000年）

变量名	TP	TEC	TFP	TP	TEC	TFP
常数项	374. 3475 ***	212. 4761 ***	712. 9526 ***	336. 9333 ***	220. 4552 ***	712. 4998 ***
	(122. 933)	(47. 681)	(161. 851)	(126. 412)	(48. 064)	(155. 257)
农业贸易条件	0. 8273	- 0. 1076	0. 9954	0. 5254	- 0. 1129	0. 9977
	(0. 521)	(0. 097)	(0. 780)	(1. 632)	(0. 095)	(0. 778)
农村工业化进程	2. 8571 *	- 0. 8130 ***	1. 1915	2. 8737 **	- 0. 8013 ***	1. 2170
	(1. 480)	(0. 210)	(1. 603)	(1. 434)	(0. 225)	(1. 563)
农业公共投资比重	0. 8174	- 0. 7647	- 1. 0267	0. 7323	- 0. 7479	- 1. 0299
	(1. 534)	(1. 126)	(1. 816)	(1. 644)	(1. 131)	(1. 808)
农业税负比重	6. 4160 ***	- 1. 0166 *	3. 3161	8. 5272 *	- 1. 4974 ***	3. 2911
	(2. 096)	(0. 564)	(3. 152)	(4. 442)	(0. 588)	(5. 297)

① 例如从中美达成入世协议的第三天起，虽然本来已经到了政府秋季收购粮食的扫尾时段，但一些地方竟然再次掀起"售粮高潮"。一向信息较为闭塞、态度温厚的农民群体也表现出了超常反应。当然这一心理预期作用还是非常有限，大部分农民并未感受到入世对自身切身利益的影响。

变量名	TP	TEC	TFP	TP	TEC	TFP
农业开放度	1.5190 * (0.871)	−0.2465 (0.158)	0.1466 (1.216)			
农业贸易依存度				0.3091 (0.268)	−0.0617 (0.044)	0.0108 (0.332)
农村城市化进程	−0.2168 (4.200)	−0.4683 (0.654)	−1.7616 (4.511)	0.5499 (4.272)	−0.5743 (0.604)	−1.6571 (4.498)
农村工业化与城市化交互项	−8.2920 (6.363)	0.7605 * (0.398)	−7.5146 (6.575)	−8.2885 (6.337)	0.7193 (0.480)	−7.5815 (6.546)
农业结构调整系数	−4.0316 *** (1.318)	−0.7045 ** (0.288)	−6.9123 *** (1.454)	−3.9455 *** (1.042)	−0.7458 *** (0.296)	−6.9492 *** (1.357)
受灾率	−0.5342 ** (0.216)	−0.0166 (0.063)	−0.5568 *** (0.191)	−0.5299 ** (0.210)	−0.0181 (0.064)	−0.5578 *** (0.188)
省级虚拟变量	yes	yes	yes	yes	yes	yes
时间虚拟变量	yes	yes	yes	yes	yes	yes
样本数	112	112	112	112	112	112
年 数	4	4	4	4	4	4
Adj-R^2	0.9756	0.9585	0.9828	0.9747	0.9583	0.9828
对数似然值	−439.8879	−312.1098	−463.1666	−441.9216	−312.4320	−463.1879

注：括号内数字为参数估计值的标准误差，＊＊＊、＊＊和＊分别表示该参数至少在1%、5%和10%的水平显著

5.3.5 第五阶段：2001～2005 年

长期的农民收入低迷和农业减退，引起了中央政府的高度重视。进入新世纪以后，农业增长和绩效出现了拐点。农业贸易条件仍然与上一阶段的总体表现相似，对农业技术进步的作用为正，对技术效率作用为负，但是都并不显著。OECD（2005）的报告曾表明这一阶段我国的农产品价格决定机制虽然基本上实现了市场化，但是相对农业生产资料价格而言，农业的贸易条件是持续恶化的。并且由于农业生产要素市场与工业产品市场的联系更为紧密，故价格"剪刀差"对农业生产的影响会更加显著。故该变量对绝大部分"技术落后者"省级行政区所代表的技术效率产生了负影响，同样对少数"最佳实践者"省级行政区所主导的农业前沿技术进步影响力有限。在新世纪，乡镇企业进一步深化改革和调整，大部分都通过改制朝着民营化、私有化产权方向发展，农村工业化变量对农

业生产率、技术进步和技术效率也都基本上延续了以前的负面影响，只是处于深化调整阶段而显得并不显著。农村城市化变量的表现也基本如此，作用为负，但不显著。这也可能与新的一轮支农、惠农和强农政策下农业对资源的相对吸引力有所上升有关，因为生产要素的自发流动方向从根本上还是由其边际报酬率来决定，农业比较利益的回升使得两个变量的负作用不显著，不过农业资源仍然是净流出的（表5-4）。

表5-4　农村经济制度变迁对农业生产率增长与构成的影响估计（2001~2005年）

变量名	TP	TEC	TFP	TP	TEC	TFP
常数项	955. 3619 * * *	89. 1936 * * *	916. 0028	1019. 9570	89. 1834 * * *	979. 0729
	(776. 014)	(19. 157)	(750. 758)	(716. 278)	(19. 718)	(699. 620)
农业贸易条件	1. 0503	− 0. 0543	0. 7232	0. 2245	− 0. 0569	− 0. 0892
	(2. 476)	(0. 068)	(2. 574)	(2. 681)	(0. 068)	(2. 777)
农村工业化进程	− 2. 4831	− 0. 1616	− 2. 7227	− 6. 9726	− 0. 1781	− 7. 1458
	(9. 432)	(0. 163)	(9. 372)	(7. 669)	(0. 171)	(7. 660)
农业公共投资比重	− 15. 4159	− 0. 2191	− 15. 9186	− 12. 4271	− 0. 2021	− 12. 9604
	(10. 021)	(0. 244)	(9. 988)	(11. 011)	(0. 252)	(11. 030)
农业税负比重	91. 5425 * * *	0. 1884	92. 2800 * * *	102. 6790 * * *	0. 2245	103. 2400 * * *
	(31. 843)	(0. 199)	(31. 847)	(33. 804)	(0. 178)	(33. 881)
农业开放度	− 9. 3773 * *	− 0. 0465	− 9. 2656 *			
	(4. 959)	(0. 049)	(4. 943)			
农业贸易依存度				− 4. 4008 * *	− 0. 0192	− 4. 3424 * *
				(1. 821)	(0. 016)	(1. 842)
农村城市化进程	− 17. 880	− 0. 3875	− 16. 6479	− 32. 2727	− 0. 4374	− 30. 820
	(35. 514)	(0. 820)	(34. 971)	(29. 901)	(0. 855)	(29. 698)
农村工业化与城市化交互项	16. 4613	0. 7940	16. 2703	39. 3667	0. 8771	38. 8332
	(55. 252)	(0. 982)	(54. 809)	(45. 061)	(1. 026)	(44. 993)
农业结构调整系数	− 7. 5031	− 0. 0367	− 7. 4358	− 2. 9233	− 0. 0187	− 2. 9212
	(8. 107)	(0. 207)	(8. 231)	(6. 455)	(0. 205)	(6. 635)
受灾率	− 1. 4328	− 0. 0759 *	− 1. 5143	− 2. 0569 * *	− 0. 0777 *	− 2. 1280 * *
	(1. 000)	(0. 041)	(1. 010)	(1. 029)	(0. 042)	(1. 076)
省级虚拟变量	yes	yes	yes	yes	yes	yes
时间虚拟变量	yes	yes	yes	yes	yes	yes
样本数	140	140	140	140	140	140
年　数	5	5	5	5	5	5
Adj-R^2	0. 8541	0. 9556	0. 8705	0. 8655	0. 9556	0. 8802
对数似然值	− 889. 4709	− 397. 3794	− 890. 1982	− 883. 7731	− 397. 3299	− 884. 7477

注：括号内数字为参数估计值的标准误差，* * *、* * 和 * 分别表示该参数至少在1%、5%和10%的水平显著

第5章　中国农业生产率的宏观增长因素分析

141

令人欣喜的是，此时的农业税负变量的符号发生了根本变化，无论对农业生产率、技术进步还是技术效率都起到了正作用，不仅高度显著而且力度很大。这种转变充分说明了农村税费改革的重大历史意义，改革虽然还远未竟其功，但是确实产生了立竿见影的效果。改革开放以来农民收入结构发生了根本变化，特别是对经济发达省级行政区而言，取消农业税费对农民收入增长直接影响可能并不大，但是对于绝大部分省级行政区而言，此次改革通过重构政府——集体——农民的利益分配关系直接扩大了农民的利益空间，更为重要的是通过改革所发出的信号含义极其强烈，尤其是还与之配套了许多"支农惠农强农"措施。由于农民群体往往对中央政府抱有一种强烈的认同感，而对地方政府有一种不同程度的不信任感，这就极大地提高了其生产积极性。此次改革还有利于构建统一城乡的税制，为农业的可持续发展提供制度性保障，局部地区曾出现的"民工荒"似乎更标志着刘易斯转折点的到来[①]。这说明了只要放弃城市偏向（city bias）的政策、给予农业发展以均等机会，农民是有能力和愿望经营好农业的。

到入世过渡期基本结束，中国事实上已经成为世界上农业最为开放的国家之一。实证表明无论农业开放度还是贸易依存度变量都给农业生产率、技术进步和技术效率带来了较为显著的负面影响。在整个过渡期间，入世对农业的影响主要表现为"大进大出"和大规模的贸易逆差。这虽然具有经济上的合理性，由于耕地资源稀缺而劳动力密集，中国理应成为一个农产品净进口国，也应当出口低土地密集和高劳动力附加值的农产品，尤其对生产者而言有利于调整种植结构，实现集约经营，但是这需要一个较为长期的过程，在此过程中生产者福利可能会因此而受到损害，农村劳动力转移完成以前的小农经济尚不具备规模化经营以及与国外大规模农场竞争的基本条件，这对粮食主产区的农民尤其如此。更何况国际贸易的政治经济学和现实都并非像新古典贸易理论所假定的那样是完全自由化的，存在着形式各样的贸易壁垒。从长远来看，入世对农业的影响可能利大于弊。但是，至少从短期来看，这一影响是负的，这可能与农业的一次性开放幅度过大有关，也可能与入世的滞后效应有关。除此之外，正如上文所指出，其对农业内部具体不同部门的影响也应该是不尽相同的。而两个不同的估计也表明我们的整体估计结果是稳健的。

5.3.6　其他变量的表现与讨论

在我们的所有估计中，农业公共投资比重系数除了在第二阶段估计中曾对农

---

① 对于刘易斯转折点是否真正已经到来这一问题，目前学术界还存在一定争论。但是局部地区"民工荒"和这一争论本身的出现就已经足够说明了问题，广大农民对经营农业的信心正逐步恢复。而至于刘易斯转折点是否出现的问题并非我们所要论述的重点。

业技术效率产生过显著的正影响以外，其他阶段都没有能够显著地进入实证框架，而且基本表现为负值，即使在第五阶段也如此，这似乎并不符合常理和理论预期，因为已有的研究也大都充分肯定了农业公共投资对我国农业增长的显著贡献，如樊胜根等（2002）、Fan 和 Zhang（2004）等。一般按照绝对量来测算，我国农业公共投资数额实际上也一直是处于快速增长之中，这种情况下一般的做法是将其进行对数化而纳入实证分析，如果采取这种处理方式的话，可以预见农业公共投资会对农业增长产生较为显著的影响。但是我们的研究目的并非仅仅局限于此，我们主要想从制度变迁的角度考察政府整个宏观经济政策的"城市偏向"和"工业偏向"程度，因此采用了政府财政用于农业支出所占财政总支出的比重这样一个相对数来表示，并称之为农业公共投资强度系数，这就能够充分反映出农业和农民在政府的整个宏观布局中相对于其他产业部门和阶层的地位与分量，即是否存在明显的城市偏向和工业偏向，而这一点恰恰是用农业公共投资的绝对量变动所无法反映出来的。

实证表明从整体情况来看，农业公共投资强度系数对农业生产率增长、技术进步和技术效率的作用都不显著，除了 1985～1991 年对农业技术效率产生了显著的正影响以外，这可能是由于当时农业重新出现危机，引起政府高度重视，在随后几年加大了对农业的投入。实证似乎说明了相对于整个宏观财政支出和其他产业部门而言，整个宏观经济布局中的"城市偏向"和"工业偏向"政策一直以来并没有发生显著变化，虽然农业财政支出绝对量是增加的，但是相对于财政总支出而言其相对份额没有发生显著变化，使得变量的变异性（variance）不够大，甚至有时候还存在某种程度上的下降或弱化趋势，所以农业公共投资强度系数并没有对农业生产率、技术进步和技术效率产生显著的正作用。农业因为具有高风险和低收益的双重弱质性特征，对整个社会具有正的外部效应，公共投入长期不足严重损害到了农业增长和农民的积极性，所以可能造成了该变量的参数符号为负。从根本上而言，农业的发展还有赖于政府在整个宏观经济布局中彻底放弃"城市偏向"和"工业偏向"的政策，给予农民与农业平等的发展机会，特别是逐步提高财政总支出中农业支出的比重，建立农业公共投入稳定增长的长效机制，让其享受到公共财政的阳光。令人值得高兴的是，自从提出建设社会主义新农村和做出"两个趋向"的论断以来，农民与农业的地位正在逐步上升，但是这仍然需要一个过程。

由于我们采用的是广义农业口径，因此我们引入了控制变量农业结构调整系数，这用粮食作物播种面积占农作物总播种面积来表示。实证表明这一变量基本上给农业生产率、技术进步和技术效率带来了显著的负影响，尤其是对农业技术进步而言。先天的自然禀赋条件决定了我国在土地密集型的大宗农产品上并不具备比较优势，但是作为一个人口和经济大国，在国际贸易中具有大国效应，单纯依靠国际贸易必然会给国际粮价带来重大影响，因此确保粮食安全（如95%的粮食自给率）一直是政府优先考虑的政策目标，特别是在过去很长一段时期内又将其分解为立足于地区间的粮食自给政策，即典型"以粮为纲"的政策。而对于农业生产而言，土地作为一种非中性的投入要素，种植结构往往与气候、土壤等条件相关，并且我国最大的资源禀赋特征是人多地少，这就决定了在劳动力密集型农产品（如蔬果、畜水产品等）上享有比较优势。确保粮食安全优先的政策目标就有可能使得整个种植结构偏离了我国的比较优势，这是影响到我国农业生产率、技术进步与技术效率提高的重要因素，我们的实证证明了这一点。

为此，1999年中央政府提出全面进行农业结构调整，把"调整农业生产布局，充分发挥区域比较优势"放在了首位，还专门出台了《优势农产品区域布局规划》，政府开始合理利用比较优势来发展农业。林业、畜牧业和渔业生产增长迅速，即使种植业本身也受益于结构的调整（钟甫宁，2004），尤其是蔬菜、水果、花卉产业成为农民增收的新亮点，也有利于农业国际竞争力的提高。这同样是理性小农面对高收入机会所做出的理性选择，但是又以不能触及粮食安全为前提。因此该变量2000~2005年作用虽然仍然为负，但是已经变得统计上不显著，这还可能与粮食作物种植面积的逐步调减有关。因此在此基础上还必须在更大范围内调整农业生产结构，促使大宗农产品生产向具有比较优势的地区集中，扩大劳动力吸收能力强的蔬、果、畜、水产品生产，还要向适应居民消费结构升级的高附加值农产品方向调整。

除此之外，受灾率也基本上一直对农业生产率增长、技术进步和技术效率起较为显著的负作用。这与农业生产自身的特殊性有关，由于其生产周期长、受自然环境影响大，不可控的自然气候因素太多，所以受到的自然风险也越大。我们的实证证明了这一点，不可控的自然灾害因素给农业生产率等产生了严重的负面影响。所以切实加强对农业的公共投资和基础设施建设，强化各项支农措施，提高农业抗灾防灾能力，这对于整个农业综合生产能力的提高具有极其重要的意义。

需要补充说明的是，在生产前沿面方法的 DEA 框架中技术进步与技术效率实际上存在某种程度的背离关系，即在其他条件不变情况下，前沿技术进步越快就意味着生产前沿面外移越快，即使单个 DMU 的实际位置并没有发生变化，那么其技术效率也可能会是恶化的。而由前沿技术进步所代表的生产前沿面的扩张往往是由少数"最佳实践者"省级行政区所主导的，这往往与经济发展程度相关；而实际上绝大多数省级行政区都处在生产前沿面内部，努力向生产前沿面靠近，技术效率则往往是由这些"技术落后者"省级行政区所主导，他们扮演了"追赶"的角色。如果理解了这一点，对于实证中在一些阶段一些制度变量对农业技术进步和技术效率的作用出现不一致甚至相反的情况，我们也就不难理解了。对此，本章中分别指出了这一点，并适当给予了解释。

第6章
人力资本投资与农业生产率增长

　　无论是从我们的微观研究还是宏观证据来看，我国农业发展在其转型的进程中存在着一定的"悖论"，即"农民问题"与"农业问题"之间存在一定矛盾，并非是完全内在统一的，而且正如第4章的微观证据所表明，这还涉及整个农业的发展战略和小农业的发展前景问题。也就是说非农产业的蓬勃发展和农村劳动力的大量转移可以大力促进农民的收入增长，从科学发展观和以人为本的角度来看，这有利于农民经济价值的提高，对于缩小城乡收入差距具有重要意义，学术界一般也都普遍认为解决"三农"问题的根本出路始终在农外。即使在未来一段时期内，我国农村劳动力的转移压力仍然非常巨大（约翰逊，2003）。而且非农产业发展和农村劳动力的转移也是整个经济发展过程的必然结果，随着整个国家工业化、城市化、市场化和国际化进程的加速推进，二元经济向一元经济转型，这一结果是必然的、无可避免的。[①] 但是，农业资源大量向农外流失，极容易造成农村发展的"空心化"；劳动力的大量转移也已经使得时下农村留守的劳动力发生了结构性变化，特别是高素质、青壮年劳动力供给不足，不利于农业技术进步和生产率的提高，这已经为前文的实证所证明。如果不对这一问题高度重视，必然将危及未来时期内整个国家的农产品供需平衡和食品安全的有效保障，"农业问题"最终还是没有得到有效解决。也就是说，农业在实现自身顺利转型的过程中还必须面对整个宏观经济转型可能产生的不利影响。

　　从经济学理论上分析，资源的流动应该是双向的。但是长期以来由于整个宏观经济政策中的"工业偏向"和"城市偏向"特征，阻碍了资源向农业的回流与"反哺"，加上农业先天的自然与市场双重弱质性，农业发展在这一过程中可能会受到危害。从全书分析中可以看出农业成功的根本还在于农业生产率的提高，因此正如前文所指出，促进工业反哺农业、城市支持农村，特别是消除各种

　　[①] "一个农业国家或欠发达国家，其农业生产总值占全国的比重由原来2/3甚至3/4以上，降低到1/3甚至1/4以下，同时农业劳动者总人数占全国的比重也由原来的2/3甚至3/4以上，降低到1/3甚至1/4以下，这个国家才算实现了工业化，成为'工业化的国家'。只有当两方面的比重或比例数字都降低到此种程度，才算达到了工业化的标准，二者缺一不可"。相关详细论述可以参考张培刚的《农业国与工业化（上卷）》。

歧视性制度安排、构建顺畅的农业"反哺"机制非常重要。从而继续加强用现代工业品对农业劳动力和土地要素的替代，促进全面的农业技术进步，提高农业技术效率和资源利用效率，以农业生产率的全面增长来协调"农业问题"与"农民问题"的冲突。从长远来看，全面促进对农民的人力资本投资则不失为一种有效的协调手段。这种以"能力建设"为核心的投资不仅摆脱了劳动力数量限制的约束条件，还可以从提高劳动力质量的角度促进非农产业和农业共同发展；从人本观点的角度可以促进农民享受国民待遇中人的价值的全面提升，体现了政策重心从"农业政策"向"农民政策"的转移；从最为根本的角度来看，人力资本投资也更应该成为整个经济发展的结果，而非单纯成为促进经济发展的工具和手段。本章正是基于这些考虑和视角来探讨对农民的人力资本投资及其与农业生产率增长的关系。

6.1　人力资本与经济发展

6.1.1　人力资本理论及其发展

经济学中关于人力资本的思想最早可以追溯到亚当·斯密《国富论》（1776）中的相关论述："学习是一种才能，须接受教育，须进学校，须做学徒，所费不少。这样费去的成本，好像已经实现并且固定在学习者身上，……工人增进的熟练程度，可和便利劳动、节省劳动的机器和工具同样看做是社会上的固定成本。"在他区分的四种固定资本里，第四种就是由"一个社会全体居民或成员所具有的有用的能力构成"。[①] 马克思的劳动价值论中许多理论观点也成为人力资本理论的重要思想基础（谭永生，2007）。马歇尔（Marshall）虽然在其《经济学原理》中认为各种投资中对人本身的投资是最有价值的，但实际上他本人对将人等同于资本的观点持批判性态度。不过自马歇尔以来的新古典经济学在面对经济增长过程中出现的各种"经济之谜"却显得有些苍白无力。例如，对日德"经济增长之谜"、"索洛黑箱"、"里昂惕夫之谜"（Leontief，1966）和"工人收入增长之谜"等解释乏力。此时，人力资本理论应运而生。

较为完善的人力资本理论正式形成于20世纪60年代，主要贡献者有舒尔茨（Schultz）、加里·贝克尔（Gary Becker）、雅各布·明塞尔（Jacob Mincer）和丹尼森（Denision）等，其中舒尔茨主要构建了人力资本理论的宏观基础，贝克尔则主要奠定了其微观基础，他俩是现代人力资本理论的主要奠基者。明塞尔主要

---

① 对于此论断，作者主要参考的是《国富论》的中译本。

在收入分配领域探讨了人力资本与收入分配的关系，实际上他才是现代人力资本理论的最早开拓者（布劳格，冯炳昆，2003）。由于本章主要从宏观的角度来分析对农民进行人力资本投资的重要意义，所以我们主要借鉴的是舒尔茨关于人力资本的思想，他更被尊称为"人力资本之父"，实际上他也正是因为在农业经济学领域的卓越贡献而获得诺贝尔经济学奖①。

继舒尔茨和贝克尔之后，人力资本理论一度陷入沉寂，直到90年代以来才掀起了新的研究高潮，这主要受益于内生经济增长理论（endogenous economic growth）的发展，特别是 Paul Romer（1986，1990）和 Robert Lucas（1988）开创性地将人力资本引入到新经济增长理论所作的贡献。在 Romer 的"收益递增型的增长模式"中，特殊的知识和专业化的人力资本是经济增长的主要因素，不仅能形成递增的收益，而且能使资本和劳动等要素克服边际报酬递减规律产生递增收益，从而使整个经济的规模收益递增，递增的收益保证着长期的经济增长。在 Lucas 的"专业化人力资本积累增长模式"中，在其两部门模型中他首次区分了人力资本的内部效应和外部效应，而正是人力资本生产部门（教育部门）中外部效应的存在导致总量生产函数出现规模收益递增的性质，经济可以实现无限增长，并伴随着资本深化的过程。在其后续研究（1990）中，他还指出了正是由于人力资本与物质资本的互补性，才导致了现实经济中资本为什么不能从富国流向穷国，即为什么会没有出现新古典增长理论所预见的"趋同"（convergence）现象。在他们工作的带动下，90年代以来人力资本理论向着更为广泛的领域扩展，如经济增长（Barro and Sala-I-Martin）、收入分配（David Neumark and Rivlin）、社会性别（Orley Ashenfelter and Alan Krueger）等，对此谭永生（2007）进行了较为详尽的综述。

6.1.2 人力资本的内涵

人力资本概念是随着经济发展过程中出现经济学理论无法充分解释的各种"谜"而慢慢发展起来的。在新古典经济学中往往认为劳动和资本是同质的（homogeneous），从而突出了资本的作用，人力资本的抽象价值被否定掉了，这也与该理论将企业视做一般化的生产要素自动相互组合的"黑箱"有关。舒尔茨（1990a，1990b）认为这与新古典经济学的方法论有关，"把生产率看做是一种完全脱离资本而纯粹天生的能力，这对于边际生产率的分析方法是太方便了"，

---

① 瑞典皇家科学院在授予舒尔茨诺贝尔经济学奖的公告中指出："舒尔茨对农业发展潜力的分析是根据一种均衡观点。他是传统生产方法与现有更有效的方法之间的差距，创造了动态发展必须的条件。舒尔茨用这个观点，对发展中国家的工业化政策及其对农业的忽视提出了详细的批评"、"舒尔茨是把教育投资如何能影响农业以及整个经济的生产率的分析系统化的第一人。"

他还明确指出:"这种劳动概念在古典阶段就不正确,而现在,其错误就更加明显。用算人头的方法来计算那些能够并且想要干活的人数,并且把这样的计算看做是衡量一种经济要素数量的尺度,这种做法并不比那种计算各式各样的机器总是来确定这些机器作为一种资本存量或是生产服务流量的经济重要性更有意义。"贝克尔(1987)也曾明确指出:"解释经济之谜的最大进步就是认识到劳动并不能用人时来衡量,因为经过训练的人更加具有生产力"。这也就说明了单纯从数量概念上分析劳动力和资本要素是不完整的,劳动力质量的提高也是一种能获取收入流的有效投资。

人力资本是投资的产物,是通过人力资本投资形成和积累的,表现为劳动者所具有和运用的科学文化知识、专门的职业技术知识和技能、健康以及劳动者的地理分布等。贝克尔(1987)认为投资活动可以分为两种:一种主要影响现在的福利,另一种主要影响未来的福利,通过用于增加人的资源、用于影响未来货币和消费的投资为人力资本投资,在货币形态上主要包括教育支出、保健支出、劳动力国内流动支出和用于移民入境的支出等。舒尔茨(1990a、1990b、2002)认为,人力资本的含义是极其丰富的,"人力资本是人们作为生产者和消费者的能力",直接体现在人身上,表现为人的知识、技能、经验和技术熟练程度等,体现为人的能力与素质。人力资本是通过人力投资而得到的,这种投资有四个方面:①教育和职业训练的费用;②医疗保健的费用;③为寻找更好的职业而进行的流动和迁移的费用;④从国外迁入的移民的费用。① 作为一种资本形式,个人及社会对其所进行的投资必然会产生收益。所以总体来看,人力资本是劳动者时间价值提高的主要原因,其大小可以表现在人力资本的所有者,即劳动者的收入上。

国内大部分学者大都接受了舒尔茨和贝克尔的定义,也有学者作了进一步探讨,这些研究主要包括李建民(1999)、侯风云(1999、2007)、冯子标(2000)、白菊红(2004)、张一力(2005)、张凤林(2006)和谭永生(2007)等。总体来看,理论界的表述和角度有所不同,但是却没有本质的区别。总结起来,人力资本投资主要包括四个方面——教育费用、医疗保健支出、培训支出和迁移费用,而且往往与人的消费过程联系起来。《新帕尔格雷夫经济学大词典》中关于人力资本的词条(约翰·伊特韦尔等,1996)将其定义为,体现在人身上的技能和生产知识的存量,他和物质资本一样,作为现在和未来的产出与收入流的源泉,是一个具有价值的存量,而人力资本投资的收益或报酬在于提高了一个人的技能和获利能力,在于提高了市场经济和非市场经济中经济决策的效率。本章也主要采取这一界定来理解人力资本及其投资。而人力资本除了物质

---

① 如西奥多·W. 舒尔茨的《人力资本投资——教育和研究的作用》。

资本的一般特征以外，还具有与其载体不可分离性、难以测度性、外部效应、动态可变性、需要持续投资等特性。

但是实际上国内外绝大多数文献都将人力资本投资等同于教育投入的概念，特别是在对其进行实证分析时。侯风云（2007）认为这有两个原因，一是概念上理解不正确，认为人力资本投入就是教育投入，而忽视了其他投入要素；二是在实际回归操作中，由于对教育投入的计算已经相当复杂，再加入其他的投入要素如培训、"干中学"、迁移和医疗保健等，就更复杂了，而且这些变量在计量时又相当不规范，没有一个较为通用的标准，也很难找到一个合适的数量指标来代替，因此，人们干脆不去考虑。我们认为侯风云（2007）实际上夸大了一点，这不大可能完全是因为概念上的混淆，而主要是因为采用教育变量在操作上的可行性，这包括数据的可得性、变量的可测性等。正因为如此，我们在后面的实证分析中也采用了大多数文献的这一处理方式，采用教育变量来测度农村人力资本状况，由于我们采用的是《新帕尔格雷夫经济学大词典》中定义，采用这一处理方式还是较为合理的，但是也会因此而对人力资本存量产生某种程度上的低估。而实际上，人力资本理论也正因为人力资本在计量上的困难而饱受责难，例如人力资本对经济增长的贡献在宏观实证上尚缺乏令人信服的证据、微观上也面临着"选择性偏误"（selection bias）等困难。

农村人力资本及其投资就是这种一般人力资本及其投资概念在农村地区的具体应用；同理，如果将其具体应用到农业产业领域，则还可以引申出农业人力资本的概念等。而实际上，由于中国经济正面临着深刻的转型，农村劳动力转移数量庞大，而且形式多样，人力资本又具有与其载体不可分离（产权私有）的特性，所以我们定义中的农村或农业人力资本并不是绝对的，具有高度的流动性，而人口的迁移本身实际上也构成了人力资本投资的重要内容。也正是基于此，我们将加强对农民的人力资本投资作为协调农业发展与非农产业发展争夺资源矛盾的重要工具性手段，可以促进两者齐头并进发展，这也是本章的主要目的。当然促进对农民投资还具有更为深刻的构建性意义。农村人力资本投资主要通过农村教育投资（包括农村基础教育和职业教育）、农业技术培训、农村健康投资、"干中学"（经验积累）以及农村劳动力流动等支出实现。一般文献大都认为，长期以来我国农村人力资本存量低、积累缓慢、投资严重不足；而且城乡之间存在严重的人力资本差距，农村人力资本也是净流出的，并且存在不同程度的弱化趋势以及因病致贫、返贫现象（朱玲，2000；白菊红，2004；侯风云，2007）。

6.1.3 人力资本与经济发展

人力资本积累是决定发展中国家经济增长的关键。舒尔茨（1990b、2002）

就曾断言："改善穷人福利的决定性生产要素不是空间、能源和耕地，而是提高人口质量，提高知识水平"、"以往的经济史是物支配人的经济史，开始是土地，后来是资本，成为经济系统的主宰，而现在已经到了必须强调人类本身价值的发展阶段，而且人的经济价值还会继续向上增长"。贝克尔（1987）则系统论证了教育投资作为一种生产性投资，"近年来的情况证明了……物质资本的增长，至少是按照传统衡量的物质资本的增长，只能解释大多数国家较小部分的收入增长……大量力图对促成增长的因素进行定量估算的研究确认了人力资本投资的重要作用"。明塞尔（2001）则从收入分配的角度论证了人力资本对促进微观个体收入增长的作用。诺斯（North，2002）也曾指出，社会的知识存量和资源禀赋决定了生产率和产出量的技术上限，他所说的"知识存量"实际上就是人力资本积累的重要内容。特别对于落后国家改造传统农业而言，加强对农民的投资，培育现代农民至关重要，因为受过良好教育的农民"一旦有了投资机会和有效的刺激，将会点石成金"（舒尔茨，2006）。

宏观经济理论上的发展充分证实了人力资本在经济增长中的重要作用，实践中也确实如此，正是人力资本积累揭开了许多"经济之谜"。西方经济发展的实践还证明，人力资本投资的收益率要普遍高于物质资本投资收益率，是决定不同经济体走向"趋同"或"发散"的重要影响因素。不过从理论发展来看，直到内生增长理论兴起以后，人力资本才被正式纳入到经济增长模型的规范分析中，与物质资本同等看待，甚至更为重要。内生增长理论关于人力资本的核心思想在于，人力资本作为除了物质资本和劳动力外的第三种重要生产要素，除了直接的生产要素效应（内部效应）以外，更重要的是具有极强的外溢性（externality），这可以克服传统生产要素（物质资本和劳动力）的边际报酬递减效应，从外部性的角度使得技术进步内生化，从而构造出规模报酬递增的总量生产函数，成为经济可以实现长期持续增长的源泉（即寻找所谓增长的"永动机"），这也就回答了新古典经济增长理论所没有能够解释的经济体为什么能够实现长期增长的问题。

在本章中，我们也主要从人力资本对经济增长的内部效应（internal effect）和外部效应（external effect）区分的角度来进行分析。内部效应有时又被称为"内部化"（internality）作用，即人力资本所有者从自身人力资本的积累中获益，通过直接提高人力资源的质量、激发技术进步和创新来提高自身收入和生产率，[1] 从而促进经济增长。卢卡斯（2005）将其定义为"个人的人力资本对其生产力的作用"。这往往又经常被称为人力资本作为生产要素功能的直接要素效应（作用）。而人力资本对经济增长的作用更为突出地表现在其外部效应上，即所

---

① 一般实证研究也大都证实拥有较高人力资本存量的人，能够获取更高的工资，比较少受失业的威胁，同时拥有较为体面的工作。

有者个人人力资本积累的增加使其他人同时受益，卢卡斯（2005）将其形象地表述为，"如果你很聪明，那么你周围的人也将比较聪明"。实际上，人力资本作为一种特殊的投资，这种正外部性是普遍存在的，可以通过提高生产要素的品质、改善人类的生存环境和优化资源配置来促进经济增长，具体包括推动技术进步和扩散、促进社会和谐、提高市场交易效率、降低人口生育率等多个方面，这又可以被称为人力资本的对经济增长的间接效率效应（作用）。源于人力资本这两种效应所产生的递增收益成为经济增长的"永动机"。

也正是由于这种外部性的存在，人力资本投资的社会边际收益往往要超过私人边际收益，个人对人力资本投资的收益认知和评价不足，支付意愿不强，这种市场失灵往往成为政府干预合法性的正当理由。但是政府干预的前提是做正确的事，因为政府干预同样会有政府失灵的问题，并经常还会有干预规模扩大的冲动，这可能比市场失灵后果更严重。但是目前理论界关于政府与市场关系的争论已经形成了一些基本共识。人力资本投资特别是基础义务教育和基本医疗健康服务（主要是预防性健康服务，preventive health care）应当纳入政府公共财政体系的重点覆盖范围（中国经济增长与宏观稳定课题组，2006）。尤其是那些企图通过"教育产业化"、"医疗市场化"等试图来扩大投资和消费、刺激经济增长的论点值得批判，这不仅逃避了政府所应承担的基本责任，而且从现代社会公正理论出发，这一做法尤其不利于社会公正的实现和人类可行能力（capability，或实质自由）的扩展。① 也恰恰是因为最需要政府承担的社会性基本支出在我国长期严重不足，直接导致了经济改革过程中出现了以国富和民生关系失衡为本质特征的增长失衡，这一点在城乡发展差距问题上表现得尤为突出。

6.2　人力资本投资的工具性价值

正如本书中早已经指出，全要素生产率增长作为产出增长扣除掉要素投入增长之后的度量，往往以一个余值（residual）或比值出现，包括了多种因素的综合性作用，是整个经济实现向集约型增长方式转变和能否实现可持续（sustainable）增长的根本性决定因素。传统的要素投入往往是指物质资本、劳动力以及农业上的土地等。在 6.1 节中，我们已经在理论上充分论证了人力资本作为一种新型生产要素对于现代经济增长所能够起到的重要工具性（instrumental）作用，而且这种作用可以区分为直接要素效应和间接效率效应。所以人力资本是影响TFP 增长的重要因素，但是人力资本作为一种生产要素又直接作用于经济增长，无论是作为一种生产要素直接作用于经济增长，抑或通过 TFP 增长的贡献间接作

---

① 对于这一点，我们在 6.2 节深入探讨人力资本投资的构建性价值时给予详细论述。

用于经济增长，两种作用机制最后的效果都必然表现为经济的增长，因此如何对两者进行有效区分是一个非常重要的问题。尤其是现有文献在宏观理论上早已经证明了人力资本对经济增长的贡献，但在一些宏观实证特别是跨国研究上却远未被证实（如 Benhabib, Spiegel, 1994；Temple, 2001；Krueger, Lindahl, 2001；等)[①]。正因为如此，区分人力资本对于整个经济增长的生产要素作用和效率提升作用是解释此问题的一个重要思路（Romer, 1989；Miller, Upadhyay, 2000；Aiyar, Feyrer, 2002；等）。本章在这里主要沿着上节的这些思路，继续在 DEA 的框架下，从人力资本对经济增长的直接要素效应和间接效率效应角度，探讨我国农村人力资本积累和农业全要素生产率增长以及整个产出增长的关系。总体来看，这是一种工具性作用。

6.2.1 教育变量对人力资本的度量

正如上文指出，局限于操作的可行性以及数据的可得性等原因，我们也采用了绝大多数文献的一般做法，用教育变量来对我国农村人力资本状况进行度量。即便是如此，度量方法仍然有多种，如产出法、经费投入法、教育年限法等。我们在进行比较研究的基础上，沿着 Hall 和 Jones (1999) 的思路，将对教育变量的度量反映在人力资本扩展型（human capital-augmented）劳动力变量 H_i 概念的使用上。

假定一个省级行政区内部农业劳动力平均受到 E_i 年的教育，则人力资本扩展型劳动力 H_i 就表示为

$$H_i = e^{\phi(E_i)} \cdot L_i = h_i \cdot L_i \tag{6-1}$$

式中，$\phi(E_i)$ 反映的是指相对于一个没有接受任何正规教育的劳动力（$\phi(0) = 0$），一个接受了 E 年正规教育劳动力的生产效率。而 $\phi'(E_i)$ 为一般明塞尔工资方程（Mincer function）中的教育收益率（明塞尔，2001），指的是多接受一年正规教育使劳动者生产效率提高的比例。其中，$\phi(E_i)$ 被设定为分段线形函数的形式。Biles 和 Klenow (1996) 也曾经指出这是在生产函数中利用受教育程度对人力资本进行加总的合适方法。如果 $E_i = 0$，则有 $H_i = e^{\phi(0)} L_i = L_i$，也就是说没有接受任何正规教育的劳动力提供的即是一般标准生产函数中的简单劳动力而已。

按照中国目前的统计，劳动力平均受教育程度可以划分为文盲及半文盲、小学、初中、高中、中专、大专以上六类（见历年《中国农村统计年鉴》），根据中国的实际各级学制，我们把平均接受正规教育年数对应分别设定为 0、6、9、

---

① 因为在绝大多数实证研究中，都是用教育变量来对人力资本进行度量，所以这又经常被归结为以教育变量来度量人力资本时，使得人力资本未能被正确加总有关。

12. 12、15. 5 年，从而可以计算出各省级行政区农业劳动力平均接受教育年数。此外，根据受教育年数来测算人力资本存量时，还需要教育投资的明塞尔收益率。近期以来，关于中国教育收益率的研究开始增多。例如，侯风云（2004，2007）利用 2002 年调查样本测算出我国农村和城市劳动力教育收益率分别为 3. 665%、8. 3%，此外比较有影响的还有李实和李文彬（1994）、Parish 等（1995）的研究。但是我国目前并没有一个公认的分教育阶段的教育收益率数据，特别是农村劳动力的教育收益率数据。在此，我们采用世界上应用最为广泛也最为全面的希腊经济学家 Psacharopoulos（1994）、Psacharopoulos 和 Patrinos（2004）对世界大部分国家有关教育收益率的长期跟踪研究数据（Hall，Jones，1999；彭国华，2005；侯风云，2007；等等）。根据他的研究表明，中国教育收益率在小学阶段为 0. 18，中学阶段为 0. 134，高等教育阶段为 0. 151，这与其他国家相比总体上偏低。我们采用这一数据，接受正规学校教育在 0~6 年之间的系数确定为 0. 18，在 6~12 年之间为 0. 134，12 年以上确定为 0. 151。例如，如果一个省级行政区的农业劳动力平均接受了 13. 5 年正规学校教育，那么这个地区的劳均人力资本存量就是

$$h = \exp(0.18 \times 6 + 0.134 \times 6 + 0.151 \times 1.5) = \exp(2.1105) \quad (6\text{-}2)$$

正如 Barro 和 Lee（2000）所指出，一般在采用教育作为人力资本存量的指标时，直接将人力资本存量看做是劳动力数量与平均受教育年限的乘积，或者直接采用平均受教育年数来度量的处理方法较多。而我们采用 Hall 和 Jones（1999）的思路则相对更为合理，因为教育不同阶段对生产效率所起的作用是不同的。例如，一年小学教育与一年大学教育对人力资本积累所产生的贡献肯定并不相同，而其他直接采用受教育年数的度量方法则完全忽视了这种教育质量上的差异，认为他们的作用是同质的，采用教育收益率法则充分考虑到了异质性（heterogeneous）差异这一点。[①]

6. 2. 2 人力资本的直接要素效应

由于国家统计局农村社会经济调查总队直到 1988 年才开始对我国农村劳动力的分省受教育情况进行统计，即平均每百个农村劳动力中各文化层次上的人数，见《中国农村统计年鉴》（1989~2006），所以我们将时间范围设定在

[①] 我们在本书第 4 章农业生产率的相关微观因素分析中，对受教育程度变量的处理方式也采取的是这一方式。那是因为，在我们的微观调查数据中，农户劳动力的受教育程度都比较低，几乎没有超过 12 年的。所以采用劳均受教育程度和人力资本扩展型劳动力并不会有太大的差别。但是在宏观研究中则不一样，这是以省级行政区为单位的人力资本存量，会体现出受教育程度的异质性，正如本书中所指出，采用人力资本扩展型劳动力来量度会更加科学。

1988~2005 年。图 6-1 提供了全国农村劳动力的平均受教育年数，从中可以初步判断出我国农村人力资本的增长速度是非常快的，劳均受教育年限从 1988 年的 5.92 年提高到了 2005 年的 8.01 年，年均增长率为 3.21%。这尤其突出地说明了 20 世纪 90 年代以来我国在农村教育、"普九"工程等人力资本投资方面所取得的巨大成就，整个农村劳动力文化素质得到了有效提高，成效显著。与第 2 章类似，横截面样本仍然为中国内地 28 个省级行政区，即整个 28 个省级行政区 1988~2005 年 18 年间形成的平衡面板数据（表 6-1）。研究方法仍然采用第 2 章中所论述的 DEA-Malmquist 非参数分解框架，来对分省农业全要素生产率增长进行求解。所有样本资料均同样来自于官方的统计数据，除了劳动力投入指标以外，其他投入产出指标确定也都与第 2 章相同，同样采用的是广义农业的口径。由于我们这里需要考察人力资本对农业产出增长以及全要素生产率增长的作用，因此在此我们将第 2 章中用农林牧渔总劳动力计算的劳动投入指标改用 6.2.1 节中测度的人力资本扩展型劳动力变量 H_i 来衡量。

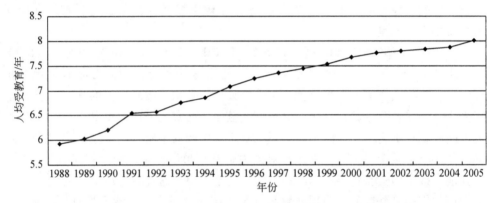

图 6-1　全国农村劳动力人均受教育年数（1988~2005 年）

资料来源：根据历年《中国农村统计年鉴》和中国的实际学制整理而得

表 6-1　考虑人力资本的农业曼奎斯特生产率指数变动与分解（1988~2005 年）

年　份	技术效率 变化指数	纯技术效率 变化指数	规模效率 变化指数	技术进步 指数	曼奎斯特 生产率指数
1988/1989	0.996	1.000	0.996	0.981	0.977
1989/1990	0.999	1.005	0.993	1.015	1.014
1990/1991	0.937	0.970	0.966	1.059	0.993
1991/1992	0.925	0.968	0.955	1.123	1.039
1992/1993	1.022	1.012	1.010	1.023	1.045
1993/1994	0.983	0.988	0.995	1.064	1.047
1994/1995	0.973	0.987	0.986	1.064	1.035

年　份	技术效率 变化指数	纯技术效率 变化指数	规模效率 变化指数	技术进步 指数	曼奎斯特 生产率指数
1995/1996	0.973	1.000	0.973	1.071	1.042
1996/1997	0.923	0.956	0.965	1.106	1.021
1997/1998	1.013	0.997	1.017	1.013	1.027
1998/1999	1.055	0.993	1.063	0.950	1.002
1999/2000	0.967	0.992	0.975	1.084	1.047
2000/2001	0.975	0.996	0.980	1.060	1.034
2001/2002	0.895	0.988	0.906	1.174	1.050
2002/2003	0.924	0.965	0.957	1.134	1.048
2003/2004	1.026	0.999	1.027	1.057	1.085
2004/2005	1.068	1.000	1.067	0.991	1.058
平　均	0.979	0.989	0.989	1.055	1.033

注：表中指数为历年各省级行政区的几何平均数，所取平均数亦为各年份的几何平均数

这也就是在考虑了人力资本影响的情况下对农业生产率增长及其构成源泉进行求解。由于基于 DEA-Malmquist 指数的非参数分解方法具有不影响性的特征，也就是说再向前或向后将研究事件所处的时段扩展都不会影响时段内的某一年份相对于其相邻年份的 TFP 增长、技术进步和技术效率变化，也并不会影响到原来研究时段的相应平均数值。这很容易从 2.2 节中的分解框架及数理推导过程中可以看出来，如岳书敬、刘朝明（2006）等也曾经利用了这一特性。如果我们将这里采用人力资本扩展型劳动力这一变量的农业 TFP 增长及其源泉的求解结果与第 2 章中直接采用简单劳动力的求解结果进行比较分析（comparative analysis），判断考虑了人力资本作为生产投入要素与没有考虑该要素作用的两种方式的求解结果之间是否会存在明显的差异，即可以判断出人力资本作为一种生产要素投入是否会对农业产出增长产生影响，是为识别出人力资本的直接要素效应。

尽管根据我们的初步计算，我国农村人力资本的积累速度还是比较快的，整个农村劳动力文化素质得到了有效提高。但是这是农村地理区域概念上来初步判断的，从农业产业概念上来看，因为我国农村劳动力转移很大一部分是通过就地转移来实现的，很大程度上表现为农村内部的工业化和城镇化，所以即使放在农村内部来看，农业劳动力的转移同样会伴随着农业人力资本的净流失过程，所以农业人力资本作为一种投入要素的直接生产作用的净效应仍然并不明确。由 28 个省级行政区的几何平均推导出我国、分省 1988～2005 年农业全要素生产率指数与分解可以分别参考表 6-1、表 6-2。

表6-2 考虑人力资本的各省级行政区曼奎斯特生产率指数与分解（1988~2005年）

地 区	技术效率 变化指数	纯技术效率 变化指数	规模效率 变化指数	技术进步 指数	曼奎斯特 生产率指数
北 京	1.000	1.000	1.000	1.075	1.075
天 津	1.006	0.994	1.011	1.063	1.069
河 北	0.973	0.997	0.976	1.058	1.029
山 西	0.963	0.976	0.987	1.057	1.018
内蒙古	0.953	0.974	0.978	1.030	0.982
辽 宁	0.983	1.000	0.983	1.048	1.030
吉 林	0.984	0.996	0.988	1.050	1.033
黑龙江	0.973	0.995	0.977	1.032	1.004
上 海	1.000	1.000	1.000	1.183	1.183
江 苏	0.990	1.000	0.990	1.077	1.067
浙 江	0.985	1.000	0.985	1.062	1.047
安 徽	0.955	0.980	0.974	1.053	1.005
福 建	1.000	1.000	1.000	1.060	1.060
江 西	0.973	0.987	0.986	1.046	1.018
山 东	0.974	1.000	0.974	1.066	1.038
河 南	0.963	1.006	0.957	1.051	1.012
湖 北	0.986	0.992	0.994	1.049	1.034
湖 南	0.975	0.989	0.986	1.044	1.018
广 东	1.000	1.000	1.000	1.055	1.055
广 西	0.982	0.985	0.998	1.045	1.027
四 川	0.978	0.997	0.981	1.031	1.009
贵 州	0.958	0.962	0.995	1.035	0.992
云 南	0.974	0.979	0.995	1.044	1.016
陕 西	0.981	0.986	0.995	1.049	1.029
甘 肃	0.959	0.971	0.988	1.048	1.005
青 海	0.984	1.000	0.984	1.064	1.047
宁 夏	0.970	0.942	1.029	1.050	1.019
新 疆	0.981	0.990	0.991	1.036	1.016

注：本表中指数为各地区历年的几何平均数

本章工作的主要贡献就是将人力资本要素纳入对农业 TFP 增长及 DEA 的分析。从表6-1、6-2可以看出，1988~2005年我国农业全要素生产率的增长是较为显著的（3.3%），但是这一显著的增长主要由生产前沿面所主导的前沿技术进步所贡献，即由处在生产前沿面上面的技术"最佳实践者"省级行政区所作贡献，而技术效率提升的贡献非常有限，甚至主要是恶化的，只有极少数年份和省级行政区的技术效率在此期间是改善的。这充分说明了不同省级行政区在对现有农业技术的利用能力上的差别，尤其是"最佳实践者"省级行政区与"技术追赶者"省级行政区之间的差异在扩大。这种由前沿技术进步"单驱动"的全要素生产率增长模式与我们在第2章中所得出的结论完全一致。

表 6-3 未考虑人力资本的各省级行政区曼奎斯特生产率指数与分解（1988~2005 年）

地 区	技术效率 变化指数	纯技术效率 变化指数	规模效率 变化指数	技术进步 指数	曼奎斯特 生产率指数
北 京	1.000	1.000	1.000	1.076	1.076
天 津	0.997	0.990	1.007	1.072	1.068
河 北	0.972	0.995	0.977	1.060	1.030
山 西	0.962	0.974	0.988	1.059	1.019
内蒙古	0.948	0.972	0.975	1.031	0.977
辽 宁	0.983	1.000	0.983	1.051	1.033
吉 林	0.978	0.995	0.983	1.054	1.031
黑龙江	0.970	0.994	0.976	1.034	1.003
上 海	1.000	1.000	1.000	1.183	1.183
江 苏	0.983	1.000	0.983	1.076	1.058
浙 江	0.985	1.000	0.985	1.062	1.047
安 徽	0.957	0.982	0.974	1.052	1.007
福 建	1.000	1.000	1.000	1.061	1.061
江 西	0.973	0.986	0.987	1.047	1.019
山 东	0.973	1.000	0.973	1.067	1.037
河 南	0.963	1.005	0.958	1.053	1.013
湖 北	0.984	0.991	0.993	1.052	1.035
湖 南	0.974	0.988	0.986	1.045	1.018
广 东	1.000	1.000	1.000	1.056	1.056
广 西	0.982	0.985	0.998	1.045	1.027
四 川	0.978	0.997	0.981	1.032	1.010
贵 州	0.958	0.962	0.995	1.035	0.992
云 南	0.975	0.981	0.993	1.047	1.021
陕 西	0.981	0.985	0.995	1.051	1.030
甘 肃	0.959	0.971	0.988	1.046	1.003
青 海	0.997	1.000	0.997	1.060	1.057
宁 夏	0.958	0.933	1.026	1.047	1.003
新 疆	0.969	0.984	0.984	1.050	1.017

注：表中指数为各省级行政区历年的几何平均数

另外，我们还提供了没有考虑人力资本作为一种生产投入要素时的农业全要素生产率及其源泉的求解情况（表6-2和表6-3）。从比较分析来看，当没有考虑人力资本的直接要素效应时，1988~2005年全国平均的农业全要素生产率增长3.3%，平均技术进步率为5.7%，平均技术效率变化是-2.3%；而在考虑了人力资本要素的投入贡献后，全国农业全要素生产率年均增长3.3%，年均技术进步5.5%，年均技术效率变化-2.1%。三大指数更为详尽的年度变化比较可以参考图6-2。从图6-2可以看出，是否考虑了人力资本的要素生产作用并没有对我国农业全要素生产率增长及其源泉的测度结果产生根本性影响，上文所得出的结论也基本一致。从具体不同省级行政区相关指数的详尽分解来看（表6-2、表6-3），通过比较可以看出各省级行政区的增长模式也都十分相似，并不存在根本性的区别，更为详细的描述性统计结果比较，可以参考表6-4。

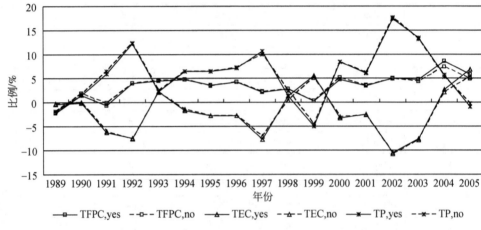

图6-2　考虑人力资本的农业曼奎斯特生产率指数与分解比较图

注：yes表示考虑，no表示没有考虑

从是否考虑了人力资本要素的直接生产作用的农业TFP指数及其源泉的比较分析可以看出，两者的估计结论基本一致。这一方面进一步证明了第2.3节所得出的估计是完全可靠的，结论是稳健的，即使在考虑了人力资本要素的生产作用以后，我们的结论也并没有发生根本性变化。但是又如何对此问题进一步做出令人可信的解释？从我们上文的理论分析可以看出，人力资本作为一种新型的生产要素，可以通过其"内部化"作用对经济增长作出贡献；实证上，岳书敬和刘朝明（2006）采用DEA-Malmquist指数方法和Wang和Yao（2003）采用增长核算法对全国宏观经济的实证研究都表明，不考虑人力资本（采用教育变量来度量）的作用时会高估全要素生产率增长，因为人力资本的直接要素作用被纳入到TFP的增长中。而在我们的研究中前后却相对没有发生根本性变化，这充分表明了农村人力资本积累对于农业产出增长的直接要素生产作用可能很有限，其作用可能更多地表现在间接效率效应上。

表6-4　考虑人力资本的省级行政区曼奎斯特生产率指数与分解的描述性统计比较

变　量	TP		TEC		TFP	
	yes	no	yes	no	yes	no
算数平均	1.056	1.057	0.979	0.977	1.033	1.033
标准差	0.028	0.027	0.014	0.015	0.037	0.038
CV/%	2.626	2.587	1.477	1.530	3.609	3.655
最大值	1.183	1.183	1.006	1.000	1.183	1.183
最小值	1.030	1.031	0.953	0.948	0.982	0.977

注：yes 表示考虑了，no 表示没有考虑

对于此，这可能只能通过中国农业在自身转型过程中不能不被动地接受整个中国经济转型所产生的影响效应来解释。即在整个宏观经济转型过程中，工业化和城市化进程加速推进，非农产业蓬勃发展，这其中的一个重要方面就是农业劳动力向其他产业的大范围转移，农业在国民经济中的经济地位明显下降（图2-7）。因此即使考虑到农村劳动力人均受教育程度的提高，农业领域中整个人力资本存量仍然可能是显著净向外流失的，对于这一点我们已经在第4和第5章中反复予以强调（无论是在微观上还是在宏观上），并在实证中的得到证明。所以，作为一种生产性要素投入，人力资本要素对农业产出增长的直接贡献有限，这与微观上的发现是一致的。诚然，正如第4.2.3节已指出，单纯采用教育变量来对人力资本进行表征并不足以反映整个人力资本概念的全貌，并显然会低估，但是我们认为这只是在技术性方面的问题，并不属于本书的讨论范畴和重点。不过，人力资本更为重要的作用还体现在其"外部性"作用上，这种间接效率效应才是我们继续关注的重点内容。

6.2.3　人力资本的间接效率效应

我们将各省级行政区考虑了人力资本的直接要素贡献以后计算的农业 TFP 及其构成来对分省农业劳均人力资本存量进行估计，即可探讨人力资本对农业产出增长的间接效率效应，这种分析思路与6.2.2节一起体现了人力资本对经济增长的直接（内部性）和间接（外部性）的两种作用机制。如果事先没有分离出人力资本对产出增长的要素贡献作用而直接求导出 TFP 及其构成，来作为对人力资本回归的被解释变量，这时人力资本的要素作用就被包含在 TFP 及其源泉当中，从而得出的人力资本与 TFP 及其构成的关系就可能会存在偏差[①]，作用系数会很

① 虽然在本章的实证中，6.2.2节已经证明了这种农村人力资本对农业经济增长的直接要素作用不是很明显，是否考虑人力资本的要素作用对农业 TFP 及其构成的估计影响不大。但是从理论上分析，如果直接采取没有考虑人力资本要素作用的 TFP 及其构成作为人力资本的被解释变量，很明显是不合适的，必须事先剔除人力资本的直接生产要素作用。

显著或者力度很大，由此得出的结论我们认为是不可靠的。因此，我们在 6.2.2 节的基础上，采用剔除了人力资本直接要素效应的农业 TFP 指数及其源泉作为因变量来对人力资本变量进行估计，而这种处理方式所得出来的估计结果即是人力资本对农业产出增长的间接效率效应，也就是通过农业全要素生产率及其源泉所发挥的效率作用来促进产出增长。

同样，按照第 5 章的做法，将 6.2.2 节中 DEA 求解出的农业全要素生产率及其构成指数都转化为基年 1988 年为 100 的累积增长指数作为整个回归中的被解释变量，以各省级行政区的农村劳均人力资本存量 h 作为解释变量来反映各省级行政区农村的人力资本积累状况。一般的研究往往会加入其他控制变量，如各省级行政区的农业资源禀赋、制度变迁状况和经济条件等，在第 5 章中我们已经深入讨论了农村主要经济制度变迁与农业生产率增长之间的关系，而实际上并不是所有的相关控制变量都能考虑进来，有些变量是不容易被量化的，并容易导致多重共线性问题。根据我们的研究目的，本小节主要是考虑农村人力资本与农业生产率增长之间的关系问题，其中一个有效的变通方法就是采用面板数据固定效应模型，这主要采用的是 Miller 和 Upadhyay（2002）的思路，其实在第 2 章进行农业生产率的条件收敛检验时我们已经采用了这一方法。即其他控制变量对因变量的影响通过面板数据的"固定效应"来反映，还可以通过"双向"固定效应来考虑不同省级行政区各自的不同状态与特征，这种处理情况下采用固定效应也是要优于随机效应（random effects）的。

因此，我们的基本估计式为

$$Y_{i,t}^{k} = \beta_0 + \beta_j h_{i,t} + \phi_i D_i + \varphi_t D_t + \varepsilon_{i,t} \tag{6-3}$$

式中，$k = 1$，2，3 分别表示农业全要素生产率、技术进步和技术效率因子；$h_{i,t}$ 表示分省级行政区 i 在 t 年的劳均人力资本存量；$i = 1$，2，…，28 表示各省级行政区；t 表示年份；$\phi_i D_i$ 是不可观测的省级行政区特定效应，目的在于控制各省级行政区的固定效应特征；$\varphi_t D_t$ 是不可观测的时间特定效应，包含了没有包括在回归模型中而与时间有关的特定效应，这是一个不随省级行政区变化而变化的变量；$\varepsilon_{i,t}$ 即为经典的随机扰动项。

表 6-5 报告了农村劳均人力资本存量与农业 TFP 增长及其源泉的双向固定效应模型估计结果。实证估计表明，从整体估计结果来看，我国农村劳均人力资本状况对农业 TFP 的增长有显著且力度很大的正向作用，也就是说人力资本的间接效率效应是高度明显的，尤其是与直接要素效应相比。而且这一效应主要是通过促进农业前沿技术进步来实现的，即人力资本主要作用于生产前沿面的向外移动与扩张，因为劳均人力资本对农业技术进步的正向作用同样是高度显著的。但是恰恰相反，这一变量对农业技术效率的作用则并不显著，而且力度很小，几乎没有起到显著作用。这也就是说农村人力资本积累对于农业生产率增长是以促进

"最佳实践者"省级行政区所主导的前沿技术进步所产生的发散效应为主,而不是促进技术落后者对前沿省级行政区"追赶"所产生的收敛效应。这一结论与第2、3章得出的农业生产率增长主要由前沿技术进步"单独驱动"而非效率提升的增长模式以及不存在收敛现象的结论是一致的,这其中人力资本起到了一种将这种模式放大的作用,促进了农业生产率增长在各省级行政区之间的发散效应。

表6-5 农村劳均人力资本对农业生产率增长与构成的影响(1989~2005年)

变量名	TP	TEC	TFP
常数项	−429. 7583 * * (197. 265)	65. 1487 * * * (18. 022)	−463. 9313 * * (207. 516)
h	170. 8266 * * * (56. 291)	4. 8743 (5. 143)	171. 4960 * * * (59. 216)
省级虚拟变量	yes	yes	yes
时间虚拟变量	yes	yes	yes
样本数	476	476	476
年 数	17	17	17
Adj-R^2	0. 4135	0. 7694	0. 3420
对数似然值	−2813. 0040	1673. 9580	−2837. 1180

注:括号内数字为参数估计值的标准误差, * * *、* * 和 * 分别表示该参数至少在1%、5%和10%的水平显著,限于篇幅,本表没有报告每个省级行政区和年份的固定效应

在第4章的微观研究中,本书发现劳均受教育程度变量对于在农户层面上的生产率效应并不怎么显著,但是在本章宏观层面上的研究中却高度显著。我们认为这除了宏观表现与微观基础可能存在一定脱离以外,也并非完全与理论相矛盾。从上文的分析可以看出,人力资本的作用可以被分为内部化作用(internal effect)和外溢性作用(external effect),其中对经济发展的作用则更为突出的体现在外部效应上,这种收益往往并非由私人所得,而更多地体现为一种社会性收益,因此其在微观层面上的私人收益往往并不会很明显。所以造成微观基础与宏观表现出现背离的现象。这也就往往会因为成本收益的不对称而造成私人投资的不足,特别在基础教育上就更加需要政府社会性支出的作用来弥补这种不足,特别是在广大农村,教育投资的内部化收益由于高素质劳动力大量从农业领域移出而对农业生产率增长的作用相对更加有限。从整体宏观层面的情况来看,我国农村人力资本作为要素投入对农业产出增长的直接生产效应并不明显,但是通过全要素生产率增长来促进产出增长的间接效率效应高度显著。这主要通过提高传统生产要素的使用效率、优化资源配置、正确对市场环境做出反应以及采纳先进的

农业技术等来发生作用，这主要体现在人力资本的"外溢性作用"上。更为具体来讲，这主要是通过生产前沿面的扩张（前沿技术进步）所产生的发散效应来完成的，而不是通过技术"落后者"对"最佳实践者"的追赶（技术效率增进）所产生的收敛效应来实现的，即以增长效应为主，水平效应有限。

6.3 人力资本投资的构建性价值

6.3.1 对人力资本理论的反思

现代人力资本理论聚焦于经济增长过程中人类自身的主体作用，将注意力从主要以实物形态的物质资本积累转移到经济增长实际上是结合了人的生产性要素作用的增长过程。例如，通过教育、"干中学"、培训和迁移等形式，人的生产能力得到提高。我们主要从人力资本与经济增长以及（农业）生产率增长关系的角度分析了人力资本的这种重大工具性作用。实际上，这种工具性作用还体现在其与收入分配、个人收入增长、维护社会和谐等其他方面。现代人力资本理论从传统的以物为中心的经济增长过程分析中，将最具革命性的因素——劳动力质量（人）纳入资本的范畴，并成功解释了许多"经济之谜"。这相对于以往是一个里程碑式的重大进步。对于这一点，上文已经给出了判断。但是也正是因为这一点，人力资本理论一直遭受到来自于从人性和道德角度的批判。基于此，我们继续深入探讨人力资本投资对于整个人类发展过程所具备的更为深层次的构建性价值（constructive value），这又可以被称为内在性价值。

舒尔茨（1990b）在总结以往经济学为什么会对人力资本投资退避三舍的道德和哲学原因时，也曾经指出"自由人首先是经济努力来满足的一方，他们既不是财产，也不是试销资产"；"把人类视为能够通过投资来增加的财富是同根深蒂固的道德准则相违背的"。马歇尔虽然也早就认识到了对人进行投资是最具有价值的投资，但他对人力资本概念实际上采取了抵触态度，他认为把人等同于资本实际上本身就贬低了人的价值。但是正如舒尔茨（1990b）本人所辩护道，"人通过对自身投资便能扩大自己可资利用的选择范围，这正是自由人可以增加自身福利的一个途径"。我们认为人力资本理论的局限性[①]并不在于所谓道德和哲学上的原因，因为这往往具有先天主观意识形态和道德价值判断的偏向，更多的是一个规范性的命题。因为正如阿马蒂亚·森所指出，"人力资本是一个有用

[①] 当然，在技术层面上人力资本理论也一直遭受到关于人力资本如何计量的批判，因为关于人力资本的计量与测算、定量分析方面，现有人力资本理论仍然没有取得令人信服的成果，其成就更多地体现在其理论与定性分析的创见性方面。限于我们的研究目的，在此不再赘述。

的概念"、"同样集中注意在扩大生产可能性方面的人类主体作用,他与人类可行能力视角一样都关注于人的地位作用,特别是人们所实现和取得的实际能力"。而认为该理论局限性在于过分强调人力资本的工具性价值,尤其是对促进经济增长、生产力或个人收入增长之上。更为重要的是该理论仍然将这一工具性作用主要建立在传统的基于 GDP 的发展范式之上,而忽视了其本身所具有的构建性价值,即人力资本积累本身就是经济发展的重要组成部分和目的,而不仅仅是手段。因此,人力资本理论必须得到超越和发展,而不是简单地予以否定。

本小节我们重点从基于人类发展(human development,人类生活质量)视角的发展观和森的可行能力方法(capability approach)视角来分析人力资本相对于工具性价值更具根本性意义的构建性价值,并对人力资本理论的局限性进行初步探讨。诚然,正如阿马蒂亚·森本人所承认的那样,"在承认'人力资本'的重要性和有效范围之后,我们必须超越'人力资本'的概念。这里所需要的拓宽,是添加性、包容性的,而不是在任何意义上去取代'人力资本'的视角"。

6.3.2 基于 GDP 增长与人类发展视角的两种发展观

在现今有关经济和社会政策的评估体系中,以获取 GDP(或 GNP)的增长为目标的发展范式占据了主流地位,这种 GDP 导向的经济评估方法起源于凯恩斯的总量式宏观均衡分析框架,其通过开创宏观经济学而引发了经济学的革命,并成为政府干预经济运行的基本参照体系。GDP 标准体系由于其独特的优势,在世界范围内获得了普遍应用,GDP 不仅被用来衡量经济总量的大小,而且也经常被用来衡量一国居民的福利,追求 GDP 总量及其人均水平的增长经常被作为发展的最终目标来看待,是世界各国尤其是广大发展中国家发展战略所追求的主流。

阿马蒂亚·森(2002)毫不讳言,这是一种非常狭隘的发展观,包括"发展就是国民生产总值增长或个人收入提高、或工业化、或技术进步、或社会现代化等观点",会产生严重的社会经济问题。联合国计划开发署(UNDP)在森可行能力框架的基础上,设计出人类发展指数(human development index,HDI),并于 1990 年开始发布年度《人类发展报告》,向世界范围推行人类发展理念(human development perspective)。对于可行能力方法和人类发展视角的形成做出重大贡献的除了阿马蒂亚·森本人以外,还有 Anand、Dreze、Mahbub 等经济学家以及哲学家 Nussbaum 等的拓展和完善(刘民权等,2005)。除了《人类发展报告》以外,基于人类发展的发展范式已经深深影响了国际社会的相关发展理念，如世界银行的《世界发展报告》①以及《中国人类发展报告》等。

其实，早在2000多年前，亚里士多德在其著述中就赋予了生活质量以核心的地位，认为财富并非人们所追求的最终目标，而只是因为他有助于我们其他目标的实现。这一分析传统实际上为威廉·配第、亚当·斯密、约翰·穆勒和卡尔·马克思等所继承，并于20世纪80年代为森②所复兴。以追求GDP增长为核心的发展观实际上仍然是一种以物为中心的发展范式，他的根本问题在于颠倒了发展的目的和手段，没有把人和人的生活质量的提高置于整个发展的中心地位。例如，马克思本人就十分反对资本主义的"金钱拜物教"。实际上，人并非单方面的"经济人"，而是具有多重追求的社会人，除了物质财富以外，健康、教育、自由迁徙、表达和自我实现等都会成为人类追求的目标。而森将这种人类的全面追求统一到了他的"实质自由"（substantive freedom）观之下，这种以可行能力（capability）为核心的自由观③将发展的不同方面——经济、社会、政治以及文化的，统一到一个具有内部一致性的理论框架之中，而发展则可以看做是扩展人们享有的真实自由的一个过程。

相对于以GDP为核心的传统发展观，以人类发展为核心的发展观并非否认GDP增长或人均收入增长的重要性，他们是扩展人们享有的自由的重要手段。但是他们最终来说只属于工具性的范畴，是为人的发展和福利服务的，如果承认人是发展的中心，将发展的目标确定为对人的自由的扩展的时候，自由的扩展就还深深依赖于其他决定因素，如社会、经济和政治的制度安排、公民权利和社会正义等。因此，我们就不能只关注于经济增长，还必须同时关注于社会和政治的进步，关注于消除那些限制人类自由的主要因素，如贫困的发生、经济机会、公民权利和社会保障的缺乏等。而自由的扩展本身作为发展的重要手段，其意义还在

---

① 例如，世界银行在《1995年世界发展报告》中首次公布了用"扩展的财富"作为衡量全球或区域发展的新指标，将自然资本、人造资本、社会资本和人力资本共同作为评判世界各国的真实"财富"的标尺。2000年在《增长的质量》中提出了新的发展分析框架，将影响增长和福利的要素分为人力资本、物质资本和自然资本三类，其中物质资本通过增长影响福利，而人力资本和自然资本不仅可以通过增长影响福利，其自身就是福利的主要组成部分。2004年的报告的主题则关注于对人进行投资并使他们有能力来利用各种发展的机会。2006年《公平与发展》提供了国家内部和国家之间机会不平等的证据，并说明了这些不平等通过哪些途径损害发展从总体情况来看，该年度报告深深体现了基于人类发展的发展范式和对加强人力资本投资理念的高度重视。

② 森本人因为"在经济科学的中心领域做出了一系列可贵的贡献，开拓了供后来好几代研究者进行研究的新领域"而荣膺了1998年的诺贝尔经济学奖，瑞典皇家科学院的公告中还特别提到，"他结合经济学和哲学的工具，在重大经济学问题讨论中重建伦理层面（restored an ethical dimension）"。森的学术思想继承了从亚里士多德到亚当·斯密等古典思想家的遗产，因为怀着对全世界各地遭受苦难的人们的深切关心，而享有"经济学的良心"的美誉。

③ 限于本章在结构框架上的组织，我们将在下节中对森的实质自由、可行能力等概念给予详细介绍和解读，本小节中我们主要着重于对以森为代表的相关理论的整体框架和分析思路进行讨论，而并不局限于对一些具体概念的解释。对一些较为晦涩的概念的解读将在下一小节中给出。

于他对于发展过程所能起到的工具性和实效性作用，各种工具性自由之间还能够相互关联、补充与强化，一种自由可以大大地促进另外一种自由，可以直接或间接地帮助人们按照符合自己意愿的方式来生活。因此基于人类发展视角的发展观的规范性命题就是："发展的本质是实质自由的扩展，自由是发展的首要目的，自由本身也是促进发展的不可缺少的重要手段。"而发展的评估焦点就应该努力从对GDP等收入、财富指标的考察，转向于考察能够允许每个人去追求符合自己意愿的、有理由珍视的、认为有价值的生活所具备的可行能力是否得到了有效扩展。

因此，正如刘民权等（2005）所指出，人类发展视角是一个有关个人福祉、社会安排以及政策设计和评估的规范性框架。在基于森理论框架的人类发展视角下，发展被定义为人们可行能力（自由）的扩展，所关注的焦点是人们能否过上自己有理由珍视的生活，这直接关注于人类生活的质量。在传统发展观中所强调的GDP或物质财富的增长，在阿马蒂亚·森的发展观中只是一种扩展人类自由的工具和手段而已，这就从根本上摆脱了传统的以物为中心的发展范式。

所以，我们可以看出人力资本理论虽然开始强调人在经济增长过程中所起到的主观能动性作用，将人的因素作为研究的重心，这相对于传统经济增长理论已经是一大进步。但是从6.1节的论述可以看出，该理论仍然深深受到基于GDP增长的发展范式的影响，即加强人力资本投资能够对促进经济增长和增加物质财富所能做出的重大贡献（工具性作用），单纯从促进经济增长的角度来分析人力资本的作用，这实际上也就仍然没有摆脱以物为中心的发展范式，并没有真正将人置于中心地位。评价人力资本投资需要一个更为广阔的视野，必须将人类自身置于发展的中心地位，建立一种以人为中心的发展范式。

下面我们将结合对人类发展视角中"自由"、"可行能力"等概念的分析，重点探讨人力资本投资在基于人类发展视角的发展观和森的可行能力分析框架中所具备的更深层次构建性价值。这里需要强调的是，这种价值是整个发展目标和基本的人类普适价值[①]中自身固有的组成部分，他本身就是价值，并不需要通过与别的有价值的事物联系起来而表现其价值，也不需要通过对别的有价值的事物起到促进作用而显示出其重要性。这也正是对于构建性价值概念的准确定义。

6.3.3　人类发展视角下人力资本投资的构建性价值

首先，我们从阿马蒂亚·森的自由观来理解人力资本投资所具有的构建性

[①]　柯武刚和史漫飞（2004）曾将这种具有普适性特征的人类的基本价值定义为得到极普遍的高级个人偏好，绝大多数较具体的意愿大都从属于这些价值，尽管这样的价值在不同的社会中有不同的具体形式，但不管在什么文化当中，他们基本上得到了普遍的追求。这些价值是好社会的核心，一般包括：个人免受恐惧和强制的自由、公正、安全、和平、经济福利（或繁荣）和宜人的自然环境及人工环境等。详见：柯武刚，史漫飞的《制度经济学——社会秩序与公共政策》。

价值。

　　自由分为两种。一种是不接受某些事物的自由权（消极自由权），即被动自由，也就是古典的自由定义，是指免受干预的自由，个人能够在多大程度上享有受保护的自主决策和自我负责领域，如不受强制和恐吓等。另一种是去做某些事情或索取某些事物的自由权（积极自由权），即主动自由，这与人的主观能动性有关，即一个人能做什么。例如，贫困和失业等都会妨碍到消极自由的行使。但是总而言之，正如罗尔斯（1988）所指出，自由总是可以参照三个方面的因素来解释：自由的行动者、自由行动者所摆脱的各种限制和束缚、自由行动者自由决定去做或者不做的事情。阿马蒂亚·森的自由观中对自由的理解仍然是沿着这样一条思路，他将被动自由和主动自由分别称为自由的过程方面和能力方面，并特别关注于能力方面，"能力"概念实际上在森的可行能力方法框架中处于核心地位。

　　阿马蒂亚·森（2002）所定义的"自由"是在"实质"（substantive）意义上定义的，是指人们在多大程度上（或者有多大能力）去享受他们根据自身的理由而珍视的那种生活。更为具体地说，它首先是指人们具有享受起码生活水平、免于各种困苦的能力，包括免受困苦——诸如饥饿、营养不良、可避免的疾病、过早死亡之类——基本的可行能力。同时，它包括诸如能够识字算数、有机会接受教育、发表言论、享受政治和社会参与等方面的自由。它包括法治意义上的自由，如通常由法律规定的各种自由权利；但是并不限于权利，它还包括各种"政治权益"（entitlements），即各种"资格"。例如，失业者有资格得到救济，收入在贫困线以下者有资格得到补助，每个孩子都有资格上学受教育等等。这种全面的自由观既涉及个人选择的"过程"（或"程序"），又关系到个人所实际享有的"机会"。这种基于人类发展视角的自由观强调对人的能力的培养，意义在于提高人进行主动参与的能动性。因此，森的以能力为核心的自由观和以哈耶克（Hayek）为代表的古典主义自由观①是对立的。森认为，被动自由固然重要，但是更重要的是人们能够实现有价值的目标的能力，国家在增加个人能力方面负有不可推卸的责任，将个体自由作为发展的目标需要社会的承诺。

　　从阿马蒂亚·森的自由观可以看出，这种以扩展人类基本自由为目标的发展观会将最后的注意力集中在人的能动性一面，而不仅仅是把人看做是发展成果的被动接受者。即阿马蒂亚·森本人所定义的所谓"主体性"或者"赋权"，意思是人是一个能够思考和参与的主体，而不是被动接收的客体。基于人类发展的自由观强调对人的能力的培养，其意义就在于能够提高人进行主动参与的能动性。

---

　　① 古典自由主义者认为，自由仅仅意味着一个人免受他人的侵害，即对公民的被动保护，如果超出了这一点，自由就有可能被某些独裁者所利用，从而为其专制统治辩护。

从对这种自由观的初步理解中，我们可以看出其与现代人力资本理论中的人力资本投资有一定的重合性和统一性，即都关注于人本身的主体性和能力建设，其中许多内容也正是人力资本理论的重要内容。只是人力资本理论将人力资本投资作为促进经济增长和收入增长等的工具性手段，而在森的自由观下人力资本投资本身就是其"实质性自由"概念的重要组成部分，并可以为扩展这种人类基本自由作出贡献。这也正是为什么我们希望能在基于人类发展的发展范式下来讨论人力资本投资的构建性价值的原因。如果深入理解了这种新的发展观，那么对于人力资本投资对于发展过程所具备的构建性价值也就不言而喻了。

其次，我们从森的可行能力框架和基于人类发展的发展观角度来理解人力资本投资的构建性价值。

阿马蒂亚·森从扩大信息基础的角度，认为以构成实质自由的"功能性活动"（functions）作为综合价值标准，并不存在某些价值要素"绝对地"优先于另外一种价值要素，也不能把某些价值要素（事先）排除在外，如效用（边沁等的功利主义者）、平等、生活质量（亚里士多德）或基本物品（罗尔斯）等。几种主要的现代价值观——功利主义、自由至上主义和罗尔斯正义理论为代表的公平主义都会存在信息基础范围上的限制和不足，而以一个人选择有理由珍视的生活的实质自由——可行能力方法在信息基础上所具有的广度和敏感度使得他相对于其他学派具有更为宽广的适用范围。这其中当然包括我们对人力资本投资构建性价值的分析。"功能性活动"反映了一个人认为值得去做或达到的多种多样的事情或状态，这些活动可以包括吃、穿、住、行、读书、社会参与等，所以一个人的功能性活动组合反映了此人所实际达到的成就，他的实际成就可以通过功能性活动向量来表示。那么一个人的可行能力指的就是有可能实现的、各种可能的功能性活动组合，其"可行能力集合"由此人可以选择的那些可相互替代的功能性活动向量组成。因此，可行能力也是一种自由，是实现各种可能的功能性活动的"实质自由"，这种所拥有的能力不仅包括他所拥有的权利和物品，而且还包括他所使用这些权利和物品的能力。故可行能力方法的评价性焦点可以是实现了的功能性活动（即一个人实际上能够做到的），或者此人所拥有的由可选组合构成的"可行能力集合"（即一个人的真实机会）。①

如果将构成"功能性活动"的各种有价值的生活列成一个清单，那么他的可行能力就是其可行的、列入清单的所有活动的各种组合（Sen, 1985）。理论上而言，具有稳定偏好的理性"经济人"会在自己的"可行能力集合"内根据自己的决策规则选择最优组合，那么这会通过其实际选择而表现出来。不过在实践

---

① 正如阿马蒂亚·森（2002）本人所指出，两者包含的是不同的信息——前者是关于一个人实际做到的事，后者是关于一个人有实际自由去做的事。而实际上这种可行能力集合既包含着个人所享有的"机会"，又涉及个人选择的"过程"。

中，哪些活动应该被列入这个清单，是一个社会选择的问题，需要通过适当的过程来解决（阿马蒂亚·森，2002）。可行能力虽然是一个多维度的、全方位的概念，但是他首先必须包括一些最为基本的功能性活动，然后才能逐步扩展到其他相关活动。联合国计划开发署（UNDP）的《人类发展报告》认为最为基本的功能性活动必须满足两个条件：①他必须是世界各地人们普遍认为有价值而加以重视的；②他必须是基本的，即缺少了这些能力将妨碍其他许多功能性活动的实现（Fukuda-Parr，2003）。人类在所有发展水平上都会存在三个基本的选择：①能够过上长寿而且健康的生活；②获得知识；③获得过体面的生活所需要的资源。这经常被称为人类发展的三大最基本的维度。不过，人类发展维度还包括许多其他内容，如政治、经济和社会自由，拥有创造力和生产率的机会，享有自尊和保障人权等（UNDP，1990）。但是如果有些基本功能性活动不能实现的话，那么其他机会都将无法实现。

根据这一要求，UNDP认为经济机会（特别是就业机会）、教育和健康是其中最核心的可行能力，其系列《人类发展报告》重点对以下四个方面予以特别关注：①长寿且健康的生活；②教育；③体面的生活和尊严；④主体性（即人不应该被动地接受发展的成果，还应该主动参与到发展的进程当中）。在此基础上，UNDP还推出了更为具体的可供操作的度量一国或地区人类发展成就的指标，即人类发展指数，HDI是在三个指标的基础上计算出来的：①健康长寿，用出生时预期寿命来衡量；②教育获得，用成人识字率（2/3权重）及小学、中学、大学综合毛入学率（1/3权重）共同衡量；③生活水平，用人均GDP衡量。

因此，这种基于人类发展的发展观除了将传统发展观中的GDP指标仍然作为重要内容以外，更多地反映了一种更加宽广的视野和人本价值观在经济学上的回归，强调了经济学的道德和伦理层面，而其他内容如对教育、健康等的强调则更多地体现了现代人力资本理论的内容，体现了两者在内容上巨大的重合性，而且更为根本的是两者都强调要增强人的主体性特征，强化人们这种参与生活、实现自我目标的能力。姚洋（2007）同样还从"能力指向"的平等观的角度强调了能力建设的重要性，他所指的能力更倾向于森意义上的能力概念。所以本书的最终结论认为从根本上解决"三农问题"，必须以农民的"能力建设"为核心。

但是两者对相关内容的态度却截然不同。人力资本理论实际上是将教育、健康等相关变量作为促进GDP或收入增长的工具与手段来看待的，这正是我们在6.2节所讨论的工具性作用，主要包括直接要素效应和间接效率效应两部分，他们有价值主要是因为他们能够促进经济增长而存在，人力资本是从属于GDP增长的。这也就正是人力资本理论的局限性，其并没有能够摆脱GDP导向传统发展观的桎梏，实际上仍然是以物为中心的。而在基于人类发展的发展观中，这种态度就不复存在，他将人力资本的重要内容如教育、健康等与GDP增长并列起来，甚至更为重要而并不存在从属关系，虽然可以相互促进，但他们都是人类发展目标中固有的组成部分，教育、健康与主体性本身就是价值，这种价值并不依赖于其能够促进经济增长而体现的工具性价值而存在，这也就是我们一直强调的人力资本投资所具备的构建性价值，这种价值本身就应成为整个人类发展的过程和结果。

更具体地说，人类的一切活动必须首先建立在能够健康地活着的基础之上，健康既是一项最基本的可行能力，也具有最广泛的普适性。正如刘民权等（2006）所指出，因为过早死亡或疾病缠身所造成的限制都是无法通过其他途径获得替代性满足的，他往往从最底部就摧毁了扩展其他可行能力的可能性。而教育水平会影响到人们对于"什么是值得自己珍视的生活方式"的认知程度和追求，影响到人类自身参与发展过程的能力，这同样是主体性发挥的基础。但是，这种新的发展观并不否认人力资本所具备的巨大工具性和实效性作用，在森的框架中，人类发展的"各种工具性自由之间存在着多种多样的相互关联。他们各自的作用以及对其他自由的具体影响是发展过程的重要方面"（阿马蒂亚·森，2002），他们之间可以相互联系和强化，互为因果关系，共同为可行能力的扩展作出贡献，如人力资本与经济增长的关系。对于此，森曾具体分析了五种工具性自由，包括政治自由、经济条件、社会机会、透明性保证和防护性保障。这其中尤其是社会机会与人力资本投资最为相通，是指在社会教育、医疗保健及其他方面所实行的安排，这些对经济增长、政治自由都具有重要的作用，而经济增长反过来又可以促进人力资本投资。

总之，从上述两个方面的分析和理解来看，基于人类发展的发展观和可行能力方法并非是对人力资本理论的否定，而是对人力资本理论的拓展，是在充分认识到了人力资本对于经济增长的工具性作用，并最终能够间接地扩展人类可行能力的基础上，在更为宽广的视野内认识到人力资本对于人类发展的构建性价值，这种构建性价值并不依赖于工具性价值而存在，他对人类的福利具有直接关联性，还可以通过影响社会变化对这种福利间接地起作用，而不仅仅局限于经济增长。而我们这种对人力资本理论的反思并不局限于以前那种来自于道德和哲学上原因的批判，这种在对人力资本投资工具性价值的基础上对其构建性价值的分析和扩展仍然是实证的。

6.3.4 对中国发展过程的启示

30 年的改革开放带来了中国经济的持续繁荣，有所谓的"中国奇迹"之称。这其中最为根本的原因就是对市场机制的正确运用。正如阿马蒂亚·森（2002）所指出"我们需要市场，不仅是因为他产生好的结果，而且是因为他为我们提供了选择的机会，特别是自由择业的机会"，计划经济体制因为"剥夺买卖、交易的自由，本身就是一个巨大的失败"。但是对市场的结果也必须加以批评性检视，因为初始禀赋的不同，市场的结果可能是不平等的，市场也会因为外部性的存在而失灵，等等。森强调市场的全面成就深深依赖于政治和社会安排，特别要以公共行动来创造条件，使市场良好地发挥作用。但是自改革开放以来，中国在转型期的一些改革措施已经明显对一些重要的社会目标产生了负面影响。例如，过分强调经济的快速增长，在政绩评价体系上着重对 GDP 考核，而对医疗、教育、环境、社会公平、收入差距等社会及文化领域则相对有所忽视，尽管这在很大程度上是"无意所造成的后果"[①]，但这种"后果"并非"不可预期的"，特别是那些"不利后果"。这产生了许多非常严峻的社会问题，主要体现在以国富和民生关系失衡为本质特征的增长失衡（中国经济增长与宏观稳定课题组，2006）。

显然，进入新世纪以来，中国政府正经历着一个发展观的转变，积极寻找着问题的解决方案。自从党的十六大报告提出"全面建设小康社会"以来，更是明确提出要转变发展观念，全面贯彻落实科学发展观和构建和谐社会。科学发展观的第一要义是发展，核心是以人为本，基本要求是全面协调可持续，根本方法是统筹兼顾。社会主义和谐社会的总要求则是民主法治、公平正义、诚信友爱、充满活力、安定有序、人与自然的和谐相处。党的十七大报告中更是将全面推进经济建设、政治建设、文化建设和社会建设并列为中国特色社会主义的基本目标，明确提出要建设生态文明以实现经济社会的永续发展。这些摆脱了 GDP 传统发展观的新发展观更是成为新世纪以来政府的全面施政方针，在历年温家宝总理的《政府工作报告》中都得到了充分体现，而深深打上了基于人类发展视角的烙印。

由于问题的累积性质，中国政府必须继续高度重视关系到可行能力提高的社会事业建设，以全面提高生活质量为目标。人力资本投资特别是基础义务教育和基本医疗健康服务（主要是预防性健康护理，preventive health care）应当被纳入政府公共财政体系的重点覆盖范围（中国经济增长与宏观稳定课题组，2006）。而那些企图通过"教育产业化"、"医疗市场化"等试图来扩大投资、消费及刺激经济增长的论点尤其值得批判，这些都是典型的只单单重视人力资本对于促进

---

① 阿马蒂亚·森将此问题分为两种："有意追求的变化"与"无意造成的后果"。"无意造成的后果"又被称为"斯密主义"或"斯密－门格尔－哈耶克理论"，其核心是认为"许多（也许大多数）实际发生的好事通常是人类无意造成的后果"，那种自私和贪婪被"一只看不见的手"引导，"去促进社会的利益"，尤其富人在这样做的时候"并非有意为之，甚至并不知道这种后果"。详见阿马蒂亚·森（2002：255～260）。森更进一步地将这种"后果"深化为"无意造成的不利后果"和"无意造成的有利后果"，这种后果虽然是"无意"造成的，但是却可以通过因果分析而合理地预期到，对这种不利的后果应该有一个理性的预期。这可以称为"阿马蒂亚·森主义"。

经济增长所具有的工具性价值而产生的后果。这些领域不仅因为外部性的存在而导致市场失灵，政府本应该承担起基本责任，而且从基于人类发展的发展观和可行能力方法出发，人力资本投资本身就具有一种构建性价值，这种构建性价值并不是依赖于其工具性价值而存在的。过去一些只重视人力资本投资的工具性价值而忽视其构建性价值的做法所产生的后果已经慢慢显现出来，对构建性价值的忽视尤其不利于社会公正的实现和人类可行能力（capability，或实质自由）的扩展，而这一点当前在城乡发展差距和农民问题上表现得尤为突出。

　　本节最后重点对中国最为庞大的一个群体——农民的可行能力建设进行分析，这也是全书所要得出的基本结论之一。因为可行能力自由观高度重视基本教育、基本医疗和就业自由的作用，所以这种能力建设又主要以加强对农民的人力资本投资为主要内容。长久以来，农民所遭受的贫困和不平等待遇直接剥夺了他们许多最基本的可行能力。从总体来看，首先是农民基本生活状态的贫困。这不仅体现在巨大的收入差距（相对贫困）上，如我国的基尼系数已经超过了国际警戒线，而且体现在很多中西部地区的农民收入水平处于贫困线以下（绝对贫困）。其次是在社会机会（接受教育机会和享受医疗卫生保障）上遭受的不平等，长期以来农村并没有实现真正的义务教育和医疗保障体系的覆盖，很多农民因为贫困而遭受到教育和健康可行能力的剥夺，这直到最近才有所改观。最后是广大农民工在身份地位上的贫困，他们及其子女的许多可行能力在城市圈内遭到了剥夺。基于人类发展视角的发展观凸显了对弱势群体的关怀，我们的见解是：要千方百计加强对农民的人力资本投资，以"能力建设"为核心来保障农民的可行能力。

　　这种对农民自身的投资可以充分协调"农业政策"与"农民政策"存在的一定内在矛盾，同时促进农业与非农产业的发展，实证已经证明了人力资本投资对于农业生产率提高的巨大工具性作用（见 6.2 节），而劳动力转移本身也是人力资本投资的重要内容。但是个人自由的保障需要社会的承诺，需要政府在公共支出中提高社会性支出①的比重，如对农民的投资。而这种对农民投资的社会性支持并不仅仅因为其巨大的工具性价值（见 6.1.3 节）而存在，例如改善因教返贫、因病返贫和建设和谐农村等，更因为其重大的构建性价值而存在，因为农民同样是具有完整意义上的"人"，就必须享受到基本的实质自由，而加强农民的"能力建设"是其获取实质性自由的根本，因为他满足了 UNDP 的两个基本条件（见 6.3.3 节），整个人力资本投资本身就应该成为整个经济发展过程的重要组成部分和目标所在，其中当然包括对农民的人力资本投资。值得高兴的是，中国政

_____

　　① 即在人类优先目标上的支出，包括基础教育、基础医疗、社会保障、食物补贴和计生工作等方面的支出。

府已经在此方面迈出重要步伐，如从推行真正意义的农村义务教育、构建新型农村合作医疗体系、消除对农民工的歧视等到全面推进社会主义新农村建设，这不仅对当今中国缓和长期积累下来的社会矛盾、实现可持续发展具有重要意义，而且对未来中国全面推进政治文明和社会文明建设、提高农民全面参与整个中国发展过程的能力和程度具有更为深远的意义。

第 7 章
全书总结与研究展望

本书基于转型的视角，以全要素生产率理论作为理论框架，以生产前沿面方法作为实证框架，采取理论分析与实证分析、宏观分析与微观分析相结合的方法，对中国农业总量全要素生产率增长与源泉、行业分布、微观与宏观增长因素分析、与人力资本投资的关系进行了全面研究，全书所得出的基本结论和政策建议如下。

7.1 全书总结

第一，农业全要素生产率增长是转型期中国农业获得增长的重要原因，这一生产率增长主要由持续的前沿技术进步作贡献，而技术效率改善的作用则相对有限，并直接体现为农业全要素生产率增长在空间演变上的发散效应。

在整个转型期，无论是在微观基础还是在宏观表现上，无论是从单要素生产率增长还是从全要素生产率增长来看，中国农业生产率的增长都是非常显著的，尤其以持续的前沿技术进步为核心的农业全要素生产率增长是改革开放以来中国农业取得成功的重要原因，为过去的中国农业增长做出了重大贡献，而且这种农业生产率的增长水平丝毫不比同期整个宏观经济、工业以及其他部门的 TFP 增长水平逊色。这意味着继续向以提高全要素生产率贡献为目标的集约型增长方式转变是未来中国农业能够继续取得成功的重要发展方向，也意味着一般将我国农业看做传统落后的经济部门的观点是值得商榷的，在将传统农业改造成为现代农业的过程中，同样可以将其改造成为现代经济增长的源泉，为现代中国经济的持续增长作出自己的贡献。

不过，即使是从一种集约型增长方式的角度来看，这种全要素生产率增长也可以通过具体不同的实现路径来实现。全书表明，转型期中国农业生产率增长主要是由前沿技术进步贡献的，而技术效率改善的作用很有限，即主要体现为技术"最佳实践者"省级行政区所主导的生产前沿面向外扩张上，而技术"落后者"省级行政区对于先进省区的"追赶"效应并不突出。具体到 TFP 增长的行业基础上，这种由技术推进的特征仍然十分明显，效率增进的作用相对有限，不过这一特征在整个 20 世纪 80 年代表现得并不是十分清晰，当时并没有表现出典型的技术推进或者效率驱动特征，各种增长模式只是在农业内部各行业之间的差异性较大。普遍的技术进步特征主要是发生在市场化改革进程加速以后，90 年代以来，整体农业行业 TFP 基本都表现出了典型的技术推进特征，除了少数行业以外，绝大部分行业发生了普遍而大规模的技术进步特征与效率损失现象。无论是从宏观还是从微观上看，中国农业生产率增长基本上都是由技术推进的，或者是由效率驱动的"单驱动"增长模式，很少出现技术进步与效率提升并存的较为理想的"双高型"增长模式，这不是一个非常有利的信号。

整个农业生产率增长对农业增长的贡献基本上是顺周期的，与整个农业发展的时间变化特征基本一致。农业生产率变化在整个转型期以 1992 年邓小平的"南方谈话"和党的十四大召开为转折点，具体可以划分为 1979 ~ 1984、1985 ~ 1991、1992 ~ 1996、1997 ~ 2000 和 2001 ~ 2005 年五个阶段，不同阶段所表现的增长模式和特征也不尽相同。从农业 TFP 增长的空间分布模式来看，本书将内地 28 个省级行政区划分为高速组、快速组、中速组和慢速组 4 组，总体来看，其增长的空间分布模式与地区经济发展水平之间存在着高度的相关性，如果按照东中西区域来划分的话，东部地区最高，西部次之，反而是中部地区农业大省的 TFP 增长表现较为一般。从时间与空间变动模式的结合来看，实现由农业技术进步与效率改进并存的"双高型"驱动模式是未来整个农业实现集约型增长和永续发展的关键所在。

这种典型的由技术推进的农业 TFP 增长特征还影响其空间演变模式的表现，基于经济增长的收敛性检验表明，中国农业 TFP 增长没有出现 σ 收敛和绝对 β 收敛，这与其由先进省级行政区的技术进步主导有关，主要体现为一种发散效应，而后发省级行政区对先进省级行政区"追赶"所产生的收敛效应有限。第 6 章对农村人力资本投资的考察表明，农村人力资本投资的贡献主要作用于农业技术进步，起到了将这种发散效应放大的作用。但是情况并非如此悲观，条件 β 收敛性检验表明中国农业 TFP 增长的条件收敛是显著存在的，这就为进一步促成其绝对收敛留下了政策空间，关键是要有所作为。

第二，小农户是否真的享有相对于大农户的效率比较优势取决于我们的研究视角，和整个政策导向上优先考虑的政策目标，而农户微观家庭禀赋变量则是影响农户效率高低的重要决定性因素。

对中国农业生产率增长的决定因素与决定机制的进一步研究表明，从微观影响因素来看，对于发展中国家农业曾广泛论证的农户规模与农业效率之间存在着负向关系的假说，需要放到一种更为宽阔的视野内予以重新审视。在一种更为宽阔的视野内，曾经得到广为证实的农户土地生产率与其规模的负向关系在以湖北省农村为案例的研究中被证明也是确实存在的，但是从其他农户效率指标来看，农户劳动用工生产率与劳动力生产率、包含劳动力成本的全面成本利润率与农户规模的关系都是正向的，不包含劳动力成本的成本利润率、农户全要素生产率和技术效率则基本上是规模无关的。本书基本结论认为以往关于农业效率与农户规模之间负向关系的假说确确实实需要放在一个更为宽阔的视野内予以全面审视，小农户是否真享有相对于大农户的效率比较优势取决于我们的研究视角以及在整个政策导向上优先考虑的政策目标。这一结论也表明小农户在二元分割的生产要素市场和缺乏非农就业机会的条件下，确确实实存在着一种不计自身劳动力成本的"自我剥削倾向"，过度地投入自身劳动力来对其他生产要素进行替代，形成了所谓的"过密型"和"内卷型"农业。

从以农户家庭禀赋表征的其他微观影响因素来看，在局部均衡分析的前提下，人力资本投资的主要形式正规教育和技术培训表现并不相同，其中劳均受正规教育变量不是很稳健，并不能得出可靠的结论，农业技术培训变量则对农户各效率指标产生了显著的正作用；以干部身份标志的农户家庭背景变量基本上对各效率指标带来了一定程度的负效应；耕地细碎化变量也基本都对各农户效率指标产生了显著的负效应，耕地的细碎化耕种会产生效率的损失；农户从事非农经营活动变量给各效率指标都带来了显著而且很强的负效应；农户市场化程度变量基本都对各效率指标产生了较显著的负面影响；农户信用可获得性变量除了对技术效率产生较显著正效应外，基本上没有能够对其他效率指标产生显著作用。这些是来自微观上的证据。

第三，农村宏观经济制度变迁作为整个国家制度变迁的重要组成部分，是农业全要素生产率增长与源泉变化的重要宏观决定性因素。

从宏观影响因素来看，农村经济制度变迁是影响农业生产率增长的重要因素。在增长的不同阶段，制度因素发挥的作用也不尽相同。在改革的初始阶段，家庭联产承包责任制和以第一轮农产品政策性提价为开端的农产品价格体制改革对整个农业生产率增长的正向作用都很明显。对农产品价格体制变量的进一步实证表明，当农产品价格上升、价格"剪刀差"缓和时，该变量就会给农业生产率增长产生显著的正作用，反之，就会产生明显的负影响。以乡镇企业为代表的农村工业化及城市化进程一直给整个农业生产率增长产生了较为明显的负影响，这与微观证据是一致的，主要是因为要素边际报酬率显著差异导致农业资源大量流失而引起的。肇始于世纪之初的农村税费改革效果则很明显，事前由于农民负担过重，农业税负变量对整个农业生产率增长产生了负影响，事后该变量则起到了显著的正作用，从宏观层面的初期判断来看，这一改革是非常成功的。不过，至少从目前的短期情况看，农业开放度变量给整个农业生产率增长带来了一定程度的负面影响，这可能与我国小农经济尚不具备与国外大规模农场竞争的基本条件有关，也可能与农业的一次性开放幅度过大有关，还可能与入世的滞后效应有关，而且总的来看，对于具体不同农产品和地区而言，这一影响应该是不同的。

农业公共投资强度系数的表现说明，整个宏观经济政策中政府所具有的"城市偏向"和"工业偏向"的偏好在整个转型期一直没有发生显著变化。另外，农业生产结构和布局能否按照比较优势的原则进行调整以及自然灾害的发生情况，也都是影响整个农业生产率增长的重要宏观因素。

第四，农村人力资本投资对于农业增长的贡献主要体现为全要素生产率增长所表征的间接效率效应，直接要素效应相对有限，而人力资本投资对于农村和农民发展具有更为重要的根本性的构建性价值。

无论是微观证据还是宏观证据都表明，中国农业在转型过程中出现的"三农"问题内部并非完全内在统一的，尤其是"农业政策"与"农民政策"之间存在着一定的潜在内在冲突，非农产业发展和农村劳动力转移都有利于农民增收，但是却不一定会使得农业增效，特别是农村劳动力的过度转移会给农业自身的发展产生一定危害。这需要构建完善的工业对农业的"反哺"机制，促进资源向农业部门的回流。除了制度变迁因素以外，宏观层面上，农村人力资本投资也是影响整个农业生产率增长的重要因素。从协调"农业问题"与"农民问题"内部潜在冲突的角度出发，农村人力资本投资作为一种生产要素投入对于农业产出增长的直接要素贡献并不明显，但是其通过全要素生产率增长来促进产出增长的间接效率高度显著，而这一间接效率效应主要是通过前沿技术的进步来实现，对技术效率的作用很有限，即人力资本的间接效率效应主要体现为增长效应。这种对经济增长或收入增长的工具性作用也一直是人力资本理论所强调的，但是除了这种工具性作用以外，本书基本结论认为农村人力资本投资对于农村和农民的发展具有更根本的构建性作用，其最终能够直接和间接地扩展人类的可行能力，对于农民福祉具有直接关联性，其本身就是人类发展过程中的重要组成部分。这种以农民的"能力建设"为核心的人力资本投资对于提高农民全面参与农业转型和整个中国发展过程的能力具有更为深远的意义，更应当成为整个经济发展过程的目的和结果。

7.2 政策建议

全书最为根本的政策建议在于，坚持向以扩大全要素生产率增长贡献为目标的集约型增长方式转变，是过去中国农业取得成功的重要原因，也是未来中国农业希望继续取得成功的重要发展方向和实现路径。转型期中国农业的实践也证明了一点，即通过引入现代生产要素和科学技术进步将传统农业改造成为现代农业，同样可以为整个经济增长做出重要贡献，一般发展经济学将农业看做传统落后经济部门或者经济剩余的被动提供者的观点是值得商榷的。

第一，农业实现从粗放型增长方式向集约型增长方式的转变，关键在于扩大全要素生产率增长对产出增长的贡献，这其中需要同时解决生产要素的技术结合形式和社会结合形式，实现前沿技术进步和技术效率改善并存的"双高型"增长模式。

作为一种集约型增长方式，要实现农业增长方式由粗放型增长向集约型增长的转变，就必须依赖于扩大全要素生产率增长的贡献。但是这又包括两个方面的内容，缺一不可，即在实现前沿技术进步的同时，必须着眼于技术效率的提升。农业前沿技术进步意味着一种"转变论"，其着力点在于供给一套新型现代农业生产要素，大幅度地改变农业投入和技术，实现"迅速的技术定位"和持续的前沿技术进步。这种实现路径着眼于生产要素的技术结合形式和单纯的技术问题，政策重心在于农业 R&D、生物良种、农业机械化和现代农业肥料等，这是农业集约型增长方式的基本前提和基础。但是集约型增长方式还意味着绝对不能忽视农业技术进步的社会制度环境，必须要有相应的社会结合形式，实现前沿技术创新成果为广大农民所共享和整个生产效率的提高。技术效率则意味着一种"改良论"，即着眼于识别和消除阻碍农业实现高效率的障碍，例如体制障碍和激励因素等，政策重心在于制度变革与创新、机制设计、农业技术培训、技术扩散与服务网络、农村基础教育等。这种促进农民充分发挥其在农业发展过程中的主体性作用、实现农业前沿技术的共享，以及农民掌握和应用这种前沿技术的能力的有效制度安排的供给，也是农业实现集约型增长的重要实现路径。

从本书所探求农业生产率增长的行业基础来看，生产率增长的源泉——技术进步与效率变化在各行业之间的表现存在着显著差异，即农业内部各行业之间存在着不同的生产率增长模式，而技术进步与技术效率蕴含着不同的政策含义，因此需要针对各行业不同的具体增长模式，具体问题具体分析，采取有针对性和差异性的政策措施来促进整个农业生产率的增长。

第二，到底是实行大农户还是小农户发展战略，取决于我们需要优先考虑的政策目标，在广大农村地区，通过各种工具性手段建设现代农业、培育现代农民来提高农业效率的潜力非常巨大。

微观研究表明，从农户耕地经营规模的角度来看，到底是实行大农户还是小农户发展战略，取决于我们优先考虑的政策目标。从保证食物安全、确保农产品供需基本平衡的"农业政策"出发，小农户相对于大农户享有土地生产率上的比较优势，目前实施的家庭联产承包责任制仍然是有效的制度安排，这也比较吻合于当前我国人多地少的农业资源禀赋条件。因此要切实稳定农村的土地承包关系，依法落实和维护农民承包土地的各项权利，坚持稳定和完善农村的基本经营制度。党的十七届三中全会中所提出的各项农业政策确认了这一点。然而，从提高劳动生产率、促进农民增收、提高农业机械化等技术水平以及全面提高农业经济效益的角度来看，从"农民政策"出发，大农户相对于小农户享有劳动生产率和全面成本利润率等上的比较优势，应当实施一种大农户发展战略。但整个中国农业转型的实证表明，实施大农户战略的前提是转变城乡就业结构和整个资源禀赋结构的升级，这依赖于整个国民经济工业化和城市化进程的进展程度，即国民经济所处的发展阶段。所以在稳定农村基本经营制度的同时，坚持依法自愿有偿的原则，健全土地承包经营权流转市场，鼓励在一些经济发达地区率先探索、积极稳妥地试验各种土地流转的新形式，不仅是非常必要而且是完全正确的，这毕竟是未来乡土中国的重要发展方向。目前，在成都和重庆统筹城乡综合配套改革试验区以及一些经济发达地区所进行的各种试点改革也正说明了这一点。

对于微观家庭禀赋因素的进一步实证表明，在广大农村地区，通过各种工具性手段建设现代农业、培育现代农民来提高农业效率的潜力非常巨大。首先，对于农民从事非农经营、兼营农业以及农村"空心化"与农民"老龄化"可能给农业生产率造成的损害：一是必须继续强化现代工业投入品对传统生产要素的替代，利用现代科学技术来改造传统农业，以实现持续的农业技术进步，如通过农业机械、现代生物良种和农业肥料等新型农业生产要素的引入，来解放农民和土地；二是加强对农民的投资，培育现代农民，除了加强农村基础教育以外，尤其是要强化对农民的技术培训，使其成为对农民教育的主体形式。从当前的实际情况来看，农民科技素质整体水平偏低，特别是农村劳动力素质发生了结构性变化，必须重点探索扩大农业技术有效供给与有效需求以及两者相衔接的新型技术供需机制。实现前沿技术进步和技术效率增进并存，由两者来共同推动农业全要素生产率增长。从供给方面来看，重点是要推广应用简化节约型成熟技术；在形成有效需求方面，必须重点加强对农民的科技和技能培训，提高农民应用科技的能力。从其他方面的微观影响因素来看，可以加紧实施农田土地整理项目，减少耕地细碎化程度，提高耕地质量和利用的集约度。其次，要大力发展和完善农村小额信贷制度，解决农民融资困难的问题，这也是提高农户效率的重要手段。最后，积极转变政府职能，扩大农村基层民主，拓宽村民自治的渠道，尽量减少基层干部"寻租"和"设租"的可能，建设服务型政府。

第三，农业全要素生产率增长除了实现持续而快速的前沿技术进步以外，还应当特别从制度设计创新和激励机制创新的角度来寻找促进农业全要素生产率增长的突破口。

从宏观经济制度变迁的角度来看，首先，应当努力通过制度设计、构建经济激励机制和扩大农民的利益空间等来充分调动农民的自主能动性和生产积极性。在合适的制度安排下，农民是有能力和愿望经营好农业的，并且为中国经济增长作出自己的贡献。其次，农业的可持续发展从根本上还依赖给予农民以"国民待遇"和农业以平等的发展机会，这包括从根源上消除工农产品价格"剪刀差"，给予农业以平等的贸易条件，采取无偏向的中性宏观经济政策甚至偏向于农业的宏观经济政策，以构建工业向农业的"反哺"机制，促进各种资源向农业的顺利回流。另外，需要按照经济规律来发展农业。例如，合理利用比较优势原则来进行农业结构调整，提高国际竞争力；加强农田水利等农业基础设施建设，提高农业综合防灾抗灾能力；等等。鉴于"三农"问题内部存在的潜在矛盾性，从落实科学发展观、以人为本和构建和谐社会的角度来考虑，现阶段已经到了适当实现从"农业政策"向"农民政策"逐渐倾斜的时候了。

第四，政府的核心职能是保护性职能，但是在公共品的提供上需要其发挥主观能动性作用，并把握适当的时机和有利条件，适时、主动地推进改革，同时需要尽可能地防止政府失灵。

从单要素生产率增长及其所反映的要素利用特征来看，整个农业资源利用特征都体现了一种现代工业品对传统农业生产要素的不断替代过程，相对于较缺乏弹性的传统生产要素而言，农业部门对现代工业投入品和知识进步的反应能力是产出增长的关键，整个工业化进程为农业的发展创造了新的经济机会。所以，农业未来的可持续发展必须通过解放农民和土地来实现，即加快现代工业品投入与应用为代表的农业前沿技术进步进程。但是农业机械和生物技术进步的发生并非没有成本，也不会自动发生，而且农业生产率增长的收益并非完全为农业部门所保留，最终提高的是全社会消费者的整体福利，这种收益的外溢性使得农业技术进步的私人投资不足，这其中就特别需要政府部门的主观能动性作用，尤其是公共财政体系的覆盖和公共投资的支持，如对农业 R&D、技术推广服务体系和农田水利基础设施建设等方面的公共支出。

对制度变迁变量的研究进一步表明，政府的核心职能应该是保护性职能，这包括维护法律和秩序、机会公平、界定产权以及政策稳定等，经济增长在既定的制度环境下更多的是一个自然的增长过程。[①] 但是这并非主张无政府主义，国家可以通过积极的政治行动将内在制度与外在制度、诱致性与强制性制度变迁统一起来，特别是转型国家在保持社会稳定的前提下，政府可以通过行政手段来积极推进市场化改革，扩大市场作用的范围。再者，由于改革进入到攻坚阶段，其更多地涉及利益的再调整与分配，这种非帕累托改进性质会使得改革并不会自动发生，政府应当把握适当的时机和有利条件，适时主动地推进改革。但是政府同样应该是受约束的政府，因为政府往往会有将干预规模扩大的冲动，并可能产生政府失灵，"诺斯难题"就表明了"国家既可能是经济增长的关键，也可能是人为衰退的根源"。所以必须要通过一定的监督和激励机制，来让政府做正确的事，而政府发挥重要作用的前提也是其能够做正确的事。例如，从发展观的角度来看，政府就有必要跳出传统以物为中心、单纯以追求 GDP 增长为核心的发展观，

---

① 例如，家庭联产承包责任制与地方政府最初的默许态度、乡镇企业与决策层开始对私有经济合法化的默认态度都不无关系。Janos Kornai 提出的"有机发展战略"（strategy of organic development）也曾指出要把经济转轨的重点放在创造有利条件上，使私人部门得以自下而上地成长起来。

将人类自身发展和生活质量的提高置于整个发展的中心地位，关注于人的全面发展，树立基于人类发展的发展观。从当前的社会现实情况来看，就更应该全面贯彻落实科学发展观，努力构建社会主义和谐社会，真正做到以人为本的发展。

第五，促进农业、农村与农民的协调发展，需要统筹城乡经济发展、构建和谐的城乡关系；强化各种强农、支农政策，构建对农业的"反哺"机制；加强对农民本身的投资，培育现代农民。

全书的基本结论发现，农业在经历着自身转型和面对中国转型的过程中，存在着一些"悖论"。无论是微观证据还是宏观证据都表明，非农产业发展和农村劳动力转移都有利于农民增收，但是却不一定农业增效，劳动力过度转移与农业资源外流所导致的农村"空心化"和农民"老龄化"给农业自身的发展产生了一定危害，如何摆脱这种"两难"困境？要破解"三农"难题，就必须减少农民，将眼光放到农外，促进农村劳动力的持续转移是我国的基本国策，也是我国农业实现机械化和规模经营的前提条件，更是经济发展和二元经济结构转化的必然结果和客观规律。我们绝对不能因噎废食，更何况享有自由择业和就业的权利本身就是人类自身所享有的自由和天赋人权，具有构建性价值，因此，大规模的农村劳动力转移在未来相当长的一段时期内仍将持续下去。

全书的政策建议认为，要协调这种潜在的内在冲突。一方面，必须统筹城乡经济协调发展、构建和谐的城乡关系。这包括从制度供给上消除各种歧视性制度安排，给予农业和农民以平等的发展地位，即所谓的国民待遇；其次是要继续强化各种强农、支农和惠农政策，构建工业对农业的"反哺"机制，促进各种资源向农业的回流，例如利用现代科学技术来改造传统农业，逐步推进机械化等现代工业品来实现对农业劳动力要素的替代，实现持续的农业技术进步，扩大政府公共支出在农业领域的覆盖范围等。另一方面，加强对农民自身的投资，培育现代农民，这可以同时促进农业与非农产业共同发展。对农民的人力资本投资尤其是基础义务教育和基本医疗健康服务应当纳入政府公共财政体系的重点覆盖范围，扩大农村与农业公共支出。不过恰恰是这种最需要政府来承担的基本社会性支出在我国农村长期严重不足，这已经带来了许多严重的问题。因此必须通过加强政府在农村的基本社会性支出来千方百计加强对农民的人力资本投资，让广大农村和农民能享受到公共财政的阳光。而通过"能力建设"为核心来保障农民的可行能力，本身也是经济发展过程中的重要组成部分，应当成为经济发展的目的。

7.3 创新和不足

7.3.1 创新之处

本书在借鉴国内外相关研究成果的基础上，试图在以下几个方面对已有的知识存量做出边际上的创新。

第一，本书以全要素生产率理论为理论框架，以生产前沿面方法为实证框架，对改革开放以来中国和分省的农业全要素生产率增长进行了系统测算和全面研究，在省际层面上进行全面的行业比较与系统估计，并对农业生产率增长进行了微观与宏观上的全面因素分析，提供了一个考察农业可持续发展的新分析框架，从而在一定程度上丰富了该领域的相关研究文献。这种生产前沿面方法在农业领域的大规模应用进一步将全要素生产率增长分解为技术进步和效率变化两部分，有助于进一步寻找农业生产率增长的源泉，该方法在农业领域的大规模集中应用在实证上也拓展了其应用领域。

第二，对于农业经济学界普遍讨论的发展中国家农业效率与农户规模之间存在负向关系的假说，本书在一种更为宽阔的视野内予以了审视和扩展。以湖北省农村为例，本书除了继续考察土地生产率与农户规模的关系外，在此基础上重点考察农户劳动生产率、成本利润率、全要素生产率、技术效率与农户规模的关系，全方位地检验了是否确实存在着小农户相对于大农户具有效率上的比较优势这一实证性命题，并对其他来自于农户家庭禀赋方面的微观因素进行系统考察，得出了重要结论。在具体估计方法上，采用随机前沿生产函数分析的"一步法"估计出各微观因素对农户技术效率的影响冲击，这有效弥补了传统研究一般采用"两步法"分开估计的不足。总体结论表明到底是实行大农户还是小农户发展战略，取决于需要优先考虑的政策目标。

第三，本书基于生产前沿面方法非参数分解框架，实证考察了农村经济制度变迁与人力资本对农业生产率增长的宏观影响机制。首先，制度变迁方面，本书对已有研究在时间维度上予以了扩展，关注于制度变迁的最新变化，这是对早期文献往往从改革初始阶段进行考察的发展；其次，不同于以往文献经常利用的是Griliches生产函数框架，本书基于DEA非参数框架进行分析；最后，对农村主要经济制度变迁在省级层面进行有效数量化也是本书的一个贡献。人力资本方面，本书将人力资本要素纳入到农业经济增长因素分析框架中，这可以有效解决因为忽视农村劳动力质量变化对TFP增长估计带来的偏差，而且本书对其工具性价值在直接要素效应和间接效率效应两方面进行了有效区分，除了这种人力资本理论所一直强调的工具性价值以外，本书更重要的是全面分析了人力资本投资对于整个人类发展具有的根本构建性价值。

7.3.2　存在的不足

正如本书在对全要素生产率理论中的述评中所指出，知识进步总是在不断的"试错"过程中取得的。本书虽然在前人的基础上做了一些工作，但是总体来看，还存在诸多不足之处，需要在以后的工作中进一步改进。

第一，本书在一些章节采取的是大农业宏观口径，从总量分析的角度，以中国省级行政区为考察对象，这一点可能会受到批评。

这主要是局限于现有统计口径上的原因，本书希望可以与农业投入统计口径保持一致。因为现有农业投入口径中的农业劳动力、机械投入、役畜等都是广义农业口径，以往一般的处理方法往往是采用狭义农业总产值占广义农业总产值的比重作为权重来进行分离，但是由于需要分离的投入指标较多，这同样会存在一定问题。本书则干脆都采取广义农业口径来确定投入与产出序列，这在一些权威研究中已有先例，如 Wu（2001）、Coelli 和 Prasada Rao（2003）等，而且其实证结果都较为理想；本书采用的是 DEA 非参数分解框架，依靠于数据驱动（data driving）原理，通过数据结构本身的特性来构造前沿面，这不会需要很强的行为假设和参数估计，可以尽量减少偏差。另外，我们在对制度变量的分析中都加入了农业结构调整系数对可能发生的农业结构调整进行控制；而且在一般回归估计中，本书一般都采用面板数据双向固定效应回归模型，那些没有得到反映的因素对因变量的影响都可以通过面板数据的"固定效应"来反映，还可以通过双向固定效应来考虑不同省级行政区各自不同的状态与特征。除此之外，本书在总量分析的基础上，还进行了全面的农业内部各行业比较研究，为总量分析提供更为深刻的行业基础，以弥补其不足。按照邹至庄（2005）的观点，如果结论与已知的条件一致，那么数据与结论在一定程度上会互相检验。全书的总量分析与行业比较、DEA 与 SFA 的实证、结论与已知条件基本上都是相互印证的，总体结论也是非常可靠的。

第二，全要素生产率理论框架虽然在不断发展和完善，但是仍然存在一定缺失和不足，目前理论界存在一定的批评。而生产前沿面方法本身也还存在一定缺陷，需要不断地加以完善和发展。

在本书 1.5.2 节 1 中，已经归纳了目前针对于全要素生产率理论的五点批评和不足，这些不足是客观存在的，需要全要素生产率理论本身在不断发展的过程中加以解决和完善。但是我们对于全要素生产率理论的发展也绝对不能只见树木、不见森林，对于全要素生产率理论在经济学说史中的地位和本身不断取得的巨大成就都不能轻易否定，特别是其具有的重大政策实践含义是毋庸置疑的，对于其所存在的问题只能通过发展的手段来加以解决。

对于本书的主要实证分析工具——生产前沿面方法也是如此。生产前沿面方法是通过假定生产决策单位面临着相同的生产前沿面（技术结构）来实现 TFP 增长中技术进步与技术效率的区分的，个别生产者的效率可以根据其实际实现的具体生产点与大家共同的生产前沿面上的最佳点的距离来衡量，这其中的理论假设是竞争已经导致生产决策单位采用了相同的技术，完全竞争的要素市场提供了采用同质性投入要素的可能,这种理论上的抽象不大可能与现实情况完全相符,而仍然存在一定缺陷。事实上整个现代经济学都是提供了现实经济的一种"参照系"或者"基准点",这些参照系本身的重要性并不在于他们是否准确无误地描述了现实,而在于建立了一些让人们更好地理解现实的标尺(钱颖一,2002;田国强,2005)。因此这种理论上的抽象与假设对于构建整个经济学大厦是完全必需的。

对于生产前沿面文献中经常会碰到"技术可能退步"的尴尬,这一般很难从经济学上给出合理可信的解释,这不大符合理性经济人的假设,因为生产者没有理由在面临着不同技术选择时放弃原来已经采用的效率较高的生产技术,而去选择新出现的效率较低的技术,所以技术进步为负的情况一般是不大可能出现的,除非有人强迫生产者去选择新的效率较低的技术。本书在进行 DEA 和 SFA估计时也在某些时候遭遇到了技术进步为负的尴尬,其实这更多地只能从农业生产中经常被忽略的重要投入——气候来寻求解释,如果气候的显著变化明显影响产出而其本身又没有作为变量,其影响必然会被分配给其他投入,为了抗灾往往还需要追加投入,因而其副作用会进一步放大,出现技术进步为负的情况。本书对于少数技术进步为负的情况没有给予过多地解释和辩护,实际上生产前沿面方法本身的发展也正在努力克服这种技术进步负所出现的尴尬,已经取得了一些成果,我们将在研究展望中进一步指出这方面的成果。

第三,关于转型期农业资本要素的利用特征及其对农业增长的贡献,本书没有过多地予以考察和分析。

作为一种主要的生产要素,资本的重要性毋庸置疑。本书对于农业资本要素没有做过多地分析,这主要是局限于相关实证数据的可获得性。不同于对中国宏观经济的研究,目前有关中国资本存量的测算与估计已经取得了相当成熟和规范的研究成果,例如 Chow(1993)和张军等(2004)的权威估计。但是,目前学术界并没有形成对我国农业资本存量的完整估计与测算结果,这也就意味着关于我国农业资本存量数据基本上是不可得的。如果按照 Goldsmith 所开创的一般永续盘存法原理 $[K_{it} = K_{it-1}(1 - \zeta_{it}) + I_{it}$。其中,$\zeta$ 为折旧率] 来对我国农业资本存量进行估计的话,这本身就是一项艰巨而复杂的工作,可以作为本书下一步的重要后续研究工作。

第四,本书主要从技术角度分析了生产上的非效率,实现了 TFP 增长中技术进步与技术效率的区分,但没有进一步分析生产中经济效益和配置效率等因素的作用,这需要进一步深入研究。

在生产前沿面分析框架内,如果还考虑到投入产出过程中要素投入与产出的市场价格变动、投入或产出结构比例的变化以及规模变动等,这还会牵涉经济效率、配置效率和规模效率等概念,这种非效率因素在现实经济中也是广泛存在的，但是对其进行准确估计也就需要更多的数据信息，例如投入和产出的价格等方面的信息。不过，也正因为中国正处于一个转型阶段，生产要素市场不是很完善，不能提供有意义的价格信息。长期以来也没有进行相关要素价格的信息搜集工作等，很多价格数据在实证上是不可靠或者不可得的。所以，本书依照主流研究方法，主要考虑了技术上存在的非效率因素，这对于目前中国农业发展而言具有重要的政策实践意义，但是对经济上各种非效率因素的全面考虑是我们未来研究的重要方向。

第五，本书虽然证明了农业生产率增长条件收敛的存在性，但是没有能够进一步说明控制农业生产率增长稳态水平差异的条件，也就不能提供更为具体的政策性工具。

由于本书直接采用了面板数据双向固定效应模型来对我国农业生产率增长的条件收敛性进行检验，省级层面不同稳态水平存在的差异主要是通过面板数据的"固定效应"来反映，虽然得出了条件收敛存在性的重要结论，但是却不能反映出刻画不同稳态水平的具体变量，例如储蓄率、人口增长、开放程度、财政支出和基础设施等，也就不能提出促成收敛的更为翔实的政策建议和具体实现路径。而对于收敛性研究"工具箱"的拓展正是目前经济增长收敛性理论的重要发展方向，这可以提供更为具体的政策性工具。而且正如正文中已经指出的，我们对于农业生产率的收敛性检验是在增量概念的基础上进行的，这虽然也是大多数相似文献的处理方式，但是对农业生产率水平值的收敛性检验仍然是我们进一步研究的重要方向。

7.4 研究展望

针对本书存在的这些不足，我们需要在以下几个方面继续做进一步的研究工作。

第一，对于本书微观研究中发现农户土地生产率与农户规模之间存在着负向关系，而劳动生产率、技术效率与农户规模之间又存在着正向关系，这是为什么呢？如何进一步进行解释？为这几种关系的并存提供正确的经济学解释是本书下一步研究工作的重要方向。

第二，本书采用的是当期 DEA（contemporaneous DEA）方法，采用当期的数据来构造生产前沿面，在动态研究中有可能会出现技术退步的情况，生产前沿面方法的最新研究发展已经能逐步解决这一问题，例如最新的序列 DEA（sequential DEA）不仅考虑了当期观察值，而且还要考虑以前所有的观察值来构造生产前沿面，从而在动态研究中可以有效避免技术退步的问题，对这一情况的继续处理、探讨与对比是本书进一步研究的重要方向。

第三，森的自由发展观与可行能力方法，因为其一直关注于贫穷和处于经济劣势一方的穷人，致力于提高普通民众的福祉与维护社会的公平正义，因此对于当代中国进一步落实以人为本的科学发展观和构建和谐社会具有重大意义。本书的进一步研究工作将继续对森的相关理论和方法予以重点关注。

第四，对于中国农业分省级行政区资本存量序列作测算、估计，深入考察农业中资本存量变量对农业增长的作用与贡献是本书下一步工作的重要研究方向。对分省级行政区及全国农业资本存量序列的测算既可以丰富相关文献，也可以作为其他相关研究工作的重要基础。

第五，近年来，随着我国生产要素市场的日益完善，相关要素价格信息的搜集处理工作成为现实可能，因此在考虑到农业生产过程中技术非效率的基础上，在下一步工作中，我们将重点考察经济效益、配置效率等效率因素在农业生产过程中的作用，其实这些效率的改善也是全要素生产率增长的重要源泉，可以提供更为具体而翔实的政策建议。

参 考 文 献

J. 约翰斯顿，J. 迪纳尔多. 2002. 计量经济学方法，唐齐鸣等译. 北京：中国经济出版社.

R. 科斯，A. 阿尔钦，D. 诺斯等著. 2005. 财产权利与制度变迁——产权学派与新制度经济学派译文集. 上海：上海三联书店.

Sicular T. 2000. 中国农业可持续增长的探索. //A. J. 雷纳，D. 科尔曼主编，农业经济学前沿问题. 北京：中国税务出版社.

阿马蒂亚·森. 2002. 以自由看待发展. 任赜，于真译. 北京：中国人民大学出版社.

白菊红. 2004. 农村人力资本积累与农民收入研究. 北京：中国农业出版社.

保罗·克鲁格曼. 1999. 萧条经济学的回归. 朱文晖，王玉清译. 北京：中国人民大学出版社.

贝克尔. 1987. 人力资本. 梁小民译. 北京：北京大学出版社.

蔡昉，都阳. 2000. 中国地区经济增长的趋同与差异：对西部开发战略的启示. 经济研究，(10)：30-37.

曹暕，孙顶强，谭向勇. 2005. 农户奶牛生产技术效率及影响因素分析. 中国农村经济，(10)：42-48.

陈凯. 农业技术进步的测度——兼评《我国农业科技进步贡献率测算方法》. 农业现代化研究，2000 (3)：124-128.

陈卫平. 2006a. 中国农业生产率增长、技术进步与效率变化：1990—2003 年. 中国农村观察，(1)：18-23.

陈卫平. 2006b. 我国玉米全要素生产率增长及其对产出的贡献. 经济问题，(2)：40-42.

陈钊，陆铭，金煜. 中国人力资本和教育发展的区域差异：对于面板数据的估算. 世界经济，2004 (12)：25-31.

成维，祁春节. 2004. 湖北省油料作物技术进步贡献率的测定与分析. 农业技术经济，(5)：53-56.

程国强. 2005. 农业：后过渡期形势严峻. 瞭望，(16)：41-42.

程国强. 2005. 国研中心专家程国强指出中国农产品贸易逆差可能成为常态. http://www. cncoin. com/News_ Show_ 42151. html［2005-9-27］.

道格拉斯·诺思. 2002. 经济史上的结构和变革. 厉以平译. 北京：商务印书馆.

董西明. 2006a. 科技进步对山东经济增长的贡献率分析. 工业技术经济，(1)：59-91.

董西明. 2006b. 科技进步对黑龙江经济增长的贡献率. 经济管理，(5)：61-64.

董先安. 2006. 中国地区收入差距的基本事实与初步检验：1952—2002 年. 见：蔡昉，万广华主编. 中国转轨时期收入差距与贫困. 北京：社会科学文献出版社，25-47.

杜润生. 2005. 杜润生自述：中国农村体制变革重大决策纪实. 北京：人民出版社.

厄尔·O. 黑迪，约翰·L. 狄龙. 1991. 农业生产函数. 沈达尊等译. 北京：农业出版社. 220-228.

樊纲，胡永泰. 2005. "循序渐进"还是"平行推进"？——论体制转轨最优路径的理论和政策. 经济研究，(1)：4-14.

转型视角下的中国农业生产率研究

樊胜根，张林秀，张晓波．2002，中国农村公共投资在农村经济增长和反贫困中的作用．华南农业大学学报（社会科学版），1（1）：1-13.

范丽霞，李谷成，蔡根女等．2006．农业部门劳动力再配置与中国农村经济增长．农业技术经济，（6）：11-18.

菲利普·阿吉翁，彼得·霍依特．2004．内生增长理论．陶然等译．北京：北京大学出版社．9-22.

冯海发．1989．农业总生产率研究．杨陵：天则出版社．

冯海发．1990．中国农业总要素生产率变动趋势及增长模式．经济研究，（5）：47-54.

冯凯，李忠富，关柯．2001．我国住宅产业技术进步贡献率测算的参数规律分析．数量经济技术经济研究，（7）：44-46.

冯英浚，李成红，徐勇等．1997．石油生产企业科技进步贡献率的测算方法．中国软科学，（8）：116-119.

冯中朝．1990．中国农户家庭经营经济效益评价的理论与实践．武汉：湖北人民出版社．

冯子标．2000．人力资本运营论．北京：经济科学出版社．

弗兰克·艾利思．2006．农民经济学——农民家庭农业和农业发展，胡景北译．上海：上海人民出版社，14，225，247-271.

傅晓霞，吴利学．2006a．全要素生产率在中国地区差异中的贡献：兼与彭国华和李静等商榷．世界经济，（9）：12-22.

傅晓霞，吴利学．2006b．技术效率、资本深化与地区差异．经济研究，（10），52-61.

傅晓霞，吴利学．2007．前沿分析方法在中国经济增长核算中的适用性．世界经济，（7）：56-66.

盖尔·约翰逊．2003．中国能否通过在农村创造非农工作职位来转移大部分劳动力．北京大学中国经济研究中心讨论稿系列．No. C20030009.

高春亮．2007．1998-2003城市生产效率：基于包络技术的实证研究．当代经济科学，（1）：38-45.

高梦滔，张颖．2006．小农户更有效率？——八省农村的经验证据．统计研究，（8）：21-25.

顾海，孟令杰．2002．中国农业TFP的增长及其构成．数量经济技术经济研究，（10）：15-18.

顾海，王艾敏．2007．基于Malmquist指数的河南苹果生产效率评价．农业技术经济，（2）：99-104.

郭庆旺，贾俊雪．2005．中国全要素生产率的估算：1979-2004．经济研究，（6）：51-60.

韩晓燕，翟印礼．2005．中国农业生产率的地区差异与收敛性研究．农业技术经济，（6）：52-57.

何锦义，刘晓静，刘树梅．2006．当前技术进步贡献率测算中的几个问题．统计研究，（5）：29-35.

赫尔普曼E．2007．经济增长的秘密．王世华，吴筱译．北京：中国人民大学出版社20，31.

侯风云．1999．中国人力资本形成及现状．北京：经济科学出版社．

侯风云．2004．中国农村人力资本收益率研究．经济研究，（12）：75-84.

侯风云．2007．中国人力资本投资与城乡就业相关性研究．上海：上海三联书店、上海人民出版社，70-71，53-158，188-189.

胡道玖.2006. 可行能力: 阿马蒂亚·森经济伦理方法研究. 苏州: 苏州大学, 54-58.

胡华江.2002. 我国农业综合生产率地区差异分析. 农业技术经济, (3): 53-57.

黄少安, 孙圣民等.2005. 中国土地产权制度对农业增长的影响. 中国社会科学, (3): 38-47.

黄宗智, 彭玉生.2007. 三大历史性变迁的交汇与中国小规模农业的前景. 中国社会科学, (4): 74-88.

黄宗智.2006. 中国农业面临的历史性契机. 读书, (10): 118-129.

加里·S. 贝克尔.1987. 人力资本. 北京: 北京大学出版社.

蒋和平, 苏基才.2001. 1995-1999 年全国农业科技进步贡献率的测定与分析. 农业技术经济, (5): 12-17.

金相郁.2007a. 中国区域经济不平衡与协调发展. 上海: 上海人民出版社-格致出版社, 17-20.

金相郁.2007b. 中国区域全要素生产率与决定因素: 1996-2003. 经济评论, (5): 7-13.

亢霞, 刘秀梅.2005. 我国粮食生产的技术效率分析. 中国农村观察, (4): 25-32.

柯武刚, 史漫飞.2004. 制度经济学——社会秩序与公共政策, 韩朝华译. 北京: 商务印书馆, 84-95, 505-534.

孔祥智, 方松海等.2004. 西部地区农户禀赋队农业技术采纳的影响分析. 经济研究, (12): 85-95.

雷海章.2003. 现代农业经济学. 北京: 中国农业出版社, 29-34.

李昌平.2002. 我向总理说实话. 北京: 光明日报出版社.

李谷成, 冯中朝, 范丽霞.2006. 教育、健康与农民收入增长——来自转型期湖北省农村的证据. 中国农村经济, (1): 66-74.

李谷成, 冯中朝, 范丽霞.2007. 农户家庭经营技术效率与全要素生产率分解 (1999-2003). 数量经济技术经济研究, (8): 25-34.

李谷成, 冯中朝, 李然.2009. 三种油料作物生产的全要素生产率估计、分解与行业比较——基于随机前沿生产函数的分析框架. 中国油料作物学报, 31 (2): 263-268.

李谷成, 冯中朝, 占绍文.2008. 家庭禀赋对农户家庭经营技术效率的影响冲击——基于湖北省农户的随机前沿生产函数实证. 统计研究, (1): 35-42.

李谷成, 冯中朝.2009. 基于人类发展视角的人力资本投资——兼论对中国发展过程的启示. 经济学家, (6): 19-25.

李谷成.2009. 技术效率、技术进步与中国农业生产率增长. 经济评论, (1): 60-68.

李谷成.2009. 中国农村经济制度变迁、农业生产绩效与动态演进——基于 1978-2005 年省际面板数据的 DEA 实证. 制度经济学研究, (3): 20-54.

李谷成.2009. 中国农业生产率增长的地区差距与收敛性分析. 产业经济研究, (2): 41-48.

李国璋, 魏梅.2007. 中国地区差距、生产率的分解及其收敛成因的转变. 经济科学, (5): 18-27.

李建民.1999. 人力资本通论. 上海: 上海三联书店.

李京文, D·乔根森, 黑田昌裕.1993. 生产率与中美日经济增长研究. 北京: 中国社会科学出版社.

李京文, 钟学义.2007. 中国生产率分析前言. 北京: 社会科学文献出版社.

李静，刘志迎. 2007. 中国全要素生产率的收敛及对地区差距变迁影响的实证分析. 经济社会体制比较，(5)：47-52.

李静，孟令杰，吴福象. 2006a. 中国地区发展差异的再检验：要素积累抑或 TFP. 世界经济，(1)：12-22.

李静等. 2006b. 中国地区全要素生产率的收敛及对地区差距的影响分析. 第六届中国经济学年会入选论文.

李静，孟令杰. 2006. 中国农业生产率的变动与分解分析：1978-2004 年. 数量经济技术经济研究，(5)：11-19.

李静. 2006. 中国省区经济增长进程中的生产率角色研究. 南京：南京农业大学，145，146.

李林杰，王红涛. 2008. 加快农业科技进步推进现代农业发展——基于我国"十五"时期农业科技进步贡献率的实证分析. 农业现代化研究，(3)：163-167.

李培. 2007. 中国城市经济增长的效率与差异. 数量经济技术经济研究，(7)：79-89.

李实，李文彬. 1994. 中国教育投资的个人收益率的估计. 见：赵人伟等主编，中国居民收入分配研究，北京：中国社会科学出版社.

李实. 2003. 中国个人收入分配研究回顾与展望. 经济学（季刊），2（2）：1-26.

李溦. 1993. 农业剩余与工业化资本积累. 云南：云南出版社.

李文抗，孙国兴，李树德，王素花. 2003. 天津市渔业技术进步贡献率测算及增长对策分析. 中国渔业经济（增刊），28-30.

李子奈，叶阿忠. 2000. 高等计量经济学. 北京：清华大学出版社，139.

林毅夫，蔡昉，李周. 2003. 中国的奇迹：发展战略与经济改革（增订版）. 上海：上海三联书店、上海人民出版社，29-62.

林毅夫，李周. 1998. 中国经济转轨时期的地区差距分析. 经济研究，(6)：3-10.

林毅夫，任若恩. 2007. 东亚经济增长模式相关争论的再探讨. 经济研究，(8)：4-11.

林毅夫. 2000. 中国过去是怎样养活自己的？中国将来还能养活自己吗//林毅夫著，再论制度、技术与中国农业发展. 北京：北京大学出版社，296-321.

林毅夫. 2003-07-17. 中国还没有达到工业反哺农业阶段. 南方周末，7.

林毅夫. 2005. 制度、技术与中国农业发展. 上海：上海三联书店，18-19，66-67，167-174.

凌远云等. 1997. 对 CD 生产函数测度农业技术进步贡献率的质疑和改进思路. 中国农村经济，(2)：24-26.

刘民权，王曲，李瑜敏等. 2006. 人类发展视角中的健康与公平——中国的现状与挑战. 人类发展论坛 2006 健康与发展国际研讨会背景报告.

刘民权，俞建拖，王曲. 2005-10. 人类发展视角与可持续发展. 韩国"四国大学校长会议"会议论文.

刘强. 2001. 中国经济增长的收敛性分析. 经济研究，(6)：70-77.

刘夏明，夏英琪，李国平. 2004. 收敛还是发散？——中国区域经济发展争论的文献综述. 经济研究，(7)：70-81.

刘小玄，李双杰. 2008. 制造业企业相对效率的度量和比较及其外生决定因素（2000-2004）. 经济学（季刊），(4)：843-868.

刘玉铭，刘伟. 2007. 土地制度、科技进步与农业增长——以 1952-2005 年黑龙江垦区农业生产为例. 经济科学, (2): 52-58.

罗伯特·J. 巴罗. 2004. 经济增长的决定因素: 跨国经验研究, 李剑译. 北京: 中国人民大学出版社.

罗伯特·M. 索洛. 2005. 增长理论——一种解析, 冯健等译. 北京: 中国财政经济出版社.

罗尔斯, 何怀宏译. 1998. 正义论. 北京: 中国社会科学出版社.

马恒运, 唐华仓, Allan Rae. 2007. 中国牛奶生产的全要素生产率分析. 中国农村经济, (2): 40-48.

马克·布劳格, 冯炳昆. 2003. 凯恩斯以后的100位著名经济学家, 李宝鸿译. 北京: 商务印书馆, 248.

马歇尔. 2007. 经济学原理, 朱攀峰译. 北京: 北京出版社.

曼瑟尔·奥尔森. 2006. 集体行动的逻辑, 陈郁等译. 上海: 上海三联书店、上海人民出版社.

孟令杰. 2000. 中国农业产技术效率动态研究. 农业技术经济, (5): 1-4.

米鸿才, 李显刚. 1997. 中国农村合作制史. 北京: 中国农业科技出版社, 182-188.

农业部科技教育司. 1997. 关于规范农业科技进步贡献率方法的通知. 北京: 中国农科院农业经济研究所.

农业部软科学委员会课题组. 2001. 中国农业进入新阶段的特征和政策研究. 农业经济问题, (1): 3-8.

彭国华. 2005. 中国地区收入差距、全要素生产率及其收敛分析. 经济研究, (9): 19-29.

祁春节. 2001. 中国柑橘产业的经济分析和政策研究. 武汉: 华中农业大学博士论文, 50-51.

钱颖一. 2002. 理解现代经济学. 经济社会体制比较, (2): 1-12.

乔榛, 焦方义, 李楠. 2006. 中国农村经济制度变迁与农业增长. 经济研究, (7): 73-82.

秦晖. 2000-11-3. 并税式改革与 "黄宗羲定律". 中国经济时报, 8.

青木昌彦, 奥野正宽著. 2005. 经济体制的比较制度分析, 魏加宁等译. 北京: 中国发展出版社, 248-249.

萨拉-伊-马丁. 2005. 15年来的新经济增长理论: 我们学到了什么//吴敬琏. 比较. 北京: 中信出版社, (19).

沈坤荣, 马俊. 2002. 中国经济增长的 "俱乐部收敛" 特征及其成因研究. 经济研究, (1): 33-39.

石慧, 孟令杰, 王怀明. 2008a. 中国农业生产率的地区差距及波动性研究. 经济科学, (3): 20-33.

石慧, 王怀明, 孟令杰. 2008b. 我国地区农业 TFP 差距趋势研究. 农业技术经济, (3): 52-58.

速水佑次郎, 弗农·拉坦. 2000. 农业发展的国际分析, 郭熙保等译. 北京: 中国社会科学出版社, 140-165.

速水佑次郎, 神门善久. 2003. 农业经济论 (新版), 沈金虎, 周应恒等译. 北京: 中国农业出版社, 16-27.

孙林, 孟令杰. 2004. 中国棉花生产效率变动: 1990-2001——基于 DEA 的实证分析. 数量经济技术经济研究, (2): 32-36.

谭砚文, 凌远云, 李崇光. 2002. 我国棉花技术进步贡献率的测度与分析. 农业现代化研究,

（9）：344-346.

谭永生 . 2007. 人力资本与经济增长——基于中国数据的实证研究 . 北京：中国财政经济出版
社，35-36，48-49.

田国强 . 2005. 现代经济学的基本分析框架与研究方法 . 经济研究，（2）：113-125.

田维明 . 1998. 中国粮食生产的技术效率 . 农业、农村、经济，北京：中国农业出版社.

涂正革 . 2007. 全要素生产率与区域经济增长的动力 . 南开经济研究，（4）：14-36.

涂正革，肖耿 . 2005. 中国的工业生产力革命 . 经济研究，（3）：4-15.

涂正革，肖耿 . 2006. 中国工业增长模式的转变 . 管理世界，（10）：57-67.

涂正革，肖耿 . 2007. 中国大中型工业的成本效率分析：1995-2002. 世界经济，（7）：47-55.

万兴，范金，胡汉辉 . 2007. 江苏制造业 TFP 增长、技术进步及效率变动分析——基于 SFA 和
DEA 方法的比较研究 . 系统管理学报，16（5）：465-472.

王兵，颜鹏飞 . 2007. 技术效率、技术进步与东亚经济增长——基于 APEC 视角的实证分析 .
经济研究，（5）：91-103.

王红林，张林秀 . 2002. 农业可持续发展中公共投资作用研究 . 中国软科学，（10）：21-25.

王明利，吕新业 . 2006. 我国水稻生产率增长、技术进步与效率变化 . 农业技术经济，（6）：
42-47.

王启现，李志强，刘振虎，刘自杰 . 2006. "十五"全国农业科技进步贡献率测算与 2020 年预
测 . 农业现代化研究，（11）：416-419.

王曲，刘民权 . 2005. 健康的价值及若干决定因素：文献综述 . 经济学（季刊），5（1）：1-52.

王曦，舒元，才国伟 . 2006. 我国国有经济的双重目标与 TFP 核算的微观基础 . 经济学（季
刊），（10）：25-38.

王新雷，李彦斌，张培基，毛晋 . 1999. 应用索洛余值理论对电力工业科技进步贡献率的研究 .
系统工程理论与实践，（4）：113-119.

王亚华，吴凡，王争 . 2008. 交通行业生产率变动的 Bootstrap- Malmquist 指数分析（1980-
2005）. 经济学（季刊），（4）：891-912.

王争，史晋川 . 2008. 中国私营企业的生产率表现和投资效率 . 经济研究，（1）：114-126.

王争，郑京海，史晋川 . 2006. 中国地区工业生产绩效：结构差异、制度冲击及动态表现 . 经
济研究，（11）：48-71.

王志刚，龚六堂，陈玉宇 . 2006. 地区间生产效率与全要素生产率增长率分解（1978—2003）.
中国社会科学，（1）：55-66.

魏楚，沈满洪 . 2007. 能源效率与能源生产率：基于 DEA 方法的省际数据比较 . 数量经济技术
经济研究，24（9）：110-121.

魏朗 . 2007. 财政支农支出对我国农业经济增长影响的研究——对 1999—2003 年农业生产贡献
率的实证分析 . 中央财经大学学报，（9）：11-17.

吴成亮，林方杉 . 2007. 福建省林业科技进步贡献率的测算与对策 . 林业经济问题，（10）：
713-736.

吴方卫，孟令杰，熊诗平 . 2000. 中国农业的增长及效率 . 上海：上海财经大学出版社，98-
118.

西奥多·W. 舒尔茨 . 1990a. 论人力资本投资 . 北京：北京经济学院出版社.

西奥多·W. 舒尔茨. 1990b. 人力资本投资——教育和研究的作用. 蒋斌, 张蘅译. 北京: 商务印书馆, 22-39.

西奥多·W. 舒尔茨. 2002. 对人进行投资——人口质量经济学. 吴珠华译. 北京: 首都经济贸易大学出版社, 4-5.

西奥多·W. 舒尔茨. 2006. 改造传统农业, 梁小民译. 北京: 商务印书馆, 20-31, 150-175.

西奥多·W. 舒尔茨. 1990. 人力资本投资——教育和研究的作用. 蒋斌, 张蘅译. 北京: 商务印书馆.

谢千里, 罗斯基, 张轶凡. 2008. 中国工业生产率的增长与收敛. 经济学 (季刊), (4): 809-827.

徐琼. 2006. 区域技术效率论——基于技术效率的区域经济竞争力提升研究. 北京: 中国经济出版社, 34-72.

徐现祥. 2006. 中国省区经济增长分布的演进 (1978—1998). 广州: 中山大学出版社, 127-153.

徐瑛, 陈秀山, 刘凤良. 2006. 中国技术进步贡献率的度量与分解. 经济研究, (8): 93-104.

徐盈之, 赵豫. 2007. 中国信息制造业全要素生产率变动、区域差异与影响因素研究. 中国工业经济, (10): 45-53.

许海平, 傅国华. 2008. 海南农垦天然橡胶生产的技术效率分析——基于随机前沿分析方法. 中国农村经济, (7): 39-45.

许晓雯, 时鹏将. 2006. 基于 DEA 和 SFA 的我国商业银行效率研究. 数理统计与管理, 25 (1): 68-72.

雅各布·明塞尔. 2001. 人力资本研究, 张凤林译. 北京: 中国经济出版社.

亚当·斯密. 2003. 国民财富的性质和原因的研究 (上卷、下卷), 郭大力, 王亚南译. 北京: 商务印书馆.

亚尔·蒙德拉克. 2004. 农业与经济增长——理论与度量, 国风, 方军译. 北京: 经济科学出版社.

颜鹏飞, 王兵. 2004. 技术效率、技术进步与生产率增长: 基于 DEA 的实证分析. 经济研究, (12): 55-63.

杨春, 陆文聪. 2007. 中国玉米生产率增长、技术进步与效率变化: 1990-2004 年. 农业技术经济, (4): 34-40.

杨晓光, 樊杰, 赵燕霞. 2002. 20 世纪 90 年代中国区域经济增长的要素分析. 地理学报, (57): 701-708.

杨兴龙, 王凯. 2008. 中国玉米加工业生产率增长、技术进步与效率变化. 中国农村观察, (4): 53-62.

杨正林. 2007. 农村经济制度变迁与农业增长因素的贡献度. 改革, (11): 49-54.

姚万军. 2005. 中国农业全要素生产率的收敛性分析与农业技术传播的检定. 厦门: 第五届中国经济学年会.

姚洋. 论能力指向的平等. 2007. 北京大学中国经济研究中心讨论稿系列 NO. C2007010.

易纲, 樊纲, 李岩. 2003. 关于中国经济增长与全要素生产率的理论思考. 经济研究, (8): 14-20.

尹云松，孟令杰.2008.基于Ma lmquist指数的中国乳制品业全要素生产率分析.农业技术经济，(6)：15-22.

余建斌，乔娟，龚崇高.2007.中国大豆生产的技术进步和技术效率分析.农业技术经济，(4)：14-20.

袁开智，赵芝俊，张社梅.2008.农业技术进步贡献率测算方法：回顾与评析.技术经济，(2)：64-70.

约翰·伊特韦尔，默里·米尔盖特，彼得·纽曼.1996.新帕尔格雷夫经济学大词典（第二卷：E-J）.北京：经济科学出版社.

约翰·伊特韦尔，默里·米尔盖特，彼得·纽曼.1996.新帕尔格雷夫经济学大词典（第四卷：Q-Z）.北京：经济科学出版社，713-714.

岳书敬，刘朝明.2006.人力资本与区域全要素生产率分析.经济研究，(4)：90-96.

岳书敬.2006.区域经济增长中人力资本与全要素生产率研究.成都：西南交通大学，59-65.

张冬平，冯继红.2005.我国小麦生产效率的DEA分析.农业技术经济，(3)：84-90.

张凤林.2006.人力资本理论及其应用研究.北京：商务印书馆.

张军，施少华，陈诗一.2003.中国的工业改革与效率变化——方法、数据、文献和现有的结果.经济学（季刊），(10)：1-38.

张军，吴桂英，张吉鹏.2004.中国省际物质资本存量估算：1952-2000.经济研究，(10)：35-44.

张莉侠，刘荣茂，孟令杰.2006.中国乳制品业全要素生产率变动分析.中国农村观察，(6)：2-11.

张培刚.2002.农业国与工业化（上卷）.武汉：华中科技大学出版社.

张平，郑海莎.2007.技术进步对经济增长贡献测度方法的研究进展.商业经济与管理，(6)：38-42.

张社梅，赵芝俊.2008.对中国农业技术进步贡献率测算方法的回顾及思考.中国农学通报，(2)：498-501.

张一力.2005.人力资本与区域经济增长——温州与苏州比较实证研究.杭州：浙江大学出版社，11-24.

张越杰，霍灵光，王军.2007.中国东北地区水稻生产效率的实证分析.中国农村经济，(5)：24-32.

张卓元.1998.20年经济改革回顾与展望.北京：中国计划出版社.

赵蕾，王怀明.2007a.中国农业生产率的增长及收敛性分析.农业技术经济，(2)：93-98.

赵蕾，杨向阳，王怀明.2007b.改革以来中国省际农业生产率的收敛性分析.南开经济研究，(1)：107-116.

赵芝俊，张社梅.2006.近20年来中国农业技术进步贡献率变动趋势.中国农村经济，(3)：42-52.

郑京海，胡鞍钢，Arne Bigsten.2008.中国的经济增长能否持续？——一个生产率视角.经济学（季刊），(4)：777-809.

郑晶，温思美.2007.制度变迁对我国农业增长的影响：1988-2005.改革，(7)：40-47.

郑玉歆.1998.全要素生产率的测算及其增长的规律——由东亚增长模式的争论谈起.数量经

济技术经济研究，（10）：28-34.

郑玉歆．2007. 理解全要素生产率——用 TFP 分析经济增长质量存在的若干局限．数量经济技术经济研究，（9）：1-9.

中国经济增长与宏观稳定课题组．2006. 增长失衡与政府责任——基于社会性支出角度的分析．经济研究，（10）：4-17.

钟甫宁．2004. 增加农民收入与调整经济结构．农村经济，（3）：1-4.

周黎安，陈烨．2005. 中国农村税费改革的政策效果：基于双重差分模型的估计．经济研究，（8）：44-53.

周其仁．2002. 产权与制度变迁——中国改革的经验研究．北京：社会科学文献出版社，29，50.

朱锋峰，贺德化，杜延军．1998. 国民经济增长中科技进步贡献率的计量分析．华南理工大学学报（自然科学版），（6）：138-143.

朱红波．2006. 中国耕地资源安全研究．武汉：华中农业大学.

朱玲．2000. 公办村级卫生室对保障基本医疗保健服务供给的作用．管理世界，（3）：33-36.

朱希刚，刘延风．1997. 我国农业科技进步贡献率测算方法的意见．农业技术经济，（1）：17-20.

朱希刚．1994. 农业技术进步及其"七五"期间内贡献份额的测算分析．农业技术经济，（2）：2-10.

朱希刚．1997. 我国农业技术进步贡献率测算方法．北京：中国农业出版社.

朱希刚．2002. 我国"九五"时期农业科技进步贡献率的测算．农业经济问题，（5）：12-13.

邹至庄．2005. 中国经济转型．曹祖平，韩玉军译．北京：中国人民大学出版社.

Abramovitz M. 1956. Resource and output trends in t he United States since 1870. American Economic Review, 46 (2): 5-23.

Aigner D J, Lovell C A K, Schmidt P. 1977. Formulation and estimation of stochastic frontier production function models. Journal of Econometrics, (6): 1: 21-37.

Aiyar S, Feyrer J. 2002. A contribution to the empirics of total factor productivity. Working Paper, IMF and Dartmouth College.

Alston J M, Pardey P G, Roseboom J. 1998. Financing agricultural research: international investment patterns and policy perspectives. 26 (6): 1057-1071.

Assuncao J J, Ghatak M. 2003. Can unobserved heterogeneity in farmer ability explain the inverse relationship between farm size and productivity. Economic Letters, (80): 189-194.

Bagi F S, Huang C J. 1983. Estimating production technical efficiency for individual farms in Tennessee. Canadian Journal of Agricultural Economics, (31): 249-256.

Bagi F S. 1982. Relationship between farm size and technical efficiency in West Tennessee agriculture. Southern Journal of Agricultural Economics, (14): 139-144.

Barro R J, Lee J W. 1993. International comparison of educational attainment. Journal of Monetary Economics, 32 (3): 363-394.

Barro R J, Lee J W. 2000. International data on educational attainment: updates and implications, Working Paper No. 42. Center for International Development at Harvard University.

Barro R J, Sala-I-Martin X. 1991. Convergence across states and regions. Brookings Papers on Economic Activity, (1): 107-182.

Barro R J, Sala-i-Martin X. 1992. Convergence. Journal of Political Economy, 100 (2): 223-251.

Barro R J, Sala-I-Martin X. 1995. Economic Growth. New York: McGraw-Hill.

Battese G E, Broca S S. 1997. Functional forms of stochastic frontier production functions and models for technical inefficiency effects: a comparative study for wheat farmers in Pakistan. Journal of Productivity Analysis, (8): 395-414.

Battese G E, Coelli T J. 1992. Frontier production functions, technical efficiency and panel data: with application to paddy farmers in India. Journal of Productivity Analysis, (3): 53-169.

Battese G E, Coelli T J. 1995. A model for technical inefficiency effects in a stochastic frontier production function for panel data. Empirical Economics, (20): 325-332.

Battese G E, Corra G S. 1977. Estimation of a production frontier model: with application to the Pastoral Zone of Eastern Australia. Australian Journal of Agricultural Economics, 21 (3): 169-179.

Baumol W. 1986. Productivity growth, convergence and welfare: what the long-run data show. American Economic Review, (76): 1072-1085.

Benhabib J, Spiegel M. 1994. The Role of Human Capital in Economic Development: Evidence form Aggregate Cross-Country Data. Journal of Monetary Economics, (342): 143-173.

Benjamin D. 1995. Can unobserved land quality explain the inverse productivity relationship? Journal of Development Economics, (46): 51-84.

Bernard A, Jones C. 1996. Comparing apples to oranges: productivity convergence and measurement across industries and countries. American Economic Review, 86 (5): 1216-1238.

Berry R A, Cline, W R. 1979. Agrarian Structure and Productivity in Developing Countries. Baltimore, MD: Johns Hopkins University Press.

Biles M, Peter K. 1996. Does Schooling Cause Growth or the Other Way Around. University of Chicago GSB Mimeo.

Binswanger H P, Deininger K, Feder G. 1993. Power, distortions, revolt and reform in agricultural land relations. Discussion paper, Washington: World Bank.

Bizimana C, Nieuwoudt W L, Ferrer S R D. 2004. Farm size, land fragmentation and economic efficiency in Southern Rwanda. Agrekon, 43 (2).

Bosworth B, Collins S. 2003. The empirics of growth: an update. Brookings Papers on Economic Activity, (2): 113-179.

Bravo-Ureta B E. 1986. Technical efficiency measures for dairy farms based on a probabilistic frontier function model. Canadian Journal of Agricultural Economics, (34): 399-415.

Byiringiro F, Reardon T. 1996. Farm productivity in Rwanda: effects of farm size, erosion, and soil conservation investments. Agricultural Economics, (15): 127-136.

Carter M R, Wiebe K D. 1990. Access to capital and its impact on agrarian structure and productivity in Kenya. American Journal of Agricultural Economics, (72): 1146-1150.

Carter M R. 1984. Identification of the inverse relationship between farm size and productivity: an empirical analysis of peasant agricultural production. Oxford Economic Papers, New Series, 36 (1):

131-145.

Caves D W, Christensen L R, Diewert W E. 1982. Multilateral comparisons of output, input and productivity using superlative index numbers. Economic Journal, (92): 73-86.

Chavas J P, Petrie R, Roth M. 2005. Farm household production efficiency: evidence from the Gambia. American Journal of Agricultural Economics, 87 (1): 160-179.

Chenery H B, Robinson S, Syrquin M. 1986. Industrialization and Growth: A Comparative Study. New York: Oxford University Press.

Cheng Yuk-Shing. 1998. Productivity growth, technical progress and efficiency change in Chinese agriculture. http: //www. hkbu. edu. hk/ ~ ycheng/cheng9812wp. doc [2008-10-15].

Chow G C. 1993. Capital formation and economic growth in China. Quarterly Journal of Economics, August, (114): 243-66.

Coelli T J. 1996. A guide to Frontier version 4. 1: a computer program for stochastic frontier production and cost function estimation. CEPA Working Paper 96/07, Center for Efficiency and Productivity Analysis, University of New England.

Coelli T J, Rao D S P, O'Donnell C J et al. 1998. An Introduction to Efficiency and Productivity Analysis. Boston: Kluwer Academic Publishers.

Coelli T J, Rao D S P. 2003. Total factor productivity growth in agriculture: a Malmquist index analysis of 93 countries, 1980—2000. The Plenary Paper at the 2003 International Association of Agricultural Economics (IAAE) Conference in Durban.

Coelli T J. 1995. Estimators and hypothesis tests for a stochastic: a Monte Carlo analysis. Journal of Productivity Analysis, (6): 247, 248.

Crego A I, Donald Larson, Rita Butzer, et al. 1998. A new database on investment and capital for agriculture and manufacturing. Washington: World Bank Working Paper No. 2013. World Bank.

Denison E F. 1962. The Sources of economic growth in the united states and the alternatives before US. New York: Committee for Economic Development.

Denison E F. 1974. Accounting for united states economic growth, 1929 to 1969. Washington: Brookings Institution.

Dougherty C, Jorgenson W. 1998. There is no silver bullet: investment and growth in the G7. National Institute Economic Review, (4): 57-74.

Easterly W, Levine R. 2001. It's not factor accumulation: stylized facts and growth models. World Bank Economic Review, 15 (2): 177-219.

Eckstein Alexander. 1980. Quantitative measure of China's economic output. Ann Arbor: University of Michigan Press.

Fan Shenggen. 1991. Effects of technological change and institutional reform on production growth in Chinese agriculture. American Journal of Agricultural Economics, (73): 266-275.

Fan Shenggen. 1997. Production and productivity growth in Chinese agriculture: new measurement and evidence. Food Policy, 22 (3): 213-228.

Fan Shenggen, Chan-Kang. 2005. Is small beautiful? Farm size, productivity, and poverty in Asian agriculture. Proceeding 25th International Conference of Agricultural Economists. Blackwell Publishing.

Fan Shenggen, Pardey P G. 1997. Research, productivity, and output growth in Chinese agriculture. Journal of Development Economics, (53): 115-137.

Fan Shenggen, Zhang Xiaobo. 2002. Production and productivity growth in Chinese agriculture: new national and regional measures. Economic Development and Cultural Change, 50 (4): 819-838.

Fan Shenggen, Zhang Xiaobo. 2004. Infrastructure and regional economic development in rural China. China Economic Review, (12): 203-214.

Fare R , Grosskopf S, Lovell C A K. 1994. Production Frontiers. Cambridge: Cambridge University Press.

Farrell M J. 1957. The measurement of production efficiency. Journal of Royal Statistical Society, Series A, General, 120 (3): 253-281.

Felipe J. 1999. Total factor productivity growth in East Asia: a critical survey. The Journal of Development Studies, (35): 1-41.

Fenoaltea S. 1976. Risk, transaction costs, and the organization of medieval agriculture. Explorations in Economic History, (20): 199-220.

Fukuda-Parr Sakiko. 2003. The human development paradigm: operationalizing Sen's ideas on capabilities. Feminist Economics, 9 (2-3): 301-317.

Galor Oded. 1996. Convergence? Inferences from theoretical models. The Economic Journal, (106): 1056-1069.

Goodhart C, Xu C. 1996. The rise of China as an economic power. National Institute Economic Review, 155 (1): 56-80.

Goodwin B K, Mishra A K. 2004. Farming efficiency and the determinants of multiple job holding by farm operators. American Journal of Agricultural Economics, 86 (3): 722-729.

Gregory P R, Staurt R C. 1980. Comparative economic systems. Boston: Houghton Mifflin Co.

Grifell-Tatjé E, Lovell C A K. 1995. A note on the Malmquist productivity index. Economics Letters, 47 (2): 169-175.

Grilliches Z. 1957. An exploration of the economics of technological change. Econometrica, (25): 329-353.

Haggblade S, Hazell P, Brown J. 1989. Farm-nonfarm linkages in rural Sub-Saharan Africa. World Development, (17): 1173-201.

Hall Jones. 1999. Why do some countries produce so much more output per worker than others. Quarterly Journal of Economics, 114 (1): 83-116.

Hayami Y, Ruttan V. 1970. Factor price and technical change in agricultural development: the United States and Japan, 1880-1960. Journal of Political Economy, (78): 1115-1141.

Hazell P B, Hojjati B. 1995. Farm/non-farm growth linkages in Zambia. Journal of African Economies, (4): 406-435.

Huang Yiping, Kalirajan K P. 1997. Potential of China's grain production: evidence from the household data. Agricultural Economics, (17): 191-199.

Huang C J, Jin-Tan Liu. 1994. Estimation of a non – neutral stochastic frontier production func-

参
考
文
献

tion. Journal of Productivity Analysis, (5): 171-180.

Islam N. 1995. Growth empirics: a panel data approach. Quarterly Journal of Economics, 110 (4): 1127-1170.

Islam N. 2003. What have we learn from the convergence debate? A review of the convergence literature. Journal of Economic Surveys, (5): 309-362.

Jefferson G, Xu W. 1994. Assessing gains in efficient production among China's industrial enterprises. Economic Development and Cultural Change, (40): 239-266.

Jefferson G, Rawski T, Zheng Y. 1996. Chinese industrial productivity: trends, measurement and recent development. Journal of Comparative Economics, (23): 146-180.

Jefferson G, Hu A, Su J. 2006. China's economic growth: an empirical analysis of its sources and sustainability. Brookings Papers on Economic Activity, (2): 1-60.

Jian T, Sachs J D, Warner A M. 1996. Trends in regional inequality in China. China Economic Review, 7 (1): 1-21.

Jorgenson G, Fraumeni B M. 1987. Productivity and U. S. Economics Growth. Cambridge MA: Harvard University Press.

Kalirajan K P, Obwona M B, Zhao S. 1996. A decomposition of total factor productivity growth: the case of Chinese agricultural growth before and after reforms. American Journal of Agricultural Economics, (78): 331-338.

Khanna M. 2001. Sequential adoption of site-specific technologies and its implication for nitrogen productivity: a double selectivity model. American Journal of Agricultural Economics, 83 (1): 35-51.

Kogel T. 2005. Youth dependency and total factor productivity. Journal of Development Economics, (76): 147-173.

Koopmans T. 1951. An analysis of production as an efficient combination of activities. //Koopmans T. Activity Analysis of Production and Allocation. New York: Wiley.

Kornai Janos. 1992. The Socialist System: The Political Economy of Communism. Princeton: Princeton Univesity Press.

Kruger A, Lindahl M. 2001. Education for growth: why and for whom. Journal of Economic Literature, 39 (4): 1101-1136.

Krugman P. 1994. The Myth of Asia's miracle. Foreign Affairs, (73): 62-78.

Kumbhakar S C, Guckin J T, Ghosh S. 1991. A generalized production frontier approach for estimating determinants of inefficiency in U. S. Dairy Farm. Journal of Business&Economic Statstics, (9): 279-286.

Kumbhakar S C, Knox C A. 2000. Stochastic Frontier Analysis. Cambridge: Cambridge University Press.

Lamb R L. 2003. Inverse productivity: land quality, labor markets and measurement error. Journal of Development Economics, (71): 71-95.

Lambert D K, Parker E. 1998. Productivity in Chinese provincial agriculture. Journal of Agricultural Economics, 49 (3): 378-392.

Lardy N R. 2001. Integrating China in the Global Economy. Washington, DC: Brookings. Institution.

Leibenstein H. 1966. All ocative efficiency vs "X-efficiency". American Economic Review, (56): 392-415.

Lerman Z, Shagaide. 2007. Land policies and agricultural land markets in Russia. Land Use Policy, 24 (1):14-23.

Lewis. 1954. Economic development with unlimited suppliers of labor. The Manchester School, (22): 139-191.

Lin Yifa, Yang Yao. 2001. Chinese rural industrialization in the context of the East Asian miracle. // Stigilitz J E, Yusuf S, eds. Rethinking the East Asian Miracle. Oxford and New York: the Oxford University Press. 143-195.

Lin Yifu. 1992. Rural reforms and agricultural growth in China . American Economic Review, 82 (1): 34-51.

Love H A, Saha A , Schwar R. 1994. Adoption of emerging technologies under output uncertainty, American Journal of Agricultural Economics, (76): 836-846.

Lovell C A K. 1996. Applying efficiency measurement techniques to the measurement of productivity change. Journal of Productivity Analysis, (7): 329-340.

Lucas R E. 1990. Why doesn't capital flow from rich to poor countries. American Economic Review, Papers and Proceedings.

Lucas R E. 1988. On the mechanics of economic development. Journal of Monetary Economics, (22): 3-42.

Ludena C E, Hertel T W, Preckel P V, et al. 2006. Productivity growth and convergence in crop, ruminant and non-ruminant production: measurement and forecasts. The Paper Prepared for Presentation at the International Association of Agricultural Economists Conference, Gold Coast, Australia. August 12-18: 1-20.

Mahadevan R. 2003. To measure or not to measure total factor productivity growth? Oxford Development Studies, 31 (3): 365-378.

Mallory Water. 1926. China: Land of Famine, New York: American Geographical Society.

Mankiw N G, Romer D, Weil D N. 1992. A contribution to the empirics of economic growth. The Quarterly Journal of Economics, (107): 407-437.

Mao Weining, Koo Won W. 1997. Productivity growth, technological progress, and efficiency change in Chinese agriculture after rural economic reforms: a DEA approach. China Economic Review, (2): 157-174.

McCunn Alan, Huffman W E. 1998. Convergence in U. S. TFP growth for agriculture: implications of interstate research spillovers for funding agricultural research. Iowa State University, Staff Paper No. 305: 1-23.

McMillan John, Whalley J, Zhu Lijing. 1989. The impact of China's economic reforms on agricultural productivity growth. The Journal of Political Economy, 97, (4) 781-807.

Mead Robert W. 2003. A revisionist view of Chinese agricultural productivity? Contemporary Economic Policy. 21 (1): 117-131.

参
考
文
献

Meeusen W, van den Broeck J. 1977. Efficiency estimation from Cobb-Douglas production functions with composed error". International Economic Reviews, (18): 435-444.

Miller S, Upadhyay M. 2000. The effects of openness, trade orientation, and human capital on total factor productivity. Journal of Development Economics, 63: 399-423.

Miller S, Upadhyay M. 2002. Total factor productivity and the convergence hypothesis. Journal of Macroeconomics, 24: 267-286.

Mincer J. 1974. Schooling, Experience, and Earnings. New York: Columbia University Press.

Moussa M Z, Jones T T. 1991. Efficiency and farm size in Egypt: a unit output price profit function approach. Applied Economics, (23): 21-29.

Mukesh E, Ashok K. 1985. A theory of contractual structure in agriculture. The American Economic Review, 75 (3): 352-367.

Nehring R F, Atkinson L, Banker D. 1989. Measurement of technical efficiency by farm size in the United States corn belt. US Department of Agriculture, ERS Technical Bulletin.

Newell A, Pandya K, Symons J. 1997. Farm size and the intensity of land use in Gujarat. Oxford Economic Papers, (49): 307-315.

North D Thowmas R. 1973. The Rise of the Western World: A New Economic History. Cambridge: Cambridge University Press.

OECD. 2005. OECD Review of Agricultural Policies: China. Pairs: OECD.

Parish W, Zhe Xiaoye, Li Fang. 1995. Non farm work and marketization of the Chinese countryside. The China Quarterly, (143): 697-730.

Paudel K P, Sambidi P, Sulgham A. 2004. A theoretical development and empirical test on the convergence of agricultural productivity in the USA. Denver, Colorado: American Agricultural Economics Association Annual Meeting, August 1-4.

Perkins D, Rawski T. 2008. Forecasting China's economic growth to 2025//Brandt L, Rawski T, et al. China's Great Economic Transformation. Cambridge and New York: Cambridge University Press.

Perkins D, Yusuf S. 1984. Rural development in China (A World Bank Publication). Baltimore: The Johns Hopkins University Press.

Prescott E. 1998. Needed: a theory of total factor productivity. International Economic Review, (39): 5-551.

Psacharopoulos G. 1994. Returns to investment in education: a global update, World Development, 22 (9):1325-1343.

Psacharopoulos G, Patrinos A. 2004. Returns to investment in education: a further update. Education Economics, 12 (2): 111-134.

Rae A, Ma Hengyun. 2003. Projecting China's grains and meats trade: sensitivity to agricultural productivity growth. Presented at International Agricultural Trade Research Consortium Annual General Meeting. Session on Research Plan and Reports, San Antonio, Texas, 14-16 December.

Rasmus H. 1998. Rural market imperfections and the farm size-productivity relationship: evidence from Pakistan. World Development, 26 (10): 1807-1826.

Ray S C, Desli E. 1997. Productivity growth, technical progress, and efficiency change in industrialised countries: comment. American Economic Review, 87 (5): 1033-1039.

Reardon T, Kelly V, Crawford E, et al. 1996. Determinants of farm productivity in Africa: a synthesis of four case studies. MSU International Development Paper No. 22, Michigan State University.

Reifschneider D, Stevenson R. 1991. Systematic departure from the frontier: a framework of the analysis of firm inefficiency. International Economic Review, (32): 715-723.

Romer Paul M. 1986. Increasing return and long-run growth. Journal of Political Economy, 94 (5).

Romer Paul M. 1990. Endogenous technological change. Journal of Political Economy, (98): S71-S102.

Rosegrant M W, Evenson R E. 1992. Agricultural productivity and sources of growth in South Asia. American Journal of Agricultural Economics, (56): 757-761.

Sachs J, Woo W. 1997. Understanding China's economic performance. Working Paper 5935, NBER, Cambridge, MA 02138.

Schultz Theodore W. 1964. Transforming Traditional Agriculture. New Haven: Yale University Press.

Sen A K. 1962. An aspect of Indian agriculture. Feb: Economic Weekly.

Sen A K. 1985. Commodities and Capabilities. New York: Oxford University Press.

Sen A K. 1966. Peasants and dualism with or without surplus labor. Journal of Political Economy, (74): 425-450.

Simons S. 1987. Land fragmentation and consolidation: a theoretical model of land configuration with an empirical analysis of fragmentation in Thailand. Ph D Thesis. College Park: University of Maryland.

Solow R M. 1956. A contribution to the theory of economic growth. Quarterly Journal of Economics, (70): 65-94.

Solow R M. 1957. Technical change and aggregate production function. Review of Economics and Statistics, (39): 12-320.

Stigler Geoge J. 1947. Trends in Output and Employment. New York: National Bureau of Economic Research (NBER).

Tang A M. 1982. An analytical and empirical investigation of agriculture in Mainland China, 1952-80, Taipei, Taiwan: Chung-Hua Institution for Economic Research.

Temple J. 2001. Generalizations that aren't? Evidence on education and growth. European Economic Review, (45): 905-918.

Tinbergen J. 1942. Zur Theorie der langfristigen wirtschaftsentwicklung. Weltwirtschaftliches Archiv, 55 (1):511-549.

UNDP. 1990-2005. Human Development Report. UN. http://www.hdr.undp.org [2009-05-05].

Wan G H, Cheng E J. 2001. Effects of Land Fragmentation and Returns to Scale in the Chinese Farming Sector. Applied Economics, (33): 183-194.

Wang Yan, Yao Yudong. 2003. Sources of China's Economic Growth 1952-1999: Incorporating Human Capital Accumulation. China Economic Review, (14): 32-52.

Wang Hung-Jen. 2002. Heteroscedasticity and Non-Monotonic Efficiency Effects of a Stochastic Frontier Model. Journal of Productivity Analysis, (18): 241-253.

Wen G J. 1993. Total factor productivity change in China's farming sector: 1952-89. Economic Development and Cultural Change, 42: 1-41.

Woo W, Hai W, Jin Y, et al. 1994. How Successful Has Chinese Enterprise Reform Been? Pitfalls in Opposite Biases and Focus. Journal of Comparative Economic, 18 (3): 410-437.

Wooldridge J. 2002. Econometric Analysis of Cross Section and Panel Data. Cambridge, MA: MIT Press.

World Bank. 2003. Reaching the Rural Poor: A Renewed Strategy for Rural Development. Washington, D C.

Wu Shunxiang, Walker D, Devadoss S et al. 2001. Productivity Growth and its Components in Chinese Agriculture after Reforms. Review of Development Economics, 5 (3): 375-391.

Wu Ziping, Liu Minquan, Davis J. 2005. Land consolidation and productivity in Chinese household crop production. China Economic Review, 16: 28-49.

Xu Y. 1999. Agricultural productivity in China. China Economic Review, 10 (2): 108-121.

Xu Xiaosong, Jeffrey S R. 1998. Efficiency and technical progress in traditional and modern agriculture: evidence from rice production in China. Agricultural Economics, (18): 157-165.

Young A. 1992. A Tale of Two Cities: Factor Accumulation and Technological Change in Hong Kong and Singapore. National Bureau of Economic Research Macroeconomics Annual.

Young A. 1994. Lessons from the East Asian NICs: a contrarian view. European Economic Review, 38: 964-973.

Young A. 1995. The tyranny of numbers: confronting the statistical realities of the East Asian growth experience. The Quarterly Journal of Economics, 110 (3): 641-680.

Young A. 2003. Gold into base metals: productivity growth in the People's Republic of China during the reform period. Journal of Political Economy, 111 (6): 1220-1261.

Zhang Bin, Carter C A. 1997. Reforms, the weather, and productivity growth in China's grain sector. American Journal of Agricultural Economics, 79: 1266-1277.

后　记

　　本书在出版时得到华中农业大学经济管理学院－土地管理学院"学术著作出版资助计划"的资助，是国家自然科学基金（编号：70903027）和教育部人文社会科学研究项目（编号：09YJC790105）的重要前期研究成果。对于它们的资助，在此表示感谢。作为华中农业大学经济管理学院的一名普通教职员工，我首先要感谢学校给了一个良好的教学科研平台，感谢学院各位领导长期以来对我的帮助和关心，他们为我的学习和工作创造了良好的条件。令人遗憾的是，本书仍然存在诸多不尽如人意之处，对此我深感抱歉。

　　在我的学习和工作中，最需要感谢的是我的导师华中农业大学经济管理学院冯中朝教授。多年来，冯老师不仅是我学业上的"传道、授业、解惑"恩师，而且是我工作和生活中的"授业"恩师。冯老师不仅教给学生许多具体的经济学知识、如何作研究的科学方法，而且教给学生许多言传身教、潜移默化的为人处世道理。冯老师给人印象最深的就是他那份潇洒与大气，无论顺境抑或逆境，感觉他总能够以一种宽阔的胸怀去包容一切。在本书最后付印之际，向冯老师致以深深的敬意和谢意。在日常生活中，师母彭超美女士也给予学生许多关心和帮助，在此衷心表示感谢。

　　在华中农业大学经济管理学院学习和工作期间，特别要感谢华中农业大学副校长李崇光教授和经济管理学院关桓达书记对我的关怀与鼓励，正是他们的鼓励给了我许多压力和动力。长期以来，经济管理学院和土地管理学院王雅鹏院长、张安录副院长、严奉宪副院长和李艳军副书记、王祥副院长给了许多帮助，一直让我铭记于心。此外，我也有幸得到学院众多老师的教导和帮助，他们是易法海教授、郑炎成教授、祁春节教授、陶建平教授、周德翼教授、曹明宏副教授、凌远云副教授、马文杰副教授、柳鹏程副教授等。感谢华中农业大学后勤管理处张岳君处长，经济管理学院办公室彭开丽老师、陈曙老师、左雪锋老师多年来对我的照顾。

　　在本书的形成过程中，我有幸得到李崇光教授、陶建平教授、郑炎成教授和国际食物政策研究所（IFPRI）高级科学家游良志博士、北京大学中国经济研究中心副主任姚洋教授、湖北省社会科学院农村经济研究所邹进泰所长、中南财经政法大学工商管理学院陈池波院长和严立冬教授的指点和帮助，他们的中肯意见使本书获益匪浅。另外，在本书的写作过程中，西安建筑科技大学占绍文教授、复旦大学范子英博士、广东商学院张鹏博士、江西农业大学李练军博士等也给予了无私的帮助。在中国经济学年会、中国留美经济学会等学术交流平台上，许多良师益友给予诸多热情指点，一并表示感谢。

　　感谢我的许多同窗好友和工作同事，在此不一一列举，正是与他们的相处给相对平淡的学习和工作增添了许多快乐。感谢日夜操劳、早生华发的父母，还有亲爱的弟弟，尤其是我平凡而伟大的母亲以她瘦弱的身躯勇敢地挑起家庭的重担，默默地支持我和弟弟的学业。家人的支持是我不断前行的力量。最后，特别感谢妻子范丽霞女士，她为我和家庭做出许多牺牲，长期无怨无悔，她是我人生最大的财富，她的快乐也是我最大的快乐。

　　当然，由于我本人的学识、能力和水平有限，本书仍然不可避免地存在一些错误或纰漏，一切均由我本人负责，恳请各位学界同人予以批评指正！希望拙著能够为丰富相关领域的研究文献尽到一份绵薄之力，能够为各位同行的研究工作提供一些帮助，哪怕是一点点帮助。

李谷成

2010 年 1 月于武昌狮子山